本辑收录的部分论文受到上海市人民政府决策咨询研究基地“黄建忠工作室”的资助。

上海对外经贸大学国际经济与贸易学者文库

服务贸易学研究系列

服务贸易评论

Review of Trade in Services

2018年·第1辑〔总第10辑〕

主编：黄建忠

厦门大学出版社
XIAMEN UNIVERSITY PRESS
国家一级出版社
全国百佳图书出版单位

图书在版编目(CIP)数据

服务贸易评论. 第10辑/黄建忠主编. —厦门:厦门大学出版社,2019.5
ISBN 978-7-5615-7246-7

Ⅰ.①服…　Ⅱ.①黄…　Ⅲ.①服务贸易—对外贸易—丛刊　Ⅳ.①F740.4-55

中国版本图书馆CIP数据核字(2018)第277348号

出版人　郄文礼
责任编辑　吴兴友
封面设计　夏　林
电脑制作　长　雨
技术编辑　朱　楷

出版发行　厦门大学出版社
社　　址　厦门市软件园二期望海路39号
邮政编码　361008
总 编 办　0592-2182177　0592-2181406(传真)
营销中心　0592-2184458　0592-2181365
网　　址　http://www.xmupress.com
邮　　箱　xmupress@126.com
印　　刷　厦门市万美兴印刷设计有限公司

开本　787 mm×1 092 mm　1/16
印张　14.75
插页　2
字数　359千字
版次　2019年5月第1版
印次　2019年5月第1次印刷
定价　59.00元

厦门大学出版社
微信二维码

厦门大学出版社
微博二维码

卷首语

在过去的一年里，服务贸易自由化和服务业开放在国内外经济学界与实践中热度不减。在国际经济学理论研究中，制造业的服务化与服务作为中间投入品的效用研究有了一些新的进展，服务贸易对全球价值链的变异、区域化分布的影响，服务贸易对一国国内总体和产业内收入分配的作用，经济服务化对整体劳动生产率产生的结构性效应，进口服务投入对制造业生产率与出口竞争力的影响等话题的研究成为新的关注点；在全球双边、诸边贸易协定中，服务贸易自由化已经成为新一代自贸协定及其谈判的核心议题；国内学者在我国自贸试验区的制度创新研究中，也颇多偏重强调对服务贸易尤其是金融服务、知识产权交易、电子商务与文化贸易、旅游等行业及其新业态、新商业模式的分析。在全国高校国际贸易学科协作组指导下，由北京师范大学、上海对外经贸大学和附件商学院联合承办的“第四届中国服务经济论坛”于 2018 年 6 月 9 日在福州召开，国内高校和科研院所的一批学者齐聚一堂，共同研讨服务业开放与服务贸易发展的新理论、新政策、新实践，最终在征文入选的 50 余篇学术论文中选录 10 篇，汇集成《服务贸易评论》第 10 辑，现在呈现在读者面前。

在《服务贸易评论》连续出版第十年之际，正逢国家纪念改革开放 40 周年的伟大日子。我们谨以十年来坚持不懈、努力治学取得的绵薄成果，作为向纪念改革开放 40 周年活动的一份献礼！

目　录

中国自由贸易试验区(港)服务贸易开放风险研究 …………………… 蒙英华　黄建忠/1

生产性服务效率、中间投入变化与中国制造企业生产率 …………… 蒙英华　钟丽容/17

生产区域化还是生产全球化?

——中国服务业全球价值链的特征分析……………………………… 郑　颖　蒋　瑛/34

边境内的服务贸易限制措施是否阻碍了服务出口?

——基于OECD-STRI数据库的经验分析…………………………… 齐俊妍　高　明/57

中国经济高速增长与服务业结构滞后并存之谜

——基于地方经济增长目标约束视角的解释……………………… 余泳泽　潘　岩/78

负面清单、嵌入深度与制造业服务化…………………… 杨志远　刘洪愧　张三宝/112

市场规制、文化距离对中国服务贸易出口的影响研究

——基于扩展引力模型的分析 ……………………… 孙玉红　牟逸飞　王一鸣/140

企业资源演化与航运企业海外子公司控制权配置

——海丰集运胡志明公司的案例研究 ………………… 周　英　陈吕梅　黑学双/158

监管异质性对金融服务贸易的影响及其对我国的政策启示

——基于OECD国家面板数据的实证研究 …………………… 赵　玲　李雪峰/171

服务贸易影响能源和碳排放效率研究

——基于30个国家面板数据的实证分析……………………… 王　荣　黄鹤翔/187

发达国家生产性服务业发展经验及对我国的启示 ……… 蔡宏波　袁　雪　韩金镕/208

《服务贸易评论》第1～10辑总目录(2009—2018) …………………………………… /225

中国自由贸易试验区(港)服务贸易开放风险研究

蒙英华　黄建忠[①]

摘　要:服务贸易开放是目前进一步推进中国自由贸易试验区(港)开放的重点与难点。由于服务贸易的交易方式与货物贸易不同,因此中国自贸试验区(港)对货物贸易“一线放开、二线管住”的监管原则并不能有效对服务贸易风险进行防控。为实现“自贸试验区(港)”建设中服务贸易的单边开放目标,并形成中国对标国际贸易投资新规则的规则储备,本文从自贸试验区(港)服务贸易开放风险与监管,中国服务贸易开放对标国际贸易投资新规则风险,以及美国诉华未完成入世议定书中服务贸易开放内容等三方面进行探讨。

关键词:服务贸易;中国自由贸易试验区(港);开放风险

中共在“十九大”报告中明确提出“赋予自由贸易试验区更大的改革自主权,探索建设自由贸易港”。因此,建设自由贸易区(港)将成为中国对外开放的下一步重点建设内容与模式,它对于实现以“自由贸易港”建设为龙头带动新一轮“自贸试验区”建设、对接国际经贸投资新规则、形成“可复制、可推广”的成功经验,具有十分重大的实践意义。

当前全球产业结构正由“工业型经济”向“服务型经济”加速转型,发展服务贸易成为中国经济实现高质量发展的必然要求,成为推动“中国服务”与“中国制造”参与国际经济合作竞争的新优势。但长期以来,我国对服务贸易的开放呈现出“总量小、开放慢、政策少、领域窄”的特点,中国政府所颁布的服务贸易开放相关制度,绝大多数只涉及服务业的外资开放内容,即开放只侧重于GATS服务贸易定义中的提供模式三“商业存在”,而对于“跨境交付”的服务贸易,以及“自由人流动”模式的开放[②]得不到应有重视。服务贸易开放需要扩大到服务贸易四种提供模式的同时开放,不应只停留在吸引服务业外资层面。2017年,中国跨境服务进出口总额达46 991.1亿元人民币,比2016年增长6.8%。其中,服务出口15 406.8亿元,增长10.6%;服务进口31 584.3亿元,增长5.1%。[③] 跨境服务贸易提供在我国发展迅速,如何针对“跨境服务”开放值得我们关注。

本研究试图在全球化变局、国际经贸规则重构背景下,对中国自贸试验区(港)建设经

① 作者简介:蒙英华、黄建忠,上海对外经贸大学国际经贸学院。通讯作者:蒙英华,电子信箱:mymgy810@126.com。

基金项目:国家社科基金项目(16BJL088)。

② 大多反映在促进旅游行业的相关文件及促进技术人员(或高管)的出入境文件上。

③ 2016年我国服务业附属机构服务贸易规模居全球第二,销售额规模达10.25万亿元,是当年服务进出口总额(“跨境交付”)的2.3倍,

验中服务贸易开放风险这一问题进行深入剖析，这不仅对促进实现我国"自由贸易区(港)"建设目标，营造起法治化、国际化、便利化的营商环境，而且对我国在新一轮对外开放中形成贸易投资规则储备，对标国际贸易投资新规则起到重要作用。另外，中国自由贸易试验区(港)的服务贸易开放也应同时解决美国诉华未完成入世议定书问题。

一、中国服务贸易开放历程回顾及政策梳理

中国服务贸易开放的起点根源于服务业高度的自然垄断和行政垄断特征，因此放宽服务业外资准入和促进竞争成为服务贸易开放的重点内容。

(一)《外商投资产业指导目录》对服务业的相关规定

为规范和引导外商投资行为，我国自1995年开始颁布《外商投资产业指导目录》，2017年国家发展改革委、商务部发布最新版本的《外商投资产业指导目录(2017年修订)》(下称《目录》)，此次修订属第7次修订，首次提出在全国范围内实施外商投资准入负面清单，作为对外商投资实行准入前国民待遇加负面清单管理模式的基本依据。从上述《目录》的服务业开放内容来看，在服务业领域虽然取消了公路旅客运输，外轮理货，资信调查与评级服务，会计、审计，大型农产品批发市场建设、经营，综合水利枢纽的建设、经营等领域外资准入限制，但外商投资准入特别管理措施(外商投资准入负面清单)中包含限制外商投资产业目录一共35条，其中涉及制造业外商投资的只有2项，其他33条都是限制服务业外商投资内容；而禁止外商投资产业目录一共28条，其中涉及制造业外商投资的仅7条，其他21条都是限制服务业外商投资内容。因此，服务业仍是当前我国对外资的主要限制和禁止内容。

(二)中国在入世议定书附件9中所做出的开放承诺

在入世议定书附件9中，中国对149种具体服务活动中的82种做出了约束性承诺(binding commitment)，承诺比例为55%，如果排除视听、邮政、基础电信、运输服务等46个敏感部门(排除的原因在于对这些服务活动的承诺有待于在以后的WTO谈判中修改或撤消)，中国的承诺比例上升为63%(盛斌，2002)。与WTO 25个发达经济体、77个发展中经济体和4个转轨经济体相比，从总体水平上看，中国对服务业的具体承诺与转型经济体相似，明显高于发展中经济体，而较低于发达经济体。在WTO统计的GATS谈判参加方所承诺的具体服务活动的数量中，中国居第二档次(81～100个)，是做出部门减让最多的发展中经济体(世界贸易组织秘书处，2000)。

(三)中国在区域贸易协定中所做出的服务贸易开放承诺

目前，中国已和24个国家或地区签署16个自由贸易协定，如与东盟(2007)、新西兰(2008)、新加坡(2008)、智利(2008)、巴基斯坦(2009)、秘鲁(2009)、瑞士(2014)、韩国(2015)、澳大利亚(2015)等，而其中通常会附带相关服务贸易开放承诺内容，但中国在与

不同国家签订的FTA中,涉及的服务贸易开放内容有所不同。例如,对《中国—东盟自贸区服务贸易协议》①与《中国加入世界贸易组织法律文件》附件9②中进行比较后发现,中国在《东盟服贸协议》中的承诺并未体现出明显的"GATS+"特征。在《东盟服贸协议》中,中国对六大类服务部门(通讯、分销、教育、金融、健康、旅游)未做出任何开放承诺,而且对商务和运输部门做出的开放承诺要比附件9中做出的承诺更为严格(无论是市场准入或国民待遇)(GATS-),体现出中国政府较保守的开放态度,中国对东盟服务业开放壁垒仍然较高。而在《中韩自贸协定》中,加入了威海—仁川经济合作开发区先行先试的规定,这对双边服务贸易的开放提供了更多的机遇。

(四)中国内地针对香港和澳门的服务贸易开放

2016年,中国内地分别与香港和澳门签订《〈内地与香港关于建立更紧密经贸关系的安排〉服务贸易协议》及《〈内地与澳门关于建立更紧密经贸关系的安排〉服务贸易协议》,这是首个内地全境以准入前国民待遇加负面清单方式全面开放服务贸易领域的自由贸易协议。根据上述协议,内地对香港和澳门服务业作全面或部分开放的部门有153个,占世界贸易组织全部服务贸易部门的95.6%,当中有62个服务部门就"商业存在"提供模式对香港和澳门实行国民待遇。尽管CEPA对香港开放的服务部门远超中国对WTO的承诺水平,但在实践中依然存在落实效果欠佳、准入门槛过高、配套法律法规不完善等问题,其中一个关键点在于:CEPA采取了正面清单的开放方式,正面清单的管理方式是被动滞后的,难以应对服务贸易的创新发展和国际化对接,如深圳的腾讯微众银行。

2017年6月28日,中国内地与香港特区又签署了《CEPA投资协议》和《CEPA经济技术合作协议》。但《CEPA投资协议》主要面向《服务贸易协议》范围以外的投资准入(包括制造业、矿业和资产投资等,合称"非服务业")做出承诺。《CEPA经济技术合作协议》是内地对外签署的自由贸易协定框架下首个专门的经济技术合作协议,强调重点领域合作和贸易投资便利化。其中金融、旅游、法律和争议解决、会计、创新科技、电子商务、知识产权及质量监督检验检疫等主要领域确定了合作方向,并更新合作内容,新增了"法律及争议解决合作"和"会计合作"条款,为香港的专业服务提供新的机遇。

(五)中国通过自由贸易试验区推行的单边服务贸易开放

2013年,上海自贸试验区建立时推出中国首个《自由贸易试验区外商投资准入特别管理措施(负面清单)》③,2017年颁布了第四个版本的《自由贸易试验区负面清单》,对全国现有11个自贸试验区同步实施。

新版负面清单针对服务业的措施一共70条。其中提到"放宽"外资准入限制主要体现在金融、证券、保险领域;"放开"外资准入限制体现在会计审计、建筑设计、评级服务等领域;"取消"外资准入限制主要体现在部分制造业领域;而"推进"开放主要体现在电信、

---

① 以下简称《东盟服贸协议》。

② 以下简称"附件9"。

③ 以下简称《自贸试验区负面清单》。

互联网、文化、教育、交通等领域。值得注意的是,对于某些特定行业,虽然负面清单取消了对外资的准入或者股权比例等限制,但是行业许可对于内外资投资者仍然存在。比如,因私出入境中介服务,需要有省级以上公安机关核发因私出入境中介机构经营许可证。因此,外资如要在区内开展某些业务,除需查看是否属于负面清单范围之内,还需了解是否有其他许可、审批的要求。根据目前自贸试验区的运作,除少数领域的业务限制经营区域外,大部分领域允许区内注册区外经营(见表1)。

表1 2017版自由贸易试验区负面清单比2015版本减少措施(服务业)

<table>
<tr><td rowspan="2">交通运输业</td><td>道路运输</td><td>13.公路旅客运输公司属于限制类</td></tr>
<tr><td>水上运输</td><td>14.外轮理货属于限制类,限于合资、合作</td></tr>
<tr><td>信息技术服务业</td><td>互联网和相关服务</td><td>15.禁止投资互联网上网服务营业场所</td></tr>
<tr><td rowspan="4">金融业</td><td rowspan="3">银行服务</td><td>16.外国银行分行不可从事《中华人民共和国商业银行法》允许经营的“代理发行、代理兑付、承销政府债券”</td></tr>
<tr><td>17.外资银行获准经营人民币业务须满足最低开业时间要求</td></tr>
<tr><td>18.境外投资者投资金融资产管理公司须符合一定数额的总资产要求</td></tr>
<tr><td>保险业务</td><td>19.非经中国保险监管部门批准,外资保险公司不得与其关联企业从事再保险的分出或者分入业务</td></tr>
<tr><td rowspan="4">租赁和商务服务业</td><td>会计审计</td><td>20.担任特殊普通合伙会计师事务所首席合伙人(或履行最高管理职责的其他职务),须具有中国国籍</td></tr>
<tr><td rowspan="2">统计调查</td><td>21.实行涉外调查机构资格认定制度和涉外社会调查项目审批制度</td></tr>
<tr><td>22.评级服务属于限制类</td></tr>
<tr><td>其他商务服务</td><td>23.因私出入境中介机构法定代表人须为具有境内常住户口、具有完全民事行为能力的中国公民</td></tr>
<tr><td>教育</td><td>教育</td><td>24.不得举办实施军事、警察、政治和党校等特殊领域教育机构</td></tr>
<tr><td rowspan="3">文化、体育和娱乐业</td><td>新闻出版、广播影视、金融信息</td><td>25.禁止从事美术品和数字文献数据库及其出版物等文化产品进口业务(上述服务中,中国入世承诺中已开放的内容除外)</td></tr>
<tr><td rowspan="2">文化娱乐</td><td>26.演出经纪机构属于限制类,须由中方控股(由“为本省市提供服务的除外”调整为“为设有自贸试验区的省份提供服务的除外”)</td></tr>
<tr><td>27.大型主题公园的建设、经营属于限制类</td></tr>
</table>

(六)地方政府与各部委出台的外商投资服务业(服务贸易)相关制度

各地市也根据地方特色和产业发展目标,分别颁布各种服务业(服务贸易)管理措施,例如对外资领域的放宽、贸易便利化政策、对国内服务产业的补贴政策等方面。如《关于在中国(天津)自由贸易试验区内设立外商投资融资租赁企业实行备案管理的公告(津商务资管〔2016〕2号)》,《前海深港现代服务业合作区资本项目收入支付审核便利化试点实施细则的通知(深外管〔2018〕20号)》,《中国人民银行广州分行关于支持中国(广东)自由贸易试验区扩大人民币跨境使用的通知(广州银发〔2016〕13号)》等,支持产业主要集中在金融活动(如融资租赁、银行和保险相关业务)和文化创意、旅游产业等。

二、中国自由贸易试验区(港)服务贸易开放风险与监管[①]

为实现对服务贸易进行风险监管,以下对自贸试验区(港)内的服务贸易开放风险点进行了梳理,大致可以分为经营主体资质风险、服务质量风险、超出经营范围风险、经济安全风险、税收风险、与服务贸易相关的货物监管风险,以及发展服务贸易新模式、新业态风险等方面。

(一)经营主体资质风险

1.在工商登记注册的专业服务机构(如人力资源)未到当地相关部门(人社部门)取得服务许可证,自行开展服务业务,出现"有照无证"行为。

2.自贸试验区(港)跨境人民币业务主体资格不当,非自贸试验区企业通过银行业机构办理自贸试验区(港)业务。

3.相关专业服务人员须持证上岗:如电力企业需持证(电力业务许可证)经营、电力工程需持证(承装、承修、承试电力设施许可证)施工;进网作业电工需持证(电工进网作业许可证)上岗。

4.港(澳、台)会计专业人士担任自由贸易试验区会计师事务所合伙人未保持设立条件。

5.申请增值电信业务的企业注册地和服务设施须设立在试验区(港)内。

6.因特网接入服务业务的服务范围限定在试验区(港)内。

(二)服务质量风险

1.境外(含港澳台)专业人士提供专业服务(如医疗、建筑工程、会计服务)过程中不能完成相应服务,发生争议、质量安全、事故或因违法违规,其负责人逃逸难以追究责任。

2.互联网上网服务营业场所在自贸区(港)内营业违反相关规定,发生违法违纪行为。

3.外资(含港澳台)检测机构在区内设立的分支机构出具虚假结论或出具的结论严重失实;第三方检测机构在送检产品检验过程中发现其安全、卫生、环保等项目存在重大不符合情况而隐瞒不报。

4.对符合条件的区内企业开展境内外维修业务:该模式不实行单耗管理,对企业经营管理的数据真实性完整性要求较高,存在因企业管理不善造成保税料件流失风险。

---

① 对服务业(服务贸易)开放风险点的总结内容,可以考虑借鉴国际规范负面清单格式建立我国新一轮负面清单内容的参考,如安全风险问题,可以成为负面清单中的水平承诺内容(Horizon Commitment)(即不管属于哪一种服务活动都需要遵守的规定),有些风险点可以成为服务活动部门承诺的内容,如服务质量问题等。

5.台湾合法导游、领队在福建自贸区所在城市执业中未按相关规定发生违法违纪行为。

(三)超出经营范围风险

1.小额贷款公司(或典当行)发生非法集资、吸收或变相吸收公众存款的风险;或发生抽逃出资、虚假出资的风险。

2.从事商业保理业务的外商投资企业可能从事吸收存款;发放贷款或受托发放贷款;专门从事或受托开展与商业保理无关的催收业务、讨债业务;受托投资等业务。

3.娱乐市场:歌舞娱乐场所歌曲点播系统与境外曲库连接;歌舞娱乐场所播放的曲目、屏幕画面及游艺娱乐场所电子游戏机内的游戏项目含有《娱乐场所管理条例》第 13 条禁止内容;歌舞娱乐场所接纳未成年人或游艺娱乐场所在非国家法定节假日外接纳未成年人进入游戏区;游艺娱乐场所设置具有退币、退钢珠的赌博功能的机型、机种;娱乐场所的消防安全不符合安全生产标准等。

5.演艺市场:未经批准擅自举办营业性演出活动;营业性演出含有《营业性演出管理条例》第 26 条禁止情形的;举办临时搭建舞台、看台营业性演出未能在演出前提交演出场所合格证明和安全、消防批准文件。

6.金融创新业务将从传统的信贷转向中间业务和表外业务,结构化和证券化衍生产品的创新将提高杠杆,增加市场和机构间的关联度,放大了风险传染的可能性及程度。

7.利用自贸区(港)电子商务或以金融创新为名从事传销等违法行为可能性增大。

(四)经济安全风险

1.脱离真实交易背景的服务活动(如金融、证券等)导致跨境资金大规模流进流出,对经济健康发展造成不利影响。

2.试验区(港)内开办新型金融业务可能会面临一些突出的风险,如流动性风险、市场风险、交易对手信用风险、国别风险、法律合规风险以及金融消费者保护等,如若风险防控不力,或将引发区域性、系统性金融风险。

3.利用自贸区(港)跨境转移、掩饰、隐瞒非法所得,或资助恐怖活动提供资金,发生洗钱和恐怖融资风险。

4.自贸区(港)内网络和信息安全、数据安全问题。

6.随着自贸区(港)通关便利化,区内进出口和转口贸易增加,发生知识产权侵犯的服务行为可能增多,如利用他人商标名义提供服务,展览服务盗用他人名义美术品等。

7.注册会计师行业业务报备系统出现数据泄露等安全隐患。

(五)税收风险

1.服务贸易等项目对外支付税务备案的税务风险点:境内机构和个人向境外单笔支付等值 5 万美元以上(不含等值 5 万美元)属于文件规定三类资金,均应向所在地主管国税机关进行税务备案。可能因纳税人对外付汇频率、金额的增加,导致税款流失的风险。

2.2014 年至 2018 年,继续对符合条件的技术先进型服务企业实行企业所得税优惠政策。可能存在企业虚构条件享受税收优惠的风险。

(六)与服务贸易相关的货物监管风险[①]

1.国际运输服务贸易(港口服务,如远洋航线和近洋航线、航空运输服务等):海关对中转集拼和转口的货物及其运输工具进行监管确保货物安全合法运输。

2.旅游服务贸易:对进出境人员携带的行李物品进行监管,查缉走私和办理其他海关业务,主要的场所是机场、港口和车站。另外,邮轮旅游过程中会停靠途经国家或地区的港口,在这类旅游服务贸易中,口岸海关必将对停靠的邮轮和人员进行监管。

3.金融服务贸易:主要体现在海关对融资租赁货物的监管。

4.特许权使用费:如果这部分费用和货物构成一体一同进口进行支付,则这部分服务贸易受到海关监管。

5.修理服务:如运往境外修理的机械器具、运输工具或者其他货物,出境时已向海关报明,并且在海关规定的期限内复运进境的,是受到海关监管的。

6.文化服务贸易:各类电影节、艺术节、旅游节以及各项赛事等需要的用品,如一些机器配件、维修设备、转播设备等均需要进境,对于这类暂时进境的货物,并没有发生所有权转移,在赛事等结束后复运出境,接受海关监管。[②]

7.会展服务贸易:进出境展览品是指境外为来华或我国为到境外举办经济、文化、科技、武器装备展览或参加博览会而进口的展览品及与展览会有关的其他物品。包括:在展览会中展出的或示范用的货物、物品;为示范展出的机器或器具所需用的物品;展览者设置展台的建筑、装饰材料;供展览品做示范宣传用的电影片、幻灯片、录像带、录音带、说明书、广告等。

8.加工贸易涉及的服务贸易:加工贸易中的来料加工、出料加工形式中很明显地货物并没有发生所有权转移,除了来料和出料加工的工缴费是服务贸易的范畴外,加工贸易产品产生的售后和维修等服务活动都会受到海关的监管。

9.再制造业务:涉及再制造业务的二手品的进口货物监管。

(七)发展服务贸易新模式、新业态风险

新兴技术对现代服务业的影响的速度越来越快,范围越来越大,未来现代服务业的平台性、跨界性、共享性、体验性等趋势越来越明显:一是以云计算、大数据、移动互联网、物联网、务联网[③]和新型终端技术等为代表的新一代信息技术正带动服务计算、知识图谱等技术深入研究和应用;二是信息技术与各个领域交叉融合的速度正在加快,促使第一、二

---

① 除此之外,也应重视与生产性服务投入(Embedded Service)相关的货物的开放。另外,为了发展我国维修服务,二手货物的进口问题也应该得到重视。

② 为了给国内外文化企业提供多种服务,海关针对此类货物按照《中华人民共和国海关暂时进出境货物管理办法》进行监管。

③ 伴随着软件、硬件、资源、信息、人的虚拟化与服务化,下一代的 Internet 成为“服务的物联网”,即务联网。

产业与现代服务业更加深度融合,催生云制造、数字医疗等新业态,现代服务业呈现出“跨界融合”的新态势与新特征;三是行业融合、平台经济、分享经济、特种定制、“互联网+”、一站式集成服务将成为未来发挥主导作用的商业模式。因此,传统的服务贸易监管模式将面临发展服务贸易新模式、新业态的严峻挑战。

三、中国服务贸易开放对标国际贸易投资新规则风险

(一)中国服务贸易规则对标CPTPP服务贸易相关条款的挑战

2017年11月11日,在美国宣布退出《跨太平洋伙伴关系协定》(TPP)之后不到一年,11个亚太国家发布联合声明,称“已经就新的协议达成了基础性的重要共识”,并决定将TPP改名为《跨太平洋伙伴关系全面进步协定》(CPTPP),[①]CPTPP直接与服务贸易有关内容包括四章,分别是第10章“跨境服务贸易”、第11章“金融服务”、第12章“商务人士临时入境”以及第13章“电信服务”。另外,第9章“投资”,第14章“电子商务”及第17章“国有企业”等涉及包含服务投资销售相关内容。

相比我国其他自贸协定的服务贸易规则,CPTPP采取了负面清单承诺方式和棘轮原则[②],同时在覆盖领域等方面均体现出“超WTO”条款,因此对我国相关规则的对标形成更大的挑战。如对于电信业务,CPTPP规定:①“确保其境内的主要电信服务商必须以合理条件提供网际互联、租用专线等服务”,这意味着假如中国加入CPTPP,外资公司可以以合理价格和条件租用中国三大电信公司的基础设施服务,这对打开中国电信服务市场意义重大;②在发放牌照的情况下,确保监管程序透明及不会对特定电信技术构成一般性歧视,并不会给本地供应商提供优惠接入的待遇,此举将打破中国电信运营商垄断特定电信业务的权力;③“在国际漫游服务领域引入竞争”条款迫使中国电信服务提供商降低国际电信资费与基础电信服务的相应资费。其次,从CPTPP金融服务条款来看,成员方都需要对其他成员方开放本国的金融服务业领域,特别是新金融服务,现有的中国的金融监管体系下,很多银行、保险和证券等金融机构大都从事的是传统的金融业务,因此面临如何监管这些新金融业务问题。另外,CPTPP中的投资者—国家争端解决机制、当地存在等条款与我国自贸协定的规定也差异较大。

(二)中国服务贸易规则对标TiSA条款的挑战

TiSA(Trade in Service Agreement)谈判启动于2013年,目前它包括了除美国、欧

---

① CPTPP文本见新西兰外贸事务局网站:https://www.mfat.govt.nz/en/trade/free-trade-agreements/free-trade-agreements-concluded-but-not-in-force/cptpp/comprehensive-and-progressive-agreement-for-trans-pacific-partnership-text/

② 棘轮原则是NAFTA类型贸易协定的特征,任何保留措施未来的自由化都将自动锁定。而GATS类型的贸易协定几乎没有禁止反转条款。即便是有,也往往采用诸如“尽最大努力”“应当考虑”此类约束力不强的表述。可见,TPP呈现出较高水平的自由化和透明度。

洲、澳大利亚等主导国以外的一共50多个国家和地区,涉及的服务贸易总额更是涵盖70%的全球服务贸易市场。TiSA谈判共包括以下方面:信息通信技术服务(包括电信和电子商务)、专业服务、金融服务、海运服务、空运服务、快递服务、能源服务、临时入境服务、政府采购、医疗服务、补贴。[①] TiSA的特征主要体现在:

(1)在TiSA框架下,类似于WTO模式的法庭将会扩大,而且这些法庭在解决贸易争端时会影响当地法律,甚至"停滞"一些当地的法律法规,以冻结地方管理,如冻结当地对职业许可资格或技术标准的立法。

(2)公司可以通过类似于投资者—国家争端解决(Investor-State Dispute Settlement,ISDS)机制来执行监管方面的建议。而现有WTO争端解决法律机制规定只有国家才能成为诉讼主体,而在ISDS下,条约允许投资者对投资东道国违反协议的行为提起诉讼,美国意在利用TiSA替代WTO核心法规GATS。

(3)TiSA协议将企业的利润放在首位,社会、文化,甚至公共健康这些议题将靠边站。

(4)TiSA对人权尤其是个人隐私存在潜在威胁。例如,TiSA规定政府将不能阻止外国服务公司连入国内传输、访问、处理或存储信息(包括个人信息)网络,不管该公司是否在领土内,TiSA规定的原意把隐私保护视为贸易壁垒,因此这项规定将会对隐私法规造成冲击。一般而言,互联网是全球性的,但相关的隐私法规却采取本地化的规范,最具争议的是,无论国家的法律如何,所有的电信服务供应商都能够将客户数据移出消费国(甚至TiSA)之外,这种跨国界的数据自由流动将会打破以往在业务所在地保存商业记录的传统,并引发了支持隐私人士的担忧。而服务贸易总协定(GATS)规定,把隐私保护当作为例外情况,即隐私保护不被视为贸易壁垒,因此TiSA对那些想要保留隐私法的国家而言非常重要。

目前,我国正试图通过自贸试验区战略对接高标准国际贸易投资规则,但目前自贸试验区试点所涉及的服务贸易规则仍然低于CPTPP及TiSA水平。

(三)中国服务贸易开放负面清单"碎片化"、跨境服务贸易负面清单实施风险

首先,中国关于服务贸易开放的相关规章制度广泛分布于《外商投资产业指导目录》、中国在区域贸易协定中的承诺内容、中国内地与香港和澳门在CEPA框架下所签订的服务贸易协议、《中国自贸试验区负面清单》、地方政府与各部委所出台的对外商投资服务业(服务贸易)的相关管理文件。因此呈现出对服务业外资准入管理负面清单的"碎片化"特征,而且负面清单透明度并不高,广受外国投资者诟病,因此造成对特定类型的服务业外资准入,除导致出现服务部门的多头管理以外,还会形成负面清单的使用地域和范围的相互冲突问题。

其次,目前中国11个自贸试验区所执行的《自由贸易试验区外商投资准入特别管理措施(负面清单)》的模板与国际上主流的负面清单的规范格式相距较大(如NAFTA),如

① TiSA谈判内容一直保密,维基百科陆续在2014年6月19日、2015年6月6日、2016年6月27日披露了几十份机密文件,TiSA的神秘面纱也慢慢揭开。

何进一步与国际负面清单接轨并减少其中产生的开放风险问题值得我们关注。

再次,目前我国正在研究尝试实施跨境服务贸易的负面清单,而开展跨境服务贸易必然要受到近期欧盟所实施的数据隐私规则的影响。因此,是否可以先在我国特定地区试行跨境服务贸易负面清单(如粤港澳大湾区),并以此为基础进一步在内地推行,抓住机遇,发挥内地优势发展跨境服务贸易。

四、美国诉华未完成入世议定书中服务贸易开放相关内容

目前美国认为我国并未完成入世议定书中的相应承诺,而其中的焦点之一就在于服务贸易的开放问题。

(一)美国诉华未完成入世议定书的相关服务贸易承诺

美国认为,2017年中国监管机构继续采用个案审批、歧视性监管程序、针对企业进入和扩张市场的非正式禁止措施、过于繁重的许可和运营要求等手段,阻挠美国服务供应商实现在华扩大市场的努力。这些政策和做法影响了很多领域的美国服务供应商,包括银行、证券和资产管理、保险、电子支付、云计算、电信、视频和娱乐软件、电影制作和发行、快递和法律服务等。此外,中国的网络安全法以及相关草案,其中包括购买国内ICT产品和服务的要求,对跨境数据流的限制以及在本地存储和处理数据的要求等,都使得美国服务提供商更难以进入中国市场。中国也未能充分解决美国在WTO争端解决领域的担忧,其中包括电子支付服务和戏剧电影的进口和销售等方面:

1.电子支付服务

美国认为,2017年中国继续对外国公司实施无理限制,其中包括针对美国主要的信用卡和借记卡处理公司,这些公司一直在寻求向在中国发行或接受信用卡和借记卡的银行和其他企业提供电子支付服务。在2010年发起的WTO案件中,美国辩称,中国已在2006年的入世协议中承诺开放这一领域,WTO专家组在2012年发布的一项决定中与美国达成了一致。中国随后在2013年同意遵守WTO专家组的裁决,但中国直到2017年6月才采取必要措施,甚至不允许外国供应商申请许可证。据报道,几家美国供应商已经试图提交他们的许可证申请,但中国还没有采取任何行动。在中国一直积极推迟向外国供应商开放市场的过程中,中国银联(China Union Pay)一直在利用其在中国市场的独家准入,支持其在海外(包括美国)建设电子支付服务网络的努力。一个很好的例子是,中国银联(China Union Pay)最近宣布,其在美国自动柜员机的渗透率达到100%,在接受信用卡的美国商店渗透率达到80%至90%。

2.戏剧电影

2012年2月,美国和中国就美国胜诉的WTO案件中涉及戏剧电影进口和发行的某些裁决达成了另一项决议。双方签署了一份谅解备忘录(MOU),规定每年将大幅增加在中国进口和发行的外国电影数量,美国电影制片人的收入也将大幅增加。然而,中国尚未完全履行其谅解备忘录的承诺,其中包括开放进口电影分销机会的重要承诺。2017年,

根据《谅解备忘录》的规定,双方开始就进一步向美国提供有意义的赔偿进行讨论。

3.银行服务

美国认为,中国在很大程度上拒绝向中国以外的大型竞争对手开放其银行业。尽管中国以外资银行的形式开放了银行业,但中国在其他方面仍实施限制,使外资银行无法在中国获得重要的市场份额。最近的数据显示,自从中国加入世贸组织以来,中国银行资产的外资份额实际上已经下降。中国实施了各种歧视性和不透明的监管要求,使得外资银行更难在中国建立和扩大市场。其中一个主要领域涉及外国银行参与中国本币业务的能力,尤其是对中国个人方面。根据现行的管理规定,只有在中国设立代表处一年且总资产超过 100 亿美元的外资银行,才能申请在中国成立法人银行。另外,中国对外资银行实施了一些并不适用于国内银行的资产和资本要求,同时对外资银行申请设立新的分支机构,中国迟迟不采取相应行动。此外,中国限制外资银行通过分支机构而不是子公司在中国开展业务的活动范围。各种歧视性和不透明的规定也限制了外资银行参与中国资本市场的能力。多年来,对单个外国投资者出售现有中资银行的股权,中国一直限制在 20%以内,而对所有外国投资者的总股权限制在 25%以内。2017 年 11 月,中国宣布将取消这些外资股权限制,并将对国内外企业实施同样的规定。2018 年 2 月,中国发布了一项措施,暗示打算取消外国股权限制,但该措施在重要方面含糊不清,目前尚不清楚中国是否将在实践中提供有意义的、非歧视性的市场准入。

4.保险服务

外资保险公司在中国市场的份额很低。在人寿保险领域,中国只允许外国公司成立中外合资企业,外资股权上限为 50%,目前这些合资企业的市场份额约为 5%。对于健康和养老保险行业,中国也将外资股限制在 50%以下。虽然中国允许外资独资子公司进入非寿险(即财产和意外)保险行业,但外资公司在该行业的市场份额仅为 2%左右。中国的政治风险保险市场仍然不对外国投资者开放。虽然中国的外商投资目录表明中国已经放开了保险经纪服务,但中国在实践中似乎仍在继续限制外国公司可以提供的保险经纪服务的范围。与此同时,一些在中国成立的美国保险公司有时在获得中国监管机构及时批准其开设新的内部分支机构以扩大其业务的请求时遇到困难。2017 年 11 月,中国宣布将放宽保险服务领域的某些外资股权限制,但迄今为止还没有这样做。

5.证券和资产管理服务

在证券和资产管理服务行业,中国只允许外国公司设立中外合资企业,外资持股比例不得超过 49%。然而,据报道,中国最近授权了一家外国公司成立一家外资控股的合资企业,此外,中国已开始批准少数外资独资公司向高净值个人提供某些私募基金管理服务,但这些服务只是证券和资产管理公司通常提供的服务的一部分。2017 年 11 月,中国宣布将逐步取消对证券和资产管理服务行业的某些外资股权限制。2018 年 3 月,中国发布了一份征求公众意见的草案,似乎与 2017 年 11 月有关证券行业的公告有关。中国尚未发布有关资产管理行业的征求公众意见草案。

6.电信服务

中国为提供增值电信服务的外国供应商进入市场设置了巨大障碍。这些限制包括不透明和任意的许可程序、外国股本上限以及定期、不合理地暂停发放新许可证。结果只有几十家外国供应商获得了提供增值电信服务的许可证,但同时有数千家持牌的国内供应商。此外,中国对基本电信服务实施限制,如对新进入中国市场的非正式禁令、49%的外国股本上限、外国供应商只能与国有企业组建合资企业的要求以及极高的资本要求,都阻碍了外国供应商进入中国基本电信服务市场。中国最近发布了一份草案,提议允许国内外供应商获得移动电信转售服务的许可。然而,适用于外国供应商的条款和条件仍不清楚,现在判断是否提供有意义的市场准入还为时过早。

7.视听和相关服务

中国对影院服务领域、电视和电台服务的限制极大地限制了外国供应商的参与。中国还禁止外国公司在中国提供电影制作和发行服务。此外,美国仍然非常关注国家新闻出版广电总局(SAPPRFT)和工信部(MIIT)2016 年 2 月发布的网络出版规定对外国公司从事视频和娱乐软件在线发行能力的影响(见下文"数字贸易壁垒")。

8.快递服务

美国继续对中国实施 2009 年邮政法和相关规定感到担忧,中国禁止外国服务供应商参与其国内快递市场的"文件业务"。在一揽子措施方面,中国采取了过于繁重和不一致的监管措施,包括安全检查。据报道,在颁发商业许可证时,中国对国内服务供应商提供了更优惠的待遇。

9.法律服务

中国已经颁布履行加入世贸组织的法律服务承诺的措施。然而,这些措施限制了外国律师事务所可以提供的法律服务的类型,包括禁止外国律师事务所聘用符合中国法律执业资格的律师,并延长了设立新事务所的时间。

(二)数字贸易壁垒

中国的互联网监管体制是限制性的、不透明的,影响着通过互联网开展的广泛的商业服务活动。此外,重叠的监管权限常常导致一个服务往往需要来自多个机构的单独授权。

1.云计算限制

云计算服务通常通过以下两种方式之一的商业存在进行提供:①作为一种综合服务,电信网络的所有者和运营商提供计算服务,包括数据存储和处理功能;②通过该网络,或作为独立的计算机服务进行提供,与电信服务供应商单独提供的计算服务站点连接。尽管中国在 GATS 承诺中允许这两种方式,但目前两种方式都不对外资企业开放。

中国还严格限制外国企业在跨境基础上向中国提供云计算服务的能力。2017 年,中国监管机构发出的《清理和规范互联网接入服务市场通知》将于 2018 年 3 月生效,禁止中国电信运营商提供消费者租赁线路或虚拟专用网(VPN)连接到达海外数据中心——防止了公司用来连接外国云计算服务提供商和相关资源的关键访问机制。美国正在评估这一限制,因为中国的 WTO GATS 有义务确保跨境数据处理服务使用和使用租用线路。美国将努力确保继续向中国提供合法的跨境服务。

2.网页过滤和阻止

中国继续广泛屏蔽合法网站,对基于网络的服务和产品的供应商和用户造成了重大损失。最新数据显示,中国目前屏蔽了全球前 30 家网站中的 12 家,美国行业研究公司

(U.S.industry research)估计,总共有多达 3 000 家网站被屏蔽,影响了数十亿美元的业务,包括通信、网络、应用商店、新闻和其他网站。尽管随着时间的推移,这种技术手段变得越来越复杂,被称为"防火长城"(Great Firewall)的屏蔽机制,也经常影响到那些可能不是预期的过滤和阻止目标,但可能共享相同互联网协议地址的网站。此外,有报道称,仅通过国家防火墙传递所有互联网流量会造成传输延迟,这可能会显著降低服务质量,在某些情况下,会降低到商业上不可接受的水平,从而抑制或阻止某些服务的跨境供应。过去,消费者和企业可以通过使用 VPN 服务来避免政府的过滤,但 2017 年的一次打击行动几乎取消了这一选项,流行的 VPN 应用现在被禁止。这种发展对外国企业产生了特别严重的影响,它们经常使用 VPN 服务连接中国境外的地点和服务,并依赖 VPN 技术确保通信的机密性。

3.互联网语音协议(VOIP)服务

在中国允许计算机对计算机 VOIP 服务的同时,中国的监管机构已经限制向基础电信服务被许可人提供与公共交换电信网络(即:拨打传统电话号码)相关的 VOIP 服务的能力。这种限制没有明显的理由,这剥夺了消费者进行交流选择的权利,因此美国继续主张消除这种限制。

4.域名规则

美国和其他外国利益相关方继续对 2016 年提出的监管互联网域名的规则表示关注,这是中国提供的许多基于网络服务的关键投入。虽然中国解释,最初担忧禁止访问任何未在中国注册的网站的规定是基于对拟议规定的误解,但是关于中国打算如何实现对注册及使用域名和其他网络资源的要求,美国仍存在担忧。

5.跨境数据传输和数据本地化

中国监管部门为执行 2017 年 6 月生效的《网络安全法》和 2015 年以来生效的《国家安全法》正在制定各种草案和最终政策,这些政策和措施会对日常商业活动中的跨境数据传输形成限制,同时,这些措施还会对涉及"关键信息基础设施部门"施加各种当地数据存储和数据处理要求。考虑到依赖跨国界信息传输和灵活使用全球计算设施的各种商业活动,这种趋势在各国政府以及美国和其他国家的利益相关方之间引起了高度关注。

6.在线视频和娱乐软件的限制

中国通过实施影像内容和分销平台的措施,限制了外国视频和娱乐软件的在线服务提供。就内容而言,最严格的限制是通过详尽的内容审查要求,但其要求是模糊或不透明的。此外,对于在线视频,国家新闻出版广电总局要求中国在线平台供应商将不超过其收购预算 30%的资金用于外国内容。对于分销平台,广电总局已采取了许多措施,比如要求视频平台都是国有的,以阻止外国供应商获得许可。与此同时,包括阿里巴巴(Alibaba)在内的几家中国公司似乎不受这些要求的约束。广电总局和其他中国监管机构也采取措施防止跨境提供在线视频服务,这可能牵涉到中国 GATS 有关视频分销的承诺。

7.加密

信息通信技术产品和服务的使用越来越依赖于强大的加密,这是保护隐私和保护敏感商业信息的基本功能。这种功能在中国尤为重要,因为在中国这个市场,网络盗窃的发生率很高。对加密使用的苛刻要求,包括侵入式审批程序,在许多情况下,强制使用本地加密算法(例如,WiFi 和 4G 蜂窝产品),作为一个重要的贸易壁垒继续被利益相关者引用。美国将继续监测现有规则的执行情况,并将继续警惕引入任何妨碍技术中立使用稳健的、国际标准化的加密的新要求。

8.限制互联网支付服务

2010 年中国人民银行(PBOC)首次发布了对非银行在线支付服务供应商的监管规定,随后开始处理申请者的申请。据美国一份行业报告显示,截至 2014 年 6 月,在已发放的 200 多份许可证中,只有两份发给了外商投资供应商,而这两份许可证只是针对有限的服务进行许可的。此外,与其他信息通信技术领域(ICT)一样,中国人民银行要求供应商在中国境内进行本地化数据和设施。

(三)对再制造产品(Remanufactured Products)禁止进口政策

中国禁止进口再制造产品(通常将其归类为二手货)。除经济特区外,中国还实施了限制措施,禁止再制造生产过程中的投入品(通常为核心产品)进入中国海关领域。这些进口禁令和限制损害了中国许多行业的发展,其中包括矿业、农业、医疗、交通和通信,因为从事这些行业的公司无法购买在中国以外生产的高质量、低成本的再制造产品(二手货)。虽然出于环保或其他原因,中国禁止从国外进口再制造产品,但上述政策也同时对目前比较优势仍处于加工贸易[①]阶段的中国形成了障碍。

(四)产品和服务标准相关

在实施与标准相关的政策上,据报道,中国政府在某些情况下曾向寻求参与标准制定程序的外国公司进行施压,要求它们以不利的条件获得技术或知识产权的许可;中国在一些已经存在国际标准的高技术领域继续实施国家标准。

目前,中国正在对其标准体系进行大规模改革。作为这项改革的一部分,除了现有的“自上而下”制度之外,中国正在寻求在标准制定中纳入“自下而上”的战略。2017 年 9 月,中国发布了一份新的标准化法律草案,美国对此提出了书面意见,并对这项法律草案关于标准开发方面的偏好提出了新的担忧,但未能解决美国在前一份草案中提出的其他问题。这份 2017 年 9 月的草案,只有微小的修改,并在 2017 年 11 月成为最终草案,于 2018 年 1 月生效。与此同时,现有技术委员会继续制定标准,允许更多的外国参与。例如,尽管美国对中国网络安全标准的实质性担忧尚未得到解决,但网络安全标准技术委员会已经开始允许外国公司参与标准的制定和修改,并允许多家美国和其他外国公司投票,以及参加标准制定工作组的工作。尽管如此,美国仍然非常关注中国在标准方面的政策,因为中国正准备制定标准化法的实施条例。

值得注意的是,美国对中国标准制度的担忧并不仅限于美国公司进入中国市场的影响,目前中国正在努力制定独特的国家标准,旨在满足中国公司争取全球竞争的利益,因为中国政府的愿景是利用庞大的中国市场力量来推动或强制在全球市场采用中国标准。

---

① 在新的国际收支平衡表中,加工贸易纳入服务贸易统计范畴。

(五)知识产权方面

中国加入世贸组织后,根据世贸组织《知识产权贸易协定》(TRIPS 协定)的要求,对保护国内外知识产权的法律法规框架进行了广泛修订。目前,中国正在针对这些法律法规进行一系列的修订。尽管在 2017 年中国国务院发布了各种计划和指示,但中国知识产权保护和执法体制的不完善,继续对美国出口和投资构成严重障碍。因此,中国再次被列入美国贸易代表办公室 2017 年特别 301 报告的优先观察名单。此外,在 2018 年 1 月,美国贸易代表公布了 2017 年“恶名市场非周期评估”的结果,该评估对全球范围内打击盗版和假冒行为存在问题的在线和实体市场进行了确定,其中一些中国市场被称为“恶名市场”(notorious markets)。对于这方面内容,美国主要认为包括贸易秘密(如利用国企入侵美国公司电脑摄取商业秘密)、不良商标注册等方面,另外特别指出了网上侵权行为:

网络盗版在中国继续大规模蔓延,影响众多行业,包括传播合法音乐、电影、书籍和期刊、软件和视频游戏等。虽然加强执法有助于遏制一些盗版产品的在线销售,但需要更持续的行动和关注才能对内容产业的所有者和知识产权持有者(特别是对中小企业)提供更有意义的保护。

美国敦促中国政府创造一个更宽松的政策环境,以帮助合法和授权产品市场的健康发展。美国还敦促中国修改具有负面作用的现有政策。对外国电视内容进行审查的相关规定是美国重点关注内容,如对通过网络平台对外国电视内容进行授权的连续性,这些规则正在破坏合法的商业活动,同时无意中创造了允许盗版内容取代在线合法内容的条件。

在 2016 年 11 月的美中商贸联委会(JCCT)会议上,中国同意积极推动与电子商务有关的立法,加强对网络侵权和假冒行为的监督,并与美国共同探索利用新途径提高网络执法能力。此外,2016 年 12 月和 2017 年 11 月,中国公布了新《电子商务法》草案,征求公众意见。美国在书面评论中强调,这部法律的最终版本应该促进一种有效的通知—撤诉制度(notice and takedown regime),在处理网络侵权的同时为互联网服务提供商提供适当的保障。

五、结论

总之,对中国自贸试验区(港)服务贸易的开放风险进行监管,各服务业的监管部门除了要考虑业务上的风险防范措施外,还需要重视如何跟国际贸易投资新规则进行对标,以及应对美国诉华未完成入世议定书承诺的诉讼等问题。

参考文献:

[1]2017 Report to Congress On China’s WTO Compliance[R].United States Trade Representative,2018.

[2]2018 National Trade Estimate Report on Foreign Trade Barriers[R].Office of

the United States Trade Representative,2018.

[3]USTR,美国贸易代表办公室(USTR)关于 TPP 电信章节的解释[R].2015.

[4]USTR,美国贸易代表办公室(USTR)关于 TPP 跨境服务贸易章节的解释[R].2015.

[5]蒙英华,汪建新.超大型自贸协定的服务贸易规则及对中国影响分析——以 TPP 为例[J].国际商务研究,2018 年第 1 期.

[6]盛斌.中国加入 WTO 服务贸易自由化的评估与分析[J].世界经济,2002 年第 8 期.

生产性服务效率、中间投入变化与中国制造企业生产率

蒙英华　钟丽容①

摘　要:通过使用中国服务企业的微观数据,我们分服务行业从投入效率与投入变化两个角度对制造业投入服务化影响制造企业生产率效应问题进行研究。结果显示:第一,大多数生产性服务投入效率的提高对中国制造企业生产率均产生正向促进效应(除教育外);第二,生产性服务投入对较高生产率的制造企业产生的生产率促进效应更为明显;第三,随着高技术生产性服务投入的增加,其对制造企业生产率的正向促进效应会增强,而随着中低技术生产性服务投入的增加,其对制造企业生产率的影响不明显或者会被削弱;第四,生产性服务投入提升了东部和中部地区制造企业生产率,却抑制了西部地区制造企业生产率。

关键词:生产性服务;制造业服务化;制造企业生产率

一、导言

生产性服务②的一个重要的经济特征在于它们充当着生产其他商品和服务的中间投入品,支持着与经济发展相关联的、越来越细化的专业化过程(Francois,1990)[1],因此生产性服务活动效率无疑对使用它们作为生产投入的企业生产率产生影响。它们的成本和质量也同时影响着整个经济的绩效(Francois and Hoekman,2010)[2],例如,一个高效和具备竞争力的金融部门对资金流向于高回报的地区至关重要;低成本和高质量的电信服务对经济产生积极影响,在于其可为其他可数字化产品提供"运输"功能;运输服务有助于货物在一国内部和国家之间进行有效分布,同时也是服务提供商移动到服务客户端的手段(反之亦然);会计和法律等商业服务可减少金融市场的运作成本和执行合同相关的交易成本;零售和批发分销服务是连接生产者和消费者的重要方式。而随着国际产业结构调整的加快,生产性服务与制造业之间的融合日益加深,作为制造业生产的中间投入,生

① 作者简介:蒙英华、钟丽容,上海对外经贸大学国际经贸学院。通讯作者:蒙英华,电子邮箱:mymgy810@126.com。

② 1966 年美国经济学家 H.Greenfield 最早提出生产性服务(Producer Services)的概念。生产性服务产品包括保险、银行、金融以及为其他公司生产提供的服务产品,如广告和市场研究、会计、法律服务、研究与开发等;而消费性服务则指直接向消费者提供消费的服务产品。

产性服务所内含的知识资本、技术资本和人力资本可以大幅度提高制造业的附加值和国际竞争力,因此它们对制造业生产率的提升起到了非常重要的作用(Van Marrewijk,1997[3];Markusen et al.,2005[4])。另外,生产性服务业对生产过程协调和全球价值链运作至关重要。

中国作为世界工厂,服务的中间投入是制造业生产投入的重要组成部分①,而且在经济转型和产业升级压力下,中国制造企业的生产投入结构呈现"软化"特征——即制造业服务化②。据国家统计局核算,2016年我国第三产业增加值为38 221亿元,服务业增加值占国内生产总值比重达51.6%,同比增长7.8%,增速快于第一产业和第二产业。但中国服务业的增长不仅并没有发挥出对国民经济产生应有的带动作用,其受其他部门的需求拉动作用也不大(程大中,2008)[5]。改革开放以来,虽然中国政府对服务业尤其是垄断性服务业实施了一系列渐进性改革政策,包括放松价格管制、调整市场结构、产权多元化等,但行政垄断、市场分割、融资渠道较差等现象依然严重,从而导致生产性服务业发展相对滞后(陈艳莹,鲍宗客,2013)[6]。因此,生产性服务业成为目前中国制造业转型升级的瓶颈,对服务业进行改革应成为中国经济发展的重要性战略问题。《中国制造2025》给出了中国制造强国建设的总体导向,其中特别指出,制造业服务化与制造业转型升级密切相关。但另一方面,工业化与服务业发展应保持相对均衡,应重视制造业"服务化"所表现出的"双刃剑"作用,避免在实体产业不完善的条件下盲目发展服务业(肖挺,蒋金法,2016)[7]。

本文尝试从"中间投入"视角,从投入效率和投入变化两方面探讨生产性服务投入对制造企业生产率的影响。虽然目前关于生产性服务业与制造业发展的相关问题已取得丰硕成果,但长期以来忽视了因服务企业和行业的异质性影响而造成的巨大差异。为解决上述问题,我们通过使用第二次经济普查微观数据,试图解答如下问题:哪些生产性服务投入对提升制造企业生产率最为重要;什么特征的制造企业生产率所受生产性服务投入影响最大;生产性服务投入变化如何影响制造企业生产率?下文结构安排如下:第二部分为相关文献评述,第三部分为数据说明和统计特征,第四部分是回归结果及分析,第五部分是结论与政策建议。

二、文献评述

服务业与制造业发展关系问题一直为学界所关注。研究者起初最先关注消费性服务在经济发展中的作用,如Baumol et al.(1985)[8]提出的服务业"成本病"拖累一国生产率

① 在中国制造业企业总投入中,生产性服务投入占比目前还明显低于发达经济体。

② 制造业服务化包括制造业投入服务化、制造企业内部从事服务活动,以及制造业产出服务化三种形式。

提升的观点①;此后,学者开始关注生产性服务与制造业部门之间的联系,由于在不同经济发展阶段,消费性服务的主导性地位慢慢被生产性服务所取代,因此服务业在不同时期对经济所起的作用并不相同(Francois and Reinert,1996)[9]。

目前,理论界主要有四种论述生产性服务业与制造业关系的观点,即"需求遵从论""供给主导论""互动论"和"融合论"(顾乃华,2006)[10]。基于联立方程组,高觉民,李晓慧(2011)认为中国生产性服务业各部门与制造业均呈现出互动发展关系。基于"投入—产出"关系,作为中间投入的生产性服务会通过所谓的"涟漪效应"(trickle-down effect)波及下游的制造业,且服务中间投入依赖度越深的制造企业所受影响也越深[11]。在影响机制上,Markusen(1989)通过将生产性服务业作为中间产品引入模型,解析了生产性服务业促进制造业发展和经济增长的内在机理[12]。格鲁伯和沃克(1993)认为,生产性服务业实质上是在充当人力资本和知识资本的传送器,最终将这两种能大大提高最终产出增加值的资本导入到生产过程中[13]。陈宪,黄建锋(2004)认为,随着企业面临的需求日益多样化及竞争强度的提高,原先作为企业内部的研发、设计、会计、咨询等服务职能逐步从制造业分离出来,企业经营变得更加专业,资源配置更加合理,规模经济得以凸现,制造业和生产性服务业都得以迅速发展[14]。路红艳(2009)认为,生产性服务业作为知识、技术密集型行业,对促进制造业结构升级具有重要作用[15]。Buera(2012)指出,生产性服务业的多样化和质量提升对美国制造业运营起着关键性的作用[16]。另外,众多学者也同时从生产性服务业与制造业的空间布局来探讨两者之间关系,存在着两种不同的观点,一是认为生产性服务业与制造业在空间分布上存在着联动效应(Coffey and Bailly,1992[17];罗勇,曹丽莉,2005[18];Andersson,2006[19];Raff and Ruhr,2007[20];陈建军等,2009[21];顾乃华,2011[22];李强,2013[23]),因此生产性服务投入能提高下游制造业的劳动生产率;二是认为生产性服务业与制造业在空间布局上分离(Bhagwati,1984[24];Daniels,1985[25];刘志彪,2006[26])。

近年来,学者运用了多种数据验证生产性服务投入对制造业生产率的影响。Arnold et al.(2008)使用10个非洲国家的1 000家制造企业数据,调查发现电信、电力和金融服务部门的改革有助于提升制造企业的生产效率[27]。Shepotylo and Vakhitov(2012)选择2001—2007年乌克兰4万家制造业企业作为样本,结果发现服务部门改革对企业尤其是本土小企业全要素生产率带来显著的正面影响[28]。周念利(2014)研究中国典型的垄断性服务部门改革(铁路、航空、电信和金融)对制造业企业劳动生产率的影响,结果显示:除铁路之外,航空、电信和金融部门改革均能显著提升制造业企业的生产效率[29]。Arnold et al.(2014)通过运用4 000家印度企业劳动生产率数据,分别对印度银行、通信、保险和运输服务改革指数进行回归后,发现除银行外其他三部门的改革都会显著提升制造业企业的生产效率[30]。李晓慧,邹昭晞(2015)研究发现,中国劳动密集型和低技术制造业的投入服务化水平要高于资本密集型、高技术制造业;制造业投入服务化对劳动密集型行业的生产率促进效应要大于资本密集型行业,但在高技术行业和低技术行业的差异不明

① Baumol认为,相对于制造业而言,服务业劳动生产率难以提高,因此随着制造业生产率的改进,服务部门相对成本不断上升,从而在整个经济中的比重上升,形成经济发展的累赘。

显[31]。周念利,郝治军,吕云龙(2017)认为,当前中国制造业中间服务总投入水平及金融、电信、批发零售等分部门投入水平均低于理论上的"最优"临界值,这意味着增加服务投入使制造业企业由"制造型企业"向"服务型企业"转变,对全要素生产率提升具有重要意义[32]。肖挺(2018)通过对我国153家上市制造企业数据研究显示:服务化行为是影响企业绩效的重要原因,总体上,服务化企业在绩效方面并没有比非服务化企业表现出优势,反而在短期内更容易陷入"服务化—利润陷阱",但随着时间推移,企业有望通过服务化获得利润率及销售收入带来的红利[33]。

在开放条件下,当一国缺乏必要的生产性服务以满足国内需求时,可从外国进口生产性服务来实现。除与货物进口相类似的R&D溢出机制外,生产性服务进口对东道国制造业的作用机制还体现在以下方面:深化专业化分工,使下游产业使用的中间投入品在种类上增加,质量上提高,并获取规模效应,从而推动制造业生产率提升(Markusen,1989[34];Langhammer,2006[35]);有利于异质性产品的生产控制和协调,最终促进各种异质性最终产品劳动生产率的提高(Francois,1990)[1];一旦进口服务与当地生产要素发生关联后,会使服务更具"当地化"与"适宜性",因而更容易促进当地制造业生产率提升(Acemoglu,2001)[36];但另一方面,服务作为一种相对复杂的产品,会更加与本国的资源禀赋、人力资本紧密结合,较难进行国际学习和转移,因此服务进口并不一定意味着东道国能从中学习、模仿和使用服务出口国的经验与技术,反而会使服务进口国形成技术依赖,长期并不利于东道国制造业生产率提升(Burgess,1990)[37]。在经验研究方面,OECD(2006)研究表明,服务市场开放所引起的技术转移和扩散效应能提高包括开放服务部门在内的所有经济部门的生产率,而服务贸易的商业存在和自然人流动提供模式是技术扩散的主要渠道[38]。Francois and Woerz(2008)发现OECD国家的商业服务进口会提高技术密集型制造业的出口与增加值,但对劳动密集型制造业的出口却存在负面影响[39]。Arnold et al.(2011)基于1998—2003年捷克制造业企业数据,从外资准入、私有化、市场集中度三方面来刻画服务部门(包括专业、电信、运输、分销)改革水平,结果显示服务各部门改革均能对微观生产效率带来正向影响,且基于外资准入视角的改革对效率进步所做贡献最大[40]。张艳等(2013)指出服务贸易自由化对中国制造业生产率起着提升效应[41]。Hoekman and Shepherd(2015)①使用世界银行企业调查数据的研究表明,服务投入对制造企业劳动生产率及出口起着促进作用[42]。

另外,学者还从价值链角度探讨服务业投入和制造业之间关系。江静,刘志彪(2009)证实,中国长三角地区制造业在全球价值链中的升级与生产性服务发展具有显著的正相关关系[43]。许和连,成丽红,孙天阳(2017)研究发现,中国制造业投入服务化与企业出口国内增加值之间呈U形关系,且制造业投入服务化对企业出口国内增加值的影响具有明显异质性[44]。杜运苏,彭冬冬(2018)认为制造业服务化有利于提高一国在全球增加值的网络地位,且信息、专业技术等技术含量相对较高的服务化对网络地位影响相对较强;随着制造业在全球增加值网络的地位向高端攀升,制造业服务化水平对网络地位的作用呈现倒U形变化[45]。

① 在该文献中,制造业的服务投入是指水、电等服务的投入,与一般的生产性服务分类存在差别。

从文献来看，关于中国生产性服务投入对制造业的影响分析，部分文献不区分服务行业类型，用投入产出数据计算总的制造业服务化率，或使用城市数据库的第三产业代表整个服务行业①，或使用 OECD 服务贸易限制性指数(STRI)的构造方法来计算中国的服务业改革指数，以及使用上市服务企业数据等。我们的创新点主要在于：第一，通过使用中国第二次经济普查中的服务企业及制造企业的双重微观数据，考察中国的制造业服务化问题；第二，我们从生产性服务投入效率与投入变化两个角度，探讨生产性服务投入如何影响制造企业效率；第三，我们按照劳动生产率的差异进一步对制造企业进行了分类，并考察不同生产性服务投入的影响差异。

三、数据说明及统计特征②

(一)生产性服务部门的分类方法

第二次全国经济普查中的服务企业数据统计以《国民经济行业分类》(GB/T4754-2002)为基础，我们在对照参考上述行业分类的基础上，结合国家统计局发布的《生产性服务业分类(2015)》标准③，以及 2007 年省级 42 部门的投入产出表的行业分类标准，最后确定了七个生产性服务部门；另外，高技术服务产业分类参考《国务院办公厅关于加快发展高技术服务业的指导意见》(国办发〔2011〕58 号)文件。④ 整理生产性服务业具体分类标准及所对应关系如表 1 所示。

① 构造服务业效率指标使用城市年鉴里的服务业占 GDP 比例数据。

② 数据来源：制造业与生产性服务企业数据均来源于 2008 年第二次全国经济普查数据，样本覆盖了 28 个省份，其中包括 326 个城市，以二位行业代码分类的 30 个制造行业与 23 个服务业。制造业为规模以上工业企业，包含了以《国民经济行业分类》(GB/T4754-2002)为基础分类的 13～43 类制造业(除 38 类)。另外，生产性服务投入系数的数据来源于 2007 年省级 42 部门投入产出表。另，受限于第二次经济普查数据中生产性服务企业数据的可获得性，因而删去了海南省、青海省、西藏自治区及港澳台地区。

③ http://www.stats.gov.cn/tjsj/tjbz/201506/t20150604_1115421.html

④ 根据《国务院办公厅关于加快发展高技术服务业的指导意见》(国办发〔2011〕58 号)，国家统计局将高技术服务业定义为采用高技术手段为社会提供服务活动的集合，以《国民经济行业分类》(GB/T 4754-2011)为分类标准，包括了信息服务、电子商务服务、检验检测服务、专业技术服务中的高技术服务、研发设计服务、科技成果转化服务、知识产权及相关法律服务、环境监测及治理服务和其他高技术服务等 9 大类，25 个中类及 63 个小类。

表1 生产性服务业分类标准及所对应关系说明

生产性服务分类	《国民经济行业分类》(GB/T 4754-2002)	投入产出表部门	生产性服务分类(2015)	高技术服务产业分类	样本量
F交通运输及仓储业	51—57运输业 58仓储业	交通运输及仓储业	12货物运输、仓储和邮政快递服务①		112 945
H批发	63批发	批发和零售业	19批发经纪代理服务		707 130
L租赁和商务服务业	73租赁业(去掉732文化及日用品出租);74商务服务业	租赁和商务服务业	16生产性租赁服务;17商务服务;1811职业中介服务	部分商业服务:知识产权及相关法律服务	268 812
G信息传输、计算机服务和软件业	60电信和其他信息传输服务业;61计算机服务业;62软件业	信息传输、计算机服务和软件业	13信息服务	信息服务	112 093
M1科学研究	75研究与试验发展	研究与试验发展业	111研发与设计服务	研发设计服务	9 789
M2技术服务	76专业技术服务业;77科技交流和推广服务业;78地质勘查业	综合技术服务业	112—115其他技术服务	专业技术服务、科技成果转化服务、环境监测服务	83 829
P教育	8434职业中学教育;8435技工学校教育;8491职业技能培训	教育	182职业教育和培训		12 731

(二)相关指标的计算方法

1.制造业的生产性服务投入完全消耗系数计算方法:完全消耗系数指某一部门每提供一个单位的最终产品,需要直接和间接消耗各部门的产品或服务数量之和,它不仅反映了国民经济各部门之间直接的技术经济联系,还反映了国民经济各部门之间间接的技术经济联系,完全消耗系数矩阵可以在直接消耗系数矩阵的基础上计算得到:$\boldsymbol{B}=(\boldsymbol{I}-\boldsymbol{A})-\mathbf{1}-\boldsymbol{I}$。其中,$\boldsymbol{A}$ 为直接消耗系数矩阵,其第 i 行第 j 列的元素 a_{ij} 表示第 j 部门生产单位产品直接消耗第 i 部门的产品数量,反映了部门之间的直接经济技术联系;$\boldsymbol{I}$ 为单位矩阵。用完全消耗系数来衡量生产性服务业对制造业的投入,不仅包括了每个制造行业对生产性服务业的直接消耗还包括间接消耗,相对于直接消耗系数而言更为全面反映生产性服务对制造业的投入特征。

我们根据2007年省级42部门投入产出表进行计算,其中投入产出表中制造业部门

① 我们没考虑金融部门,主要因为第二次经济普查的金融业仅包括其他金融业(未包括银行、证券和保险业),其中大部分为典当和其他未列明的金融活动,它们与制造业的生产流通联系较为松散,而且样本量较少;我们也没考虑邮电部门,是因为没有办法确定是否属于为生产活动提供的邮政和快递服务,而且邮电在我国属于公共服务部门。

对应的《国民经济行业分类》(GB/T4754-2002)行业代码与 2008 年全国经济普查数据中制造业部门的二位代码相匹配。我们假定同一省份内的不同城市,相同生产性服务行业所对应制造业行业之间的投入产出系数相同。

2.生产率计算方法:由于我们采用 2008 年全国经济普查数据,只有一年横截面数据无法有效衡量企业的全要素生产率,因此制造业与服务业生产率均用劳动生产率进行衡量。

3.制造业企业劳动生产率=工业总产值/全部从业人员年平均数,取城市算术平均数,得到制造业城市平均劳动生产率;生产性服务企业劳动生产率=主营业务收入/全部从业人员年平均数,然后取城市算术平均数得到生产性服务城市平均劳动生产率。本文同时计算了将七个生产性服务业简单合并后的生产性服务业城市平均生产率:$\text{Productivity\_}T=\sum_{i=1}^{n}\text{Productivity\_}S_{firm}/n$。其中,$\text{Productivity\_}T$ 为生产性服务的算术平均城市生产率,$\text{Productivity\_}S_{firm}$ 为生产性服务企业水平生产率,n 为生产性服务企业个数,包括七个生产性服务业。

(三)数据处理

制造企业数据的清洗方法如下:删除缺少关键变量的观察值,这些关键变量包括企业的工业总产值、总资产、固定资产净值(包括固定资产原值和累积折旧)、销售额、雇员人数、公司代号存在缺漏值;删除明显不符合逻辑关系的观察值,如流动资产大于总资产、总固定资产大于总资产、固定资产净值大于总资产、累计折旧小于当年折旧、公司成立时间不正确、公司代号存在重复值;删除雇员人数小于 10 的企业及企业名称重复的样本;为减少极端异常值的影响,在计算主要因变量制造业劳动生产率后双向截尾 5%。

生产性服务业的清洗方法如下:删除了关键变量存在缺失的观察值,包括主营业务收入、雇员人数、总资产存在缺漏的样本;删除明显不符合逻辑关系的观察值,如公司成立时间不正确、公司代号存在重复值,企业名称重复的样本;为减少极端异常值的影响,在计算主要自变量服务业劳动生产率后按照生产性服务业的分类标准各双向截尾 5%。

另外,每个城市编码为行政区划代码取前 4 位与行政区划代码对应的城市相匹配。经数据清洗后,共筛选出 339 521 个制造企业,以及 1 307 329 个生产性服务企业。

经处理后的数据描述性统计见表 2。

(四)数据统计特征

表 3 汇报了制造业对生产性服务的完全消耗系数,从均值来看,制造业对生产性服务总体完全消耗系数为 0.301,区分生产性服务行业比较,投入最多的是 F 交通运输与仓储业(0.097)与 H 批发业(0.095);而高技术服务业中的信息传输、计算机服务和软件业(0.018),科学研究(0.003),科学技术(0.008)投入则非常低;教育(0.002)的投入也非常低。我国制造业的中低技术生产性服务投入远高于高技术生产性服务业。

表 2 数据描述性统计

行业	Mean	p50	Sd	min	max	N
制造业企业水平生产率	432.9	310.0	351.2	74.1	1 786.8	339 521
制造业城市平均生产率	442.4	438.2	97.1	200.6	728.6	326
F交通运输及仓储业城市水平生产率	203.6	186.6	81.2	51.4	611.4	316
H批发业城市水平生产率	655.2	627.1	225.6	267.3	1 834.2	326
L租赁与商业服务业城市水平生产率	119.4	105.0	53.1	17.6	411.8	316
G信息传输、计算机服务和软件业城市水平生产率	111.3	102.8	45.5	35.5	281.6	316
M1科学研究业城市水平生产率	113.3	103.2	70.3	6.8	492.7	268
M2技术服务业城市水平生产率	106.2	99.2	38.4	35.0	236.3	316
P教育业城市水平生产率	81.7	75.1	35.5	12.5	232.2	312

表 3 生产性服务投入完全消耗系数的描述性统计

变量	均值	p50	标准差	最小值	最大值	样本量
input F	0.097	0.087	0.042	0	0.427	339 521
input G	0.018	0.011	0.034	0	0.218	339 521
input H	0.095	0.069	0.063	0	0.497	339 521
input L	0.035	0.026	0.029	0	0.220	339 521
input M1	0.003	0.002	0.003	0	0.049	339 521
input M2	0.008	0.006	0.006	0	0.071	339 521
input P	0.002	0.002	0.002	0	0.037	339 521

四、实证分析

(一)城市层面生产性服务业平均生产率与制造业平均生产率的相关关系

图1表明生产性服务业城市平均生产率与制造业城市平均生产率之间呈现正相关关系。为深入了解上述两者之间的关系,在计量分析部分我们加入了一系列的控制变量,如企业特征中的控股情况、资本密集度、企业规模,及城市特征如是否为省会城市等。另外,我们同时加入了生产性服务效率与生产性服务对制造业投入系数的交互项,来估计生产性服务投入的变化将如何影响制造业生产率。

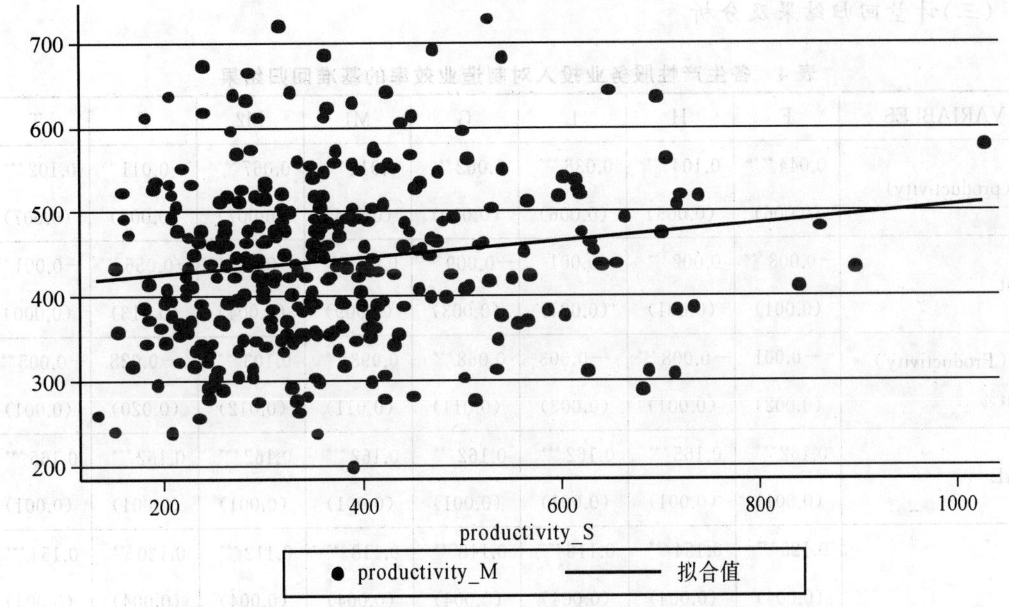

图 1　城市平均生产性服务业生产率与制造业生产率关系散点图

（二）计量回归模型

我们所建立的计量回归模型如下：

$$\log(\mathrm{M\_Productivity}_{cif}) = C_{cijf} + \beta_1 \log(\mathrm{S\_Productivity}_{cj}) + \beta_2 \mathrm{Input}_{cij}\% + \beta_3 \log(\mathrm{S\_Productivity}_{cj}) \times \mathrm{Input}_{cij}\% + \beta_4 \log(KL_{cif}) + \beta_5 D3_c + \beta_6 \mathrm{Log}(\mathrm{AL}_{cif}) + \beta_7 \mathrm{Holding\_Status}_{cif} + \gamma_i + \lambda_p + \varepsilon_{cijf}$$

下标含义：c，城市；i，制造部门；j，服务部门；f，企业；p，省份。

M_Productivity 为制造业生产率；S_Productivity 为生产性服务生产率；Input%为制造业的生产性服务投入完全消耗系数乘以 100 而得；KL 为制造企业资本密集度（固定资产净值年平均余额/全部从业人员年平均数）；AL 为制造企业全部从业人员年平均数代表企业规模；D3 为是否为省会城市虚拟变量；同时我们对制造企业控股情况设置了多分类虚拟变量 Holding_Status（以国有控股企业为基准，加入了集体控股 Collective、私人控股 Private、港澳台控股 HMT、外资控股 Foreign、其他控股 Other 五个虚拟变量）；最后我们加入省份与行业的固定效应用来控制省份与行业的影响。我们期望随着生产性服务投入效率的提高，有利于促进制造业生产率的提高。表 4 汇总了各生产性服务业投入对制造业效率的基准回归结果；表 5 汇总了不同生产性服务部门投入效率及分位数回归系数；表 6 总结了交叉项的回归系数；表 7 汇总了生产性服务业对我国东、中、西不同区域制造企业生产率的回归系数情况。[①]

① 限于篇幅，不再一一列出各生产性服务行业的详细回归结果，感兴趣的读者可向作者索取。

（三）计量回归结果及分析

表4　各生产性服务业投入对制造业效率的基准回归结果

VARIABLES	F	H	L	G	M1	M2	P	T
Log(productivity)	0.044***	0.104***	0.036***	0.062***	0.014***	0.067***	−0.011**	0.102***
	(0.006)	(0.006)	(0.006)	(0.010)	(0.004)	(0.007)	(0.005)	(0.007)
Input	−0.003***	0.002***	0.001	−0.009***	0.044***	−0.007**	−0.056***	−0.001**
	(0.001)	(0.001)	(0.001)	(0.003)	(0.009)	(0.004)	(0.013)	(0.000)
Log(Productivity)*Input%	−0.001	−0.008***	−0.003	0.068***	0.093***	0.103***	−0.028	−0.005***
	(0.002)	(0.001)	(0.003)	(0.011)	(0.011)	(0.012)	(0.020)	(0.001)
logKL	0.162***	0.165***	0.162***	0.162***	0.162***	0.162***	0.162***	0.165***
	(0.001)	(0.001)	(0.001)	(0.001)	(0.001)	(0.001)	(0.001)	(0.001)
D3	0.120***	0.154***	0.116***	0.118***	0.118***	0.112***	0.120***	0.154***
	(0.004)	(0.004)	(0.004)	(0.004)	(0.004)	(0.004)	(0.004)	(0.004)
logAL	−0.083***	−0.085***	−0.084***	−0.083***	−0.084***	−0.084***	−0.084***	−0.085***
	(0.001)	(0.001)	(0.001)	(0.001)	(0.001)	(0.001)	(0.001)	(0.001)
Collective	−0.019*	−0.023**	−0.020**	−0.020**	−0.018*	−0.020**	−0.020**	−0.023**
	(0.010)	(0.010)	(0.010)	(0.010)	(0.010)	(0.010)	(0.010)	(0.010)
Private	0.021***	0.014*	0.020***	0.019**	0.024***	0.021***	0.020***	0.014*
	(0.008)	(0.007)	(0.008)	(0.008)	(0.008)	(0.008)	(0.008)	(0.007)
HMT	−0.036***	−0.026***	−0.036***	−0.036***	−0.032***	−0.036***	−0.036***	−0.028***
	(0.009)	(0.009)	(0.009)	(0.009)	(0.009)	(0.009)	(0.009)	(0.009)
Foreign	0.072***	0.071***	0.073***	0.073***	0.077***	0.071***	0.074***	0.069***
	(0.009)	(0.008)	(0.009)	(0.009)	(0.009)	(0.009)	(0.009)	(0.008)
Other	−0.002	−0.004	−0.003	−0.003	0.004	−0.001	−0.002	−0.004
	(0.010)	(0.010)	(0.010)	(0.010)	(0.010)	(0.010)	(0.010)	(0.010)
Observations	287 403	331 850	287 403	287 403	280 523	287 403	287 137	331 850
R-squared	0.189	0.200	0.189	0.189	0.190	0.190	0.189	0.200
province FE	YES	YES	YES	YES	YES	YES	YES	YES
industry FE	YES	YES	YES	YES	YES	YES	YES	YES

注：括号里为稳健标准误，***、**、*分别表示在1%、5%和10%水平上统计显著。

表 5　服务业投入效率回归系数及变化情况总结——log(Productivity)

行业	OLS	q10	q25	q50	q75	q90	分位数回归系数特征	Max q 所处区间
交通运输及仓储业	0.044***	0.028***	0.033***	0.044***	0.060***	0.065***	小→大	q50～q90
批发	0.104***	0.086***	0.113***	0.124***	0.125***	0.098***	小→大→小	q50～q75
租赁和商务服务业	0.036***	0.018**	0.031***	0.045***	0.057***	0.058***	小→大	q75～q90
信息传输、计算机服务和软件业	0.062***	−0.004	0.008	0.068***	0.127***	0.111***	无→大	q75～q90
科学研究	0.014***	0.006	0.009**	0.020***	0.016***	0.019***	无→大	q50～q90
技术服务	0.067***	0.043***	0.048***	0.070***	0.100***	0.091***	小→大	q75～q90
教育	−0.011**	−0.029***	−0.022***	−0.011	0	0.008	负→无	q90
合并	0.102***	0.098***	0.115***	0.120***	0.119***	0.080***	小→大→小	q50

注：括号里为稳健标准误，***、**、* 分别表示在 1%、5%和 10%水平上统计显著。

表 6　回归交互项系数总结——log(Productivity)×Input%

行业	OLS	q10	q25	q50	q75	q90
交通运输及仓储业	−0.001	−0.003	0.000	−0.001	−0.003	−0.003
批发	−0.008***	−0.003***	−0.005***	−0.008***	−0.010***	−0.012***
租赁和商务服务业	−0.003	0.003	0.005	−0.008**	−0.007**	−0.001
信息传输、计算机服务和软件业	0.068***	0.018*	0.032***	0.072***	0.114***	0.100***
科学研究	0.093***	0.025*	0.055***	0.111***	0.132***	0.142***
技术服务	0.103***	0.071***	0.084***	0.102***	0.111***	0.105***
教育	−0.028	0.058***	0.063*	−0.028	−0.093***	−0.107***
合并	−0.005***	−0.001	−0.003***	−0.006***	−0.007***	−0.009***

注：括号里为稳健标准误，***、**、* 分别表示在 1%、5%和 10%水平上统计显著。

表 7　分区域后的回归系数汇总表——log(Productivity)

行业	全部	东部	中部	西部
交通运输及仓储业	0.044***	0.060***	0.016	−0.083***
批发	0.104***	0.137***	0.090***	−0.158***
租赁和商务服务业	0.036***	0.051***	0.019	−0.058**
信息传输、计算机服务和软件业	0.062***	0.061***	0.114***	−0.117***
科学研究	0.014***	0.036***	−0.002	−0.047***
技术服务	0.067***	0.076***	0.049***	−0.026
教育	−0.011**	0.074***	−0.076***	−0.082***
合并	0.102***	0.108***	0.069***	−0.093***

注：括号里为稳健标准误，***、**、* 分别表示在 1%、5%和 10%水平上统计显著。

1.生产性服务业投入效率的回归系数分析(系数汇总见表5)

(1)OLS回归系数分析

从回归结果来看,大多数生产性服务业投入效率的提高对制造业生产率提升起着正向促进效应。其中六个生产性服务业回归系数均在1%的水平下显著为正(交通运输及仓储业、批发、租赁和商业服务业、信息传输、计算机服务和软件业、科学研究、技术服务),其中,批发业对制造企业生产率的促进效应最大(0.104),原因在于批发业有利于中间制造投入品的流通和销售,充当着上下游行业之间的链接桥梁,对制造企业生产率提升至关重要。而高技术服务业(技术服务、信息传输、计算机服务和软件业)对制造业产生直接的技术溢出效应,有利于提高制造业附加值。但同为高技术服务业的科学研究服务的促进效应较弱,原因可能在于我国科研成果转化工作欠缺,专利技术未能及时转化到实际的生产过程,而从制造业的完全消耗系数来看,均值仅为0.003,最大为0.049,投入比例非常小。另外,教育业回归系数为负值,原因可能在于我国专业技能培训机构发展较为落后,因此对制造业效率反而造成不利影响。

(2)分位数回归系数分析

观察制造企业生产率的分布直方图后发现,制造企业生产率呈现右偏特征,此时使用分位数回归要比OLS回归更能全面刻画分布特征。通过分析回归系数处于最大时,制造企业生产率所处分位数水平,结果显示,除教育业的回归系数表现为不显著及负值外,其他六个生产性服务行业普遍对中高生产率水平的制造企业(q75～q90)所起的正向促进效应要比对低生产率水平的制造企业的促进效应更大,主要原因在于高生产率的制造企业生产往往需要高效率的生产性服务投入,而与高生产率水平的制造企业相比,低生产率水平的制造企业对生产性服务的投入成本更为敏感,越高效率的生产性服务投入意味着更高的投入成本,因此生产性服务投入对低生产率水平制造业的促进效应要弱于对高生产率制造业的促进效应。

2.交互项回归系数分析(系数汇总见表6)

(1)OLS回归系数分析

为了解释生产性服务业投入变化是否会对制造企业生产效率产生影响,在回归中我们加入了生产性服务业效率与服务投入的交互项。结果显示:①信息传输(0.068)、M1科学研究(0.093)、技术服务(0.103)这三个高技术生产性服务业的交互项均在1%的水平下显著为正,表明随服务投入的增加,高技术生产性服务效率对制造企业生产的促进作用会增强;②中低技术服务业,如批发业(－0.008)的交互项在1%水平下显著为负;③交通运输及仓储业(－0.001)、租赁和商业服务业(－0.003)以及教育行业(－0.028)的交互项系数统计并不显著。

(2)分位数回归系数分析

对高技术生产性服务行业而言(信息传输、科学研究、技术服务),随着回归中分位数的上升,交互项的回归系数呈上升趋势(中高分位q75～q90比低分位q10～q50的回归系数更大),表明随着服务投入的增加,高技术生产性服务业对中高生产率的制造企业生产率的促进效应更为明显;而对中低技术生产性服务行业而言,如交通运输业及仓储业交互项回归系数始终不显著,批发业交互项回归系数显著为负,且随着分位数上升,负值绝对值越大，而租赁与商业服务业则除 q50 与 q75 显著为负外，其他分位数均不显著。因此总体来看，随着中低技术生产性服务投入的增加，其对中高生产率的制造企业生产率的促进效应影响不明显或者会削弱。这可能是由于制造业与生产性服务业的技术兼容性(Nordås and Kim，2013)①[46]以及制造企业成本负担能力(Francois，1990)②[1]所致，中高生产率制造业能够较有效地吸收高技术生产性服务业，推动效率提升，同时成本负担能力较强，而低生产率制造业在当前技术吸收能力与成本负担能力下，不能有效吸收高技术服务，其带来的收益不足以覆盖成本的增加。

3.控制变量系数分析

logAL 的回归系数表明从业年平均数人员数每提高 10%，制造业企业劳动生产率将平均下降−0.8%，这主要与制造业劳动生产率的衡量方法相关，企业平均雇员人数越多则企业人均主营业务收入就会降低。logKL 的回归系数表明制造企业的资本密集度每提高 10%，其劳动生产率将平均提高 1.6%；省会城市虚拟变量的回归系数为正，表明省会城市制造业的劳动生产率相对较高。另外，制造企业控股情况的虚拟变量回归系数表明，私人控股与外资控股企业的制造业生产率比国有企业控股的更高，这与文献的基本结论相符(如 Song et al.，2009)[47]；而跟国有企业相比，集体控股与港澳台控股企业生产率偏低。

4.分区域生产性服务业的回归系数分析(系数汇总见表 7)

①除信息传输、计算机服务和软件业以外，生产性服务业效率的回归系数依次从东、中、西部地区均呈现出从大到小的特点，而且西部地区的回归系数为负。从结果来看，生产性服务投入对东部地区制造企业生产率产生的促进效应最大，但却抑制了西部地区制造企业生产率的提升，我们认为主要原因在于服务业与制造业的发展存在着竞争性特征，因西部地区缺乏资本技术，如果发展生产性服务业就必然会导致对制造业生产资源的抢夺效应，从而不利于本地制造业的发展，而西部地区如果从其他地区购入生产性服务，不仅成本较高，而且容易造成技术的依赖。

②教育业对东部地区制造企业生产率产生促进效应，但对中部和西部制造企业生产率效应依然为负，原因可能在于东部地区的职业教育相比中部和西部地区更为发达。

---

① Nordås and Kim(2013)发现对于低收入水平国家，服务的质量与政策对竞争力的影响在低技术产业中最大；而对于中等收入水平国家，对中等技术部门影响最大；对于高收入水平国家，对中高以及高等技术产业影响最大。更好的服务对那些已经有技术兼容性与比较优势的国家的价值链攀升有贡献。但至少在短期而言，仅仅更好的服务本身并不能对竞争力远远落后的国家起到促进部门产品差异化的作用。

② Francois(1990)将生产性服务引入生产中，其作为一种间接劳动来协调直接生产活动。认为随着市场扩大，社会分工加深，需要更多的生产性服务来支持分工的正常运行，从而带来更大的规模经济，但同时也会带来更高的成本。因此企业需要在生产效率与生产成本间作权衡，最终选择一个最合适的技术水平(分工水平)来达到利润最大化。

五、结论与政策建议

中国作为世界工厂,制造业生产依赖于大量的生产性服务投入。但长期以来,中国生产性服务业发展滞后的事实,迫使我国需要从国外进口大量生产性服务来满足国内制造业生产和加工贸易发展的需要。目前,作为供给侧改革的重要内容,中国制造业转型升级必须结合生产性服务业的改革才能实现。而其中主要问题在于,我们必须要理清生产性服务业对制造业的作用机理在中国的特殊性,而由于目前文献局限于使用城市数据库或使用国际投入产出数据计算制造业服务化水平,因此缺乏区分不同生产性服务业视角来衡量制造业投入服务化对制造业生产率的影响。通过使用中国经济普查微观数据,我们从投入效率与投入变化两个角度考察不同生产性服务业的制造业服务化对制造企业生产率的影响。结果表明:第一,除教育业外,大多数生产性服务投入效率的提高对中国制造企业生产率均能产生正向促进效应,促进效应从大到小依次排序为批发,技术服务,信息传输、计算机服务和软件业,交通运输及仓储业,租赁和商业服务业,科学研究;第二,生产性服务投入普遍对中高生产率的制造企业产生较大促进效应;第三,随着高技术生产性服务投入的增加,其对制造企业生产率的正向促进效应将会增强,而随着中低技术生产性服务投入的增加,其对制造企业生产率的影响不明显或者被削弱;第四,总体而言,生产性服务投入提升了东部和中部地区的制造企业生产率,却抑制了西部地区制造企业生产率的提升。

为加快制造业转型升级,第一,政府应重视生产性服务尤其是高技术生产性服务业的发展;第二,针对中低生产率的制造企业,要建立相应中间服务投入品的补贴或税收政策,以增加它们对生产性服务的利用率,同时也出台相关配套政策,以克服生产性服务投入对中低生产率制造企业生产率提升效应不明显的瓶颈;第三,多渠道建立科研成果孵化中心、知识产权和专利保护、支持重点项目及重点企业等政策,都可以促进已有科研成果转化,解决科学研究对制造企业生产率的促进效应不明显问题;第四,针对职业教育对我国西部地区制造企业生产率产生抑制效应,可借鉴美国和德国等发达国家通过制定颁布《职业教育法》的成功经验,而且同时采用学校和企业合作发展职业教育的“双元制”方法,以及建立农民工职业教育培训机构,制定颁布职业教育的财政补贴政策;第五,西部地区经济发展水平相对东中部地区落后,其制造行业本身仍有较大的发展空间,但由于当地生产性服务投入对制造业生产率造成负面影响,因此应从外部获取成本更低、效率更高的生产性服务投入,而不应把资源配置到发展生产性服务上,从而挤占制造业发展资源。

参考文献:

[1]Francois J F.Trade in Producer Services and Returns due to Specialization under Monopolistic Competition[J].Canadian Journal of Economics,1990,23(1):109-124.

[2]Francois J,Hoekman B.Services Trade and Policy[J].Journal of Economic Literature,2010,48(3):642-692.

[3]Marrewijk C V,Stibora J,Vaal A D,et al.Producer services,comparative advantage,and international trade patterns[J].Journal of International Economics,1997,42(1—2):195—220.

[4]Markusen J,Rutherford T F,Tarr D.Trade and direct investment in producer services and the domestic market for expertise[J].Canadian Journal of Economics,2005,38(3):758—777.

[5]程大中.中国生产性服务业的水平、结构及影响——基于投入—产出法的国际比较研究[J].经济研究,2008(1):76—88.

[6]陈艳莹,鲍宗客.行业效应还是企业效应?——中国生产性服务企业利润率差异来源分解[J].管理世界,2013(10):81—94.

[7]肖挺,蒋金法.全球制造业服务化对行业绩效与全要素生产率的影响——基于国际投入产出数据的实证分析[J].当代财经,2016(6):86—98.

[8]Baumol W J,Blackman S A B,Wolff E N.Unbalanced Growth Revisited:Asymptotic Stagnancy and New Evidence[J].The American Economic Review,1985,75(4):806—817.

[9]Francois J,Reinert K A.The Role of Services in the Structure of Production and Trade:Stylized Facts from a Cross—Country Analysis[J].Cepr Discussion Papers,1996,2(1).

[10]顾乃华,毕斗斗,任旺兵.生产性服务业与制造业互动发展:文献综述[J].经济学家,2006(6):35—41.

[11]高觉民,李晓慧.生产性服务业与制造业的互动机理:理论与实证[J].中国工业经济,2011(6):151—160.

[12]Markusen J R.Trade in Producer Services and in Other Specialized Intermediate Inputs[J].American Economic Review,1989,79(1):85—95.

[13][加拿大]克鲁伯,沃克.服务业的增长原因与影响[M].陈彪如.三联书店上海分店,1993.

[14]陈宪,黄建锋.分工、互动与融合:服务业与制造业关系演进的实证研究[J].中国软科学,2004(10):65—71.

[15]路红艳.生产性服务与制造业结构升级——基于产业互动、融合的视角[J].财贸经济,2009(9):126—131.

[16]Buera F J,Kaboski J P.The Rise of the Service Economy[J].American Economic Review,2012,102(6):2540—2569.

[17]Coffey W,Bailly A.Producer Services and Systems of Flexible Production[J].Urban Studies,1992,29(6):857—868.

[18]罗勇,曹丽莉.中国制造业集聚程度变动趋势实证研究[J].统计研究,2005,22(8):22—29.

[19]Andersson M.Co-location of Manufacturing and Producer Services:A simultaneous equations approach[J].2006:94—124.

[20]Raff H,Ruhr M.Foreign Direct Investment in Producer Services:Theory and Empirical Evidence[J].Social Science Electronic Publishing,2007,53(10):299－321.

[21]陈建军,陈国亮,黄洁.新经济地理学视角下的生产性服务业集聚及其影响因素研究——来自中国222个城市的经验证据[J].管理世界,2009,No.187(4):83－95.

[22]顾乃华.我国城市生产性服务业集聚对工业的外溢效应及其区域边界——基于HLM模型的实证研究[J].财贸经济,2011(5):115－122.

[23]李强.基于城市视角下的生产性服务业与制造业双重集聚研究[J].商业经济与管理,2013,1(1):70－78.

[24]Bhagwati J N.Splintering and Disembodiment of Services and Developing Nations[J].World Economy,1984,7(2):133－144.

[25]Daniels P. W., Locational Dynamics of Producer and Consumer Services. Ch, 1985,8:312－327.

[26]刘志彪.发展现代生产性服务业与调整优化制造业结构[J].南京大学学报(哲学·人文科学·社会科学),2006,43(5):36－44.

[27]Arnold J M, Mattoo A, Narciso G. Services Inputs and Firm Productivity in Sub-Saharan Africa:Evidence from Firm-Level Data[J].Social Science Electronic Publishing,2008,17(4):578－599.

[28]Shepotylo O,Vakkhitov V.Services Liberalization and Productivity of Manufacturing Firms:Evidence from Ukraine,World Bank working paper,2012,No.5944.

[29]周念利.中国服务业改革对制造业微观生产效率的影响测度及异质性考察——基于服务中间投入的视角[J].金融研究,2014(9):84－98.

[30]Arnold J M,Javorcik B,Lipscomb M,et al.Services Reform and Manufacturing Performance:Evidence from India[J].Economic Journal,2014,126(590):1－39.

[31]李晓慧,邹昭.制造业投入服务化的生产率效应分析[J].首都经济贸易大学学报,2015,17(2):39－45.

[32]周念利,吕云龙,郝治军.制造业中间投入服务化水平与企业全要素生产率——基于中国微观数据的经验研究[J].亚太经济,2017(1):138－146.

[33]肖挺."服务化"能否为中国制造业带来绩效红利[J].财贸经济,2018(3).

[34]Markusen J.Trade in Producer Services and Other Specialized Intermediate Inputs[J].American Economic Review,1989,79:85－95.

[35]Langhammer R J.Service Trade Liberalization as a Handmaiden of Competitiveness in Manufacturing:An Industrialized or Developing Country Issue? [J].Journal of World Trade,2006,41(5):909－929.

[36]Acemoglu D,Zilibotti F.Productivity Differences[J].Quarterly Journal of Economics,2001,116(2):563－606.

[37]Burgess D.Services as Intermediate Goods:The Issues of Trade Liberalization [J].The Political Economy of International Trade,1990.

[38]OECD.The Linkages between Open Services Market and Technology Transfer

[J].OECD Trade Policy Working Papers,2006.

[39]Francois J,Woerz J.Producer Services,Manufacturing Linkages,and Trade[J].Social Science Electronic Publishing,2008,8(3－4):199－229.

[40]Arnold J M,Javorcik B,Mattoo A.Does services liberalization benefit manufacturing firms?:Evidence from the Czech Republic[J],Journal of International Economics,2011,85(1):136－146.

[41]张艳,唐宜红,周默涵.服务贸易自由化是否提高了制造业企业生产效率[J].世界经济,2013(11):51－71.

[42]Hoekman B,Shepherd B.Services Productivity,Trade Policy,and Manufacturing Exports[J].The World Economy,2015,40(3):499－516.

[43]江静,刘志彪.生产性服务发展与制造业在全球价值链中的升级——以长三角地区为例[J].南方经济,2009(11):36－44.

[44]许和连,成丽红,孙天阳.制造业投入服务化对企业出口国内增加值的提升效应——基于中国制造业微观企业的经验研究[J].中国工业经济,2017(10):62－80.

[45]杜运苏,彭冬冬.制造业服务化与全球增加值贸易网络地位提升——基于2000—2014年世界投入产出表[J].财贸经济,2018(2).

[46]Nordås H K,Kim Y.The Role of Services for Competitiveness in Manufacturing[J].Oecd Trade Policy Papers,2013.

[47]Song Z,Storesletten K,Zilibotti F.Growing Like China[J].American Economic Review,2011,101(1):196－233.

生产区域化还是生产全球化？
——中国服务业全球价值链的特征分析

郑颖 蒋瑛[①]

内容提要：本文以中国服务业全球价值链为研究对象，采用 Los et al.(2015)提出的价值链分割方法，根据世界投入产出数据库(WIOD)2016 年公布的数据，对中国服务业 2000—2014 年间的最终产出进行分解，得出以下结论：我国服务业总体国际生产分割水平呈下降趋势；我国生产性服务业的生产对国外增加值的依赖性较高，独立生产能力相对较弱；中国服务业的国际生产分割过程呈现出明显的全球化特征，相邻国家和地区中，日本为我国服务业的生产贡献的增加值占比最高但在不断下降，同时我国服务业的全球生产分割水平和区域生产分割水平均呈现出不断萎缩的趋势。

关键词：全球价值链；服务业；国际生产分割；增加值

一、引言

全球价值链分工现象在上个世纪 80 年代左右出现，并在进入 21 世纪后迅速发展。发达国家与发展中国家根据自身的比较优势，通过分工合作来实现经济发展和获取分工利益。然而，一方面，2008 年出现的金融危机对全球各国各地区的经济都形成了巨大的冲击，贸易保护主义甚嚣尘上；另一方面，全球价值链分工的相关理论也在一定程度上促使各个国家和地区根据自身情况重新审视全球性国际分工的作用。在全球价值链分工中，发展中国家获取的利益十分有限；且新兴经济体在参与全球价值链时，可能会遭遇“低端锁定”，难以实现产业升级和经济转型。于制造业而言，从生产到最终消费的过程包含设计、产品开发、营销、消费、售后服务等多个可以分割并分别进行的活动，因此，其全球价值链分工生产现象十分普遍，学界对全球价值链分工的研究也大多着眼于此。然而，服务业作为世界经济和国际贸易的重要组成部分，却未在相关研究中受到足够的重视，主要原因有以下两点：第一，服务业与制造业不同，具有不可储存、不可运输、定制化和无形的特性，从生产到消费的过程难以被分割，因此进行价值链的分解存在难度；第二，在全球价值链分工的背景下，制造业是分工主体，服务业仅被视为制造业的辅助产业。

正确认识我国服务业的国际生产分割程度与特征具有十分重要的现实意义，本文的

① 作者简介：郑颖、蒋瑛，四川大学经济学院。通讯作者：郑颖电子邮箱：zhengying1219@qq.com。

研究重点也在于此。本文要解答的问题是：第一，从国际生产分割的角度来看，中国服务业全球价值链的分工程度如何？在全球范围内处于什么水平？第二，中国服务业的全球价值链是否足够全球化？区域化生产特征更明显还是全球化生产特征更明显？

本文的边际贡献为以下几点：首先，本文以服务业为研究对象。在以往的研究中，对服务业全球价值链的研究还相对较少。其次，本文研究数据为最新数据。由于全球价值链研究领域的各个数据库提供的数据仅更新至 2011 年，故此后年份的研究基本处于空白阶段。本文使用的数据是世界投入产出数据库（WIOD）2016 年 11 月更新的数据，涵盖了 2000—2014 年间 43 个国家和地区共 56 个行业的年度数据，数据更新更全面，对本文的研究提供了有力支撑。最后，本文的研究采用了新的指标。本文借鉴 Los et al.(2015)的研究方法，以中国服务业的最终产出水平作为研究主体，对其中来自各个国家、各个产业的增加值进行了深度剖析，分析得到了中国服务业全球价值链的分工程度（国际生产分割水平）与地域特征，并将其进行了横向和纵向比较，具有一定的创新。

本文的结构安排为：第二部分为文献综述，第三部分对本文的研究方法和数据进行阐述，第四部分是测算结果和分析，第五部分是中国服务业国际生产分割的分布趋势判断，第六部分为结论和政策建议。

二、文献综述

进入 21 世纪以后，作为一种新型国际分工方式，全球价值链分工方式开始逐渐出现，其本质上是生产环节的跨国界分布并通过贸易链条来相互连接。对此，国外的众多学者使用了不同的术语来描述这一分工方式，除了最常提到的垂直专业化（vertical specialization），还包括国际生产分割（international fragmentation of production）、国际生产分散化（international disintegration of production）、全球生产分享（global production sharing）、国际外包（international outsourcing）、产品内分工（intra-product specialization）、价值链切片（slicing up the value chain）等。

关于全球价值链分工领域的研究，有部分学者从理论的角度进行了探讨，主要涉及以下几个议题：全球价值链的治理［如 Gereffi et al.(2005)］、全球价值链与产业升级［如 Humphrey & Schmitz(2002)］、全球价值链的参与方式。同时，也有不少学者对全球价值链的相关问题进行了实证研究。实证研究主要从增加值的角度切入，利用全球贸易分析项目（GTAP）、世贸组织（WTO）和经合组织（OECD）的 TiVA（Trade in Value Added）数据库、世界投入产出数据库（WIOD）等数据库提供的数据，根据 Hummels et al.(2001)、Johnson & Noguera(2012)、Timmer et al.(2013，2014)、Koopman et al.(2012，2014)等人提出的全球价值链相关指标，从进出口贸易、投入产出等角度来测算全球各个国家、地区、产业在全球价值链中的参与程度、分工地位、竞争力等。其中，Koopman et al.(2014)的研究具有重要影响，他们从统计的角度改进了贸易统计，为总出口设立了一个框架，将国家出口总额按来源和额外的双重计数部分分解为各种增值成分。通过确定官方贸易数据的哪些部分是双重计数的，以及重复计算的来源，该文桥接了官方贸易（总值)和国民账户统计(按增加值计算)。这种统计方法可以将出口中由于中间品贸易导致的重复计算部分扣除,因此可以反映某一国家和地区真实的贸易情况,影响十分深远。此后的实证研究大多都建立在 Koopman et al.(2014)研究的基础之上。

针对我国参与全球价值链分工的情况,国内学者做了许多有益的探索。程大中(2015)在研究中发现,中国大陆以国外增加值比重衡量与世界的关联程度趋于上升,且高于以进口中间品比重衡量的程度。中国与美国、日本、韩国、中国台湾、德国的关联程度较高;但从趋势看,中国大陆与美国、德国的关联程度在上升,与日本、韩国、中国台湾的关联程度在下降。中国大多数行业倾向于从较高收入经济体进口较多的增加值,也倾向于向后者出口较多的增加值。樊茂清,黄薇(2016)对 Koopman et al.(2012)提出的方法从总需求和总供给分析的角度进行了拓展,并利用该拓展方法从全球价值链的角度对中国贸易情况进行了分析。在产业层面,近年来国内大多数学者都是将注意力集中在制造业身上,研究成果丰富,研究的重点集中在:制造业在全球价值链中的分工地位,例如王岚(2014)、周升起等(2014)、聂聆和李三妹(2014)、尚涛(2015)、陈文府(2015)等人的研究;基于全球价值链的制造业产品分解,如李金昌和项莹(2014)、马风涛和李俊(2014)、尹伟华(2016)等人的研究;制造业在全球价值链上升级的动力机制,如陈爱贞和刘志彪(2011)、陶锋等(2011)、翁春颖和韩明华(2015)、吕越等(2016)等人的研究。此外,还有许多学者针对相关问题展开了研究,得出了类似的结论,在此不再一一赘述。目前看来,关于制造业参与全球价值链分工的研究已具有相当规模,国内外众多学者都作出了许多有益的尝试。

对服务业参与全球价值链分工的研究首先集中于服务业在制造业的全球价值链分工中的作用。国内部分学者进行了相关研究,如熊宇(2011)、周大鹏(2015)、白清(2015)、夏杰长,倪红福(2016)、李惠娟和蔡伟宏(2016)等。然而,将服务业单独作为研究对象的文献仍然偏少,研究成果也十分有限。在 2010 年以后,有部分学者开始意识到服务业在全球价值链分工中的重要性,相关的研究文献开始出现,具体集中在以下几个方面:一是评估服务业参与全球价值链分工的程度。国内学者普遍认为,中国服务业在全球价值链分工中的参与程度较低[顾国达和周蕾(2010)、王厚双等(2015)、李惠娟和蔡伟宏(2016)、苏庆义(2016)、乔小勇等(2017)],传统的劳动密集型服务业占比较大[顾国达和周蕾(2010)、李惠娟和蔡伟宏(2016)、乔小勇等(2017)],对我国服务业参与全球价值链分工产生了负面影响。二是测算全球价值链分工下服务业的国际竞争力。各位学者认为,在过去传统的统计口径下,中国服务业的国际竞争力被高估了[戴翔(2015)、郭晶和刘菲菲(2015)]通过全球价值链的视角,使用增加值贸易统计方式,则会看到,中国劳动密集型服务业相对而言具有比较优势[尹伟华(2015)、张禹和严兵(2016)],资本密集型和知识密集型服务业呈现出明显的比较劣势[戴翔(2015)、郭晶和刘菲菲(2015)、张禹和严兵(2016)]。三是全球价值链视角下的服务贸易分解。学者们认为,在全球价值链的视角下,使用增加值贸易统计会发现,中国也同样是“服务大国”,由制造业间接出口的服务含量超过了由服务业直接出口的服务含量[徐久香和拓晓瑞(2016)],我国服务业的主要出口国为美国[牛华和马艳昕(2016)],出口的服务业以劳动密集型和资本密集型为主[葛明,林玲(2016)、牛华和马艳昕(2016)]。

纵观近年来关于全球价值链的研究,本文发现,在以往的研究中,以国家和制造业为研究主体的研究成果较多，在全球价值链下，学界研究的重心从制造业参与全球价值链分工逐步转移到全球价值链分工中服务业对制造业的辅助作用，直到近两年才有部分学者开始以服务业作为研究主体展开相关研究，且研究成果仍相对较少。

三、研究方法和数据

（一）价值链国际生产分割的测量方法

关于价值链的国际生产分割测算，Feenstra & Hanson(1999)提出的测算方式具有重要意义。他们通过"在特定行业中，进口中间投入在使用的所有中间投入的价值中的占比"来测算价值链国际生产分割的程度。但是，FH的测量方法存在若干缺点[①]。Los et al.(2015)改进了Feenstra & Hanson(1999)的测量方法，使用来自世界投入产出表(WIOT)的数据来测算特定价值链的国际生产分割。这一测量方法基于最终产出值，考虑到了所有生产周期，并能追踪增加值的地理起源；并将最终产品的价值分解为在所有国家中生产的、对其价值链做出贡献的增加值份额。该测量方法不仅考虑到了中间产品的直接供应商贡献的增加值，而且还考虑到了上游供应商贡献的增加值。

本文将研究由最后一个生产阶段确定的最终产品的价值链：位于特定国家j的特定行业i，由(i,j)表示。为了生产商品(i,j)，需要国家$n=1,\cdots,N$中的行业$s=1,\cdots,S$中的活动。为了分解它的价值，需要从找到与生产(i,j)相关联的总产出的水平开始。这些可以通过对世界投入产出表应用标准的投入产出方法来估计。将销售额和每一美元销售额所含增加值的信息结合起来，就可以估计SN产业中每个产业的增加值，即对产品(i,j)的最终需求。借鉴Miller and Peter(2009)的研究思路，投入产出分析方程如下：

$$\boldsymbol{g}=\hat{\boldsymbol{v}}(\boldsymbol{I}-\boldsymbol{A})-\boldsymbol{1}(\boldsymbol{Fe}) \tag{1}$$

在该方程中，$\boldsymbol{g}$是在价值链中涉及的每个SN国家产业中创造的增加值的向量。对特定最终产出矩阵$\boldsymbol{F}$的选择决定了哪个价值链是研究对象。最终产出是为家庭消费和投资需求提供的产出[②]。$\boldsymbol{e}$是求和向量。$(\boldsymbol{I}-\boldsymbol{A})-\boldsymbol{1}$是著名的里昂惕夫逆矩阵，使用这个矩阵可以保证供应商在所有阶段贡献的增加值都被计算进去。$\boldsymbol{v}$是每个国家产业中增加值与总产出的比率的向量[③]。

这个计算可以将最终产品的价值分解为世界上任何国家的增加值贡献。由于使用的投入产出表包含了世界上所有地区，因此这种分解十分详尽。将产品(i,j)的最终产出价

① 第一，它仅提供关于中间产品的国内和外国来源的信息，但没有提及进口产品初始生产的特定国家或地区。第二，该方法对中间产品使用国内生产要素替代国外生产要素不敏感。第三，FH的测量方法隐含地假定进口的中间产品中不含国内增加值，同样，国内中间产品也不包含国外增加值。

② 注意，要考虑对(i,j)的产出的所有最终需求，因此它包括国内需求和国外需求。

③ 用黑体大写字母表示矩阵，用黑体小写字母表示(列)向量。帽子表示在主对角线上具有相应向量的对角矩阵。

值用 FINO(i,j)来表示,国家 k 在生产中提供的增加值用 VA$(k)(i,j)$来表示,向量 $\mathbf{g}$ 包含与每个(i,j)相匹配的 VA$(k)(i,j)$水平即:

$$\text{FINO}(i,j)=\sum_{k}\text{VA}(k)(i,j) \tag{2}$$

把所有国家加进去,生产(i,j)所需的增加值就等于(i,j)的最终产出价值。

接下来,将测量的国外增加值定义为在"完成国"j 以外的所有增加值:

$$\text{FVA}(i,j)=\sum_{k\neq j}\text{VA}(k)(i,j)=\text{FINO}(i,j)-\text{VA}(j)(i,j) \tag{3}$$

为了测量国外增加值的重要性,将其表达为在(i,j)生产中所有增加值的占比:

$$\text{FVAS}(i,j)=\text{FVA}(i,j)/\text{FINO}(i,j) \tag{4}$$

这种基于 FVA 所占百分比的测量方法有很多重要的特点。首先,作为一个占比,它的值限定在 0 和 1 之间。如果所有的增加值都是由国内贡献,那么这个值将为 0;并且这个值随着国际分割程度的提高而增加。它永远不会等于 1,因为生产的最后阶段定义是在完成国进行,必须涉及一些增加值的产生。第二,各国的贡献不取决于它们参与的生产阶段,因为该测量方法是基于增加值。每个阶段的增加值定义为阶段结束时的总产出减去该阶段需要的中间投入。第三,分解是基于价值而不是仅基于数量。生产最终产品所需的投入量(及其来源)的变化将影响分解的结果,但不能传达关于物理生产过程的直接信息。基于以上特点,Los et al.(2015)将 FVA 占比视为价值链国际生产分割的测量方法①。最后,增加值的测量是根据生产地点而不是生产要素所有权。因此,它测量的是增加值的地域分布,而这不一定是收入的地域分布。

基于上文中概述的国外增加值测量方法,可以直接定义区域和全球分割。我们将方程(3)中定义的 FVA 分解为区域国外增加值(RFVA)和全球国外增加值(GFVA)。国家 j 作为完成国的产品 i 的 RFVA 的值定义为国家 j 所属地区的增加值贡献减去国家本身的贡献:

$$\text{RFVA}(i,j)=\sum_{k\in\text{regionofj}}\text{VA}(k)(i,j)-\text{VA}(j)(i,j) \tag{6}$$

类似于方程(4),定义在(i,j)的价值链中的 RFVA 的份额为:

$$\text{RFVAS}(i,j)=\text{RFVA}(i,j)/\text{FINO}(i,j) \tag{7}$$

如果 RFVAS 的变化是正向的,我们就认为这个产品的价值链具有区域化生产分割的趋势。同样,我们将这个价值链中的 GFVA 作为国家 j 所在区域以外的所有国家的增加值贡献如下:

$$\text{GFVA}(i,j)=\sum_{k\in\text{outsideregionofj}}\text{VA}(k)(i,j) \tag{8}$$

$$\text{GFVAS}(i,j)=\text{GFVA}(i,j)/\text{FINO}(i,j) \tag{9}$$

① 该方法基于对价值的向后跟踪,从最终产品开始,跟踪生产它所需的所有阶段的增加值。

我们认为，当 GFVAS 的变化是正向的时，价值链具有全球化生产分割的趋势。应注意，当国内增加值份额下降时，价值链可能在区域和全球范围内同时增加分割程度。

（二）研究数据来源

本文研究数据均来源于世界投入产出数据库（The World Input-Output Database，WIOD）。世界投入产出数据库能跟踪不同行业和不同国家之间的产品流动，提供测量全球价值链中增加值的数据，目前共有两批数据，分别发布于 2013 年和 2016 年。

本文使用的数据为 2016 年发布的数据，包含 2000—2014 年全球 43 个国家和地区的世界投入产出表年度时间序列数据。与 2013 年版本相比，行业数量增加了 18 个，增加的行业主要集中于制造业部门和商业服务部门。这对于全球价值链的分析尤为重要，因为许多国际碎片化生产活动归类于这些部门（Timmer et al.，2016）。本文根据 2016 年发布的世界投入产出数据库的划分，将服务业分为 29 个大行业①。

四、中国服务业国际生产分割程度的测算结果与比较

本节先对中国服务业总体国际生产分割水平进行评价，再对中国服务业各行业国际生产分割水平进行评价，最后进行国际比较。

（一）总体评价

本文采用 Los et al.（2015）提出的国际生产分割的测量方法，使用 2016 年 11 月世界投入产出数据库发布的新数据，计算出了 2000—2014 年中国服务业的总体国际生产分割水平（即 FVAS），如图 1 所示。

从图 1 可得，中国服务业总体国际生产分割水平具有以下两个特征：

第一，中国服务业总体国际生产分割水平较低，且具有明显的阶段性特征。2000—2014 年期间，中国服务业总体国际生产分割水平均位于 10％以下，最高值为 9.50％，最低值为 5.84％，处于一个较低的水平。究其原因，这可能是由服务业本身的特质所决定的。从微观的维度来看，与制造业相比，服务业在从生产到消费的整个过程中难以被切割，从而难以进行较细致的国际分工。从占比角度来看，2000 年到 2014 年的 15 年间，中国服务业总体国际分割水平处于 5％～10％的区间内，并在区间以内波动，呈现出阶段性的发展趋势。总体而言，自 2005 年以来，中国服务业总体国际生产分割水平呈下降趋势。

第二，中国服务业最终产出水平具有明显上升的趋势。从量的角度来看，中国服务业的最终产出水平从 2000 年的 5 910.21 亿美元（以 2014 年为基期）提高到了 2014 年的 38 085.85亿美元，增加了 5.4 倍，规模可观。从内部结构来看，中国服务业最终产出中的国内增加值生产水平也明显提高。2000 年到 2014 年，中国服务业最终产出的国内增加值产出水平从 5 449.36 亿美元提高到了 35 862.72 亿美元，增长幅度基本与总体水平持

① 具体分类见附录。

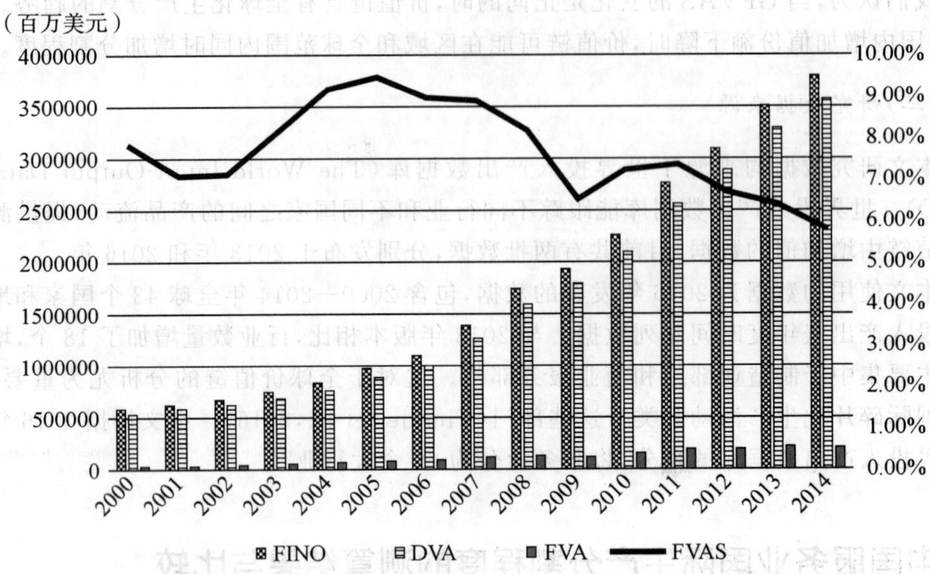

图1 2000—2014年中国服务业最终产出水平与国际生产分割水平

注:详情可参见附表1。

平。另外,中国服务业最终产出中包含的国外增加值水平并非一路上涨,在2009年和2014年均有一次小幅下降。这可能是2009年和2014年中国服务业总体国际生产分割水平较低的原因之一。

(二)细分行业评价

接下来分别测量属于服务业大类的细分行业的国际生产分割水平。以2014年为例,根据WIOD分别进行测算,结果如表1。

表1 2014年中国服务业细分行业国际生产分割水平

单位:百万美元

分类	门类	服务行业	最终产出(FINO)	国内增加值(DVA)	国外增加值(FVA)	国际生产分割水平(FVAS)
生产	M	专业、科学和技术活动	98 364.85	88 102.26	10 262.59	10.43%
生产	J	信息和通信	230 101.79	210 412.56	19 689.23	8.56%
生产	H	运输和储存	156 653.34	143 778.21	12 875.13	8.22%
消费	R_S	其他服务活动	229 248.68	210 477.84	18 770.84	8.19%
生产	N	行政和辅助服务活动	63 139.60	58 188.82	4 950.79	7.84%
公共	Q	人类健康和社会工作活动	514 890.10	478 338.92	36 551.17	7.10%
公共	P	教育	532 477.84	500 361.90	32 115.94	6.03%

续表

分类	门类	服务行业	最终产出(FINO)	国内增加值(DVA)	国外增加值(FVA)	国际生产分割水平(FVAS)
公共	O	公共管理与国防；强制性社会保障	712 147.56	669 324.78	42 822.78	6.01%
消费	I	食宿服务活动	231 776.76	219 582.61	12 194.15	5.26%
消费	G	批发和零售业	423 232.39	404 449.58	18 782.81	4.44%
生产	K	金融和保险活动	142 350.73	136 463.27	5 887.46	4.14%
生产	L	房地产活动	474 201.33	466 791.17	7 410.17	1.56%
消费	T	家庭作为雇主的活动，家庭自用、未加区分的物品生产和服务活动	0.00	0.00	0.00	0.00%
公共	U	国际组织和机构的活动	0.00	0.00	0.00	0.00%

注：数据由本文根据世界投入产出表计算整理所得，按照国际生产分割水平从高到低进行排列。最终产出价值、国内增加值和国外增加值的单位为百万美元，以当期的基础价格计算①。

从表 1 中可以观察到中国服务业的若干特征：

第一，中国服务业各行业的国际生产分割水平与其最终产出水平没有明显的对应关系。从图 1 中可以看到，国际生产分割水平最高的是“专业、科学和技术活动”这一项，其国际生产分割水平达到了 10.43%，然而其最终产出的水平仅为 983.65 亿美元，在 14 个行业中排在第 11 位，位置靠后。而国际生产分割水平排在最后一位的房地产活动(除没有数据的最后两项以外)，其国际生产分割水平仅为 1.56%，但其最终产出水平却高达 4 742.01亿美元，在中国所有服务行业中排在第 4 位。

第二，中国服务业中，生产性服务业的国际生产分割水平排在前列。通过对表 1 的观察，可以发现，国际生产分割水平排名前五位的服务行业中，有四个行业属于生产性服务业。这些生产性服务业分别是：“专业、科学和技术活动”“信息和通信”“运输和储存”以及“行政和辅助服务活动”，其国际生产分割水平分别为 10.43%、8.56%、8.22%和7.84%。国际生产分割水平排名较后的另外两个生产性服务行业是“金融和保险活动”与“房地产活动”，其国际生产分割水平分别为 4.14%和 1.56%。这其中，房地产活动由于受地域限制等原因，在生产到消费的过程中较少需要外国投入，因此其国际生产分割水平较低是正

① 由于数据不可获得等原因，家庭作为雇主的活动，家庭自用、未加区分的物品生产和服务活动(T)和国际组织和机构的活动(U)两项数据为 0。其他服务活动(R_S)中的 R 包括：艺术创作和文娱活动；图书馆、档案馆、博物馆及其他文化活动；赌博和押宝活动；体育、娱乐和文娱活动。S 包括：成员组织的活动；电脑及个人和家庭用品的修理；其他个人服务活动。因此，该项为消费性服务业。行政和辅助服务活动(N)包括：出租和租赁活动；就业活动；旅行社、旅游经营者、预订服务及相关活动；调查和安全活动；为楼宇和院落景观活动提供的服务；办公室行政管理、办公支持和其他企业辅助活动。因此，该项为生产性服务业。

常现象;另外,金融和保险活动的国际生产分割水平虽然看起来相对较低,但进一步研究就可以发现,2014年,美国的金融和保险活动行业的国际生产分割水平仅为3.47%,比我国该行业的水平还要更低,因此,这一国际生产分割水平并不能作为中国金融业不发达和需要进一步开放的依据。

(三)国际比较

1.总体水平的国际比较

为了对中国服务业的国际生产分割水平有一个更综合和更客观的认识,本文将中国服务业的国际生产分割水平进行国际比较。本文选出2014年全球服务业总产出水平排名前十位的国家和地区,分别计算其最终产出水平、国内增加值、国外增加值、国际生产分割水平等数据,如表2所示。

表2　2014年世界服务业总产出水平前十位的国家和地区

单位:百万美元

国家	总产出	FINO	DVA	FVA	FVAS
美国	21 886 186	13 600 171	13 005 690	594 481	4.37%
中国	8 845 421	3 808 585	3 586 272	222 313	5.84%
日本	4 924 765	3 162 130	2 981 429	180 701	5.71%
德国	4 002 567	2 067 708	1 913 299	154 408	7.47%
英国	3 701 499	2 073 956	1 869 009	204 947	9.88%
法国	3 351 528	1 869 769	1 714 260	155 509	8.32%
意大利	2 373 667	1 311 367	1 218 568	92 798	7.08%
巴西	2 264 041	1 324 138	1 262 535	61 603	4.65%
加拿大	2 011 390	1 113 935	1 004 611	109 324	9.81%
俄罗斯	1 762 233	842 553	794 805	47 748	5.67%

注:各国根据服务业总产出水平从高到低进行排列。数据计算中ROW(世界其他地区)排名第二,但是由于该数据包含多个国家和地区的数据,不能体现某一国家的特征,因此剔除该项。

第一,服务业国际生产分割水平偏低为普遍现象。以上数据显示,世界服务业总产出水平排名前十的国家,其服务业的国际生产分割水平处于4%~10%的区间内,最高水平为9.88%(英国),最低水平为4.37%(美国),国际生产分割水平普遍较低。这是由服务业自身的特征所决定的。从微观的维度来看,与制造业相比,服务业在生产过程中难以被切割,从而难以进行较细致的国际分工。但与此同时,服务业被消费和使用的途径却存在多种。服务业既可以作为辅助者参与全球价值链,也可以作为任务主体,直接被消费和使用。

第二,各国服务业国际生产分割水平与其总产出水平没有明显的对应关系。世界服务业总产出前十名的国家中,服务业国际生产分割水平最高的两个国家是英国和加拿大,其国际生产分割水平分别为9.88%和9.81%,而他们在世界服务业总产出中的排名分别是第五位和第九位;服务业国际生产分割水平最低的两个国家是美国和巴西,其国际生产分割水平分别为4.37％和4.65％，而在服务业总产出国家排名中，这两个国家分别位列第一和第八。通过对以上数据的初步观察可以发现，随着服务业总产出水平的下降，各国服务业的国际生产分割水平并未有明显的提高和降低的趋势。

第三，美国服务业在全球范围内一枝独秀。无论是总产出水平还是最终产出水平，与其他国家相比，美国均遥遥领先。2014 年，美国服务业的总产出水平为 218 861.86 亿美元，位居全球第一，且这数值比总产出排名第二到第五的国家——中国、日本、德国和英国的服务业总产出之和还多。美国服务业 2014 年的最终产出水平为 136 001.71 亿美元，领先其他国家更多，超过了中国、日本、德国、英国和法国最终产出的总和。同时，美国服务业国际生产分割水平也是世界服务业总产出前十名中最低的，仅为 4.37％。

2.细分行业的国际比较

(1)中美服务业国际生产分割水平的比较

为找出中国服务业与美国服务业的差距所在，本文进一步对中美两国的服务业产业结构进行分析和比较，见表 3。

表 3　2014 年中美服务行业最终产出和国际生产分割水平比较

金额单位：百万美元

分类	门类	服务行业	中国 FVAS	美国 FVAS	中国 FINO	美国 FINO
消费	G	批发和零售业	4.44％	3.34％	423 232	2 222 770
生产	H	运输和储存	8.22％	10.87％	156 653	318 698
消费	I	食宿服务活动	5.26％	5.26％	231 777	685 746
生产	J	信息和通信	8.56％	5.25％	230 102	939 319
生产	K	金融和保险活动	4.14％	3.47％	142 351	905 214
生产	L	房地产活动	1.56％	1.85％	474 201	1 923 880
生产	M	专业、科学和技术活动	10.43％	4.69％	98 365	553 127
公共	N	行政和辅助服务活动	7.84％	4.34％	63 140	110 367
公共	O	公共管理与国防；强制性社会保障	6.01％	5.55％	712 148	3 094 201
公共	P	教育	6.03％	4.02％	532 478	269 638
公共	Q	人类健康和社会工作活动	7.10％	4.55％	514 890	2 016 730
消费	R_S	其他服务活动	8.19％	4.97％	229 249	545 504
消费	T	家庭作为雇主的活动，家庭自用、未加区分的物品生产和服务活动	0.00％	5.67％	0	14 976
公共	U	国际组织和机构的活动	0.00％	0.00％	0	0
总体			5.84％	4.37％	3 808 585	18 539 299

数据来源：本文根据 2014 年世界投入产出数据表(WIOT)计算和整理所得。

通过对上表的观察,可以发现,中国生产性服务业的国际生产分割水平大多高于美国的同行业水平。除"运输和储存"与"房地产活动"以外,中国其他生产性服务行业的国际生产分割水平都高于美国的同行业水平。其中,中国的"专业、科学和技术活动""信息和通信""行政和辅助服务活动"这三大门类的服务业的国际生产分割水平分别为10.43%、8.56%和7.84%,而美国的这三大门类服务业的国际生产分割水平为4.69%、5.25%和4.34%,比中国同行业分别低了5.74%、3.31%和3.5%。另外,中国的"金融和保险活动"的国际生产分割水平为4.14%,略高于美国的3.47%。以上服务行业无论是作为我国制造业发展的辅助力量,还是作为独立的行业参与全球经济,对我国经济发展都有着至关重要的作用。而这些行业较高的国际生产分割水平,说明我国在科学技术、专业服务、信息通讯、金融等领域的独立创新能力还亟待提高。

(2)中日韩服务业国际生产分割水平的比较

中国、日本和韩国同为东亚国家,且贸易往来密切。中日韩自由贸易区更是我国发展区域贸易的重点。本小节对中日韩三国的服务业国际生产分割情况进行比较和分析,见表4。

表4　2014年中日韩服务行业国际生产分割水平比较

分类	门类	服务行业	中国	日本	韩国
消费	G	批发和零售业	4.44%	5.43%	11.23%
生产	H	运输和储存	8.22%	10.81%	28.75%
消费	I	食宿服务活动	5.26%	9.40%	15.31%
生产	J	信息和通信	8.56%	4.95%	13.99%
生产	K	金融和保险活动	4.14%	4.56%	10.42%
生产	L	房地产活动	1.56%	1.69%	4.26%
生产	M	专业、科学和技术活动	10.43%	5.25%	13.63%
生产	N	行政和辅助服务活动	7.84%	4.28%	11.29%
公共	O	公共管理与国防;强制性社会保障	6.01%	6.37%	8.01%
公共	P	教育	6.03%	3.67%	9.12%
公共	Q	人类健康和社会工作活动	7.10%	8.78%	16.22%
消费	R_S	其他服务活动	8.19%	5.90%	16.22%
消费	T	家庭作为雇主的活动,家庭自用、未加区分的物品生产和服务活动	0.00%	9.53%	0.00%
公共	U	国际组织和机构的活动	0.00%	0.00%	0.00%
		总体	5.84%	5.78%	12.31%

注:根据生产门类字母顺序进行排列。

通过以上比较,可以明显发现以下特征:

首先,韩国服务业的国际生产分割水平远高于中国和日本。从上表中可以看到,2014

年，无论是服务业总体国际生产分割水平，还是各行业国际生产分割水平，韩国均遥遥领先。在总体国际生产分割方面，韩国服务业的总体国际生产分割水平达到了12.31%，远高于中国5.84%和日本5.78%的分割水平。从具体行业来看，在中日韩三国的比较当中，韩国所有服务行业的国际生产分割水平均高于中国和日本的同行业水平，并且在14个服务行业大类中(包含两项数据为0的行业)，有9个行业大类的国际生产分割水平在10%以上。在韩国的服务行业当中，国际生产分割水平最高达到了28.75%(运输和储存)，最低为4.26%(房地产活动)，均远超中国和日本同行业水平。韩国服务业国际化生产的特征明显。

其次，与中国相比，日本在高附加值的生产性服务行业具有更低的国际生产分割水平。在“专业、科学和技术活动”“信息和通信”和“行政和辅助服务活动”三个服务行业大类中，日本的国际生产分割水平分别为5.25%、4.95%和4.28%，与美国同行业国际生产分割水平(4.69%、5.25%和4.34%)接近，明显低于中国同行业的国际生产分割水平(10.43%、8.56%和7.84%)。日本服务业的国际化生产水平较低。

(3)金砖四国服务业国际生产分割水平的比较

金砖国家作为新兴经济体的代表，其服务业也处于高速发展的周期当中。对金砖国家的服务业进行研究，有利于增进对新兴经济体服务业的了解。由于世界投入产出数据库(WIOD)并未提供南非的相关数据，因此本小节仅对金砖四国(中国、巴西、俄罗斯、印度)进行比较分析，见表5。

表5 2014年金砖四国各服务行业国际生产分割水平

分类	门类	服务行业	中国	巴西	俄罗斯	印度
消费	G	批发和零售业	4.44%	5.06%	4.92%	2.51%
生产	H	运输和储存	8.22%	13.24%	9.69%	16.96%
消费	I	食宿服务活动	5.26%	6.34%	7.72%	8.28%
生产	J	信息和通信	8.56%	6.81%	4.21%	3.60%
生产	K	金融和保险活动	4.14%	3.71%	4.71%	2.47%
生产	L	房地产活动	1.56%	0.76%	4.19%	0.96%
生产	M	专业、科学和技术活动	10.43%	6.10%	0.00%	6.97%
生产	N	行政和辅助服务活动	7.84%	4.82%	3.74%	1.72%
公共	O	公共管理与国防；强制性社会保障	6.01%	3.56%	7.58%	0.00%
公共	P	教育	6.03%	3.38%	3.81%	1.53%
公共	Q	人类健康和社会工作活动	7.10%	6.03%	6.38%	10.91%
消费	R_S	其他服务活动	8.19%	10.30%	6.69%	3.68%
消费	T	家庭作为雇主的活动，家庭自用、未加区分的物品生产和服务活动	0.00%	0.00%	0.00%	0.00%
公共	U	国际组织和机构的活动	0.00%	0.00%	0.00%	0.00%
总体			5.84%	4.65%	5.67%	4.80%

注：根据服务业总产出水平从高到低，各国从左到右依次进行排列。

从上表中可以看出：

首先，金砖四国的服务业总体国际生产分割水平较低。2014年，金砖四国中，中国、巴西、俄罗斯、印度的服务业总体国际生产分割水平分别为5.84%、4.65%、5.67%和4.80%，在全球范围内处于较低的水平。其次，印度的生产性服务业普遍具有较低的国际生产分割水平。与其他金砖国家相比，除了“运输与储存”以外，印度的其他生产性服务行业的国际生产分割水平都处于较低的水平。其中，“信息和通信”“金融和保险活动”“行政和辅助服务活动”与“专业、科学和技术活动”的国际生产分割水平分别为3.60%、2.47%、1.72%与6.97%，大大低于中国同行业的分割水平(8.56%、4.14%、7.84%和10.43%)。

五、中国服务业国际生产分割的分布趋势变化

本节首先将中国服务业的国际生产分割水平拆分为区域分割水平和全球分割水平并进行测算和比较；然后将区域生产分割水平再进行进一步拆解，找出对我国服务业生产影响最大的国家和地区；为研究检验得出的结论，将我国所属区域扩大，再次测算我国服务业的区域生产分割水平和全球生产分割水平，得到的结果依然稳健。

(一)区域和全球的价值链分工的水平测算

Baldwin(2006)认为，生产区域化是比生产全球化更重要的现象。Baldwin & Lopez-Gonzalez(2013)甚至认为，“供应链贸易不是全球性的——它是区域性的”和“全球生产网络以区域化板块为标志，这些板块可以称为亚洲工厂、北美工厂、欧洲工厂”。Los et al.(2015)认为，20世纪80年代和90年代早期，区域内价值链分割的趋势可能占主导地位，但在21世纪初，真正的全球生产分割(即区域间价值链分割)变得更加重要。目前中国服务业国际生产分割的趋势到底是区域化还是全球化，是一个亟待解答的问题。

1.区域与全球的价值链分工的水平比较

本小节采用Los et al.(2015)提出的区域和全球生产分割的测量方法，使用2016年11月世界投入产出数据库(WIOD)发布的新数据，计算出了2000—2014年中国服务业的区域生产分割(RFVAS)和全球生产分割水平(GFVAS)，如图2所示。

图2表明，中国服务业的区域和全球生产分割水平具有以下特点：

第一，总体而言，中国服务业的全球生产分割水平远高于区域生产分割水平。本文采用了全球生产分割水平与区域生产分割水平的比值来判断中国服务业国际生产分割的地域特征，该比值越大，则中国服务业倾向于的全球生产分割，反之则是倾向于区域生产分割。该比值总体呈上升趋势，从2000年的2.58提高到了2013年的6.16，2014年的比值略有下降，为5.62。中国服务业的全球生产分割水平与区域生产分割水平差异如此之大，本文猜想原因如下：中国经济体量较大，而日本、韩国、中国台湾地区的经济体量相对较小，无法满足中国服务业对国外增加值的需求，因此全球其他地区为中国服务业最终产出贡献了剩余部分的增加值。

第二，中国服务业的区域生产分割水平和全球生产分割水平均呈现出萎缩趋势。

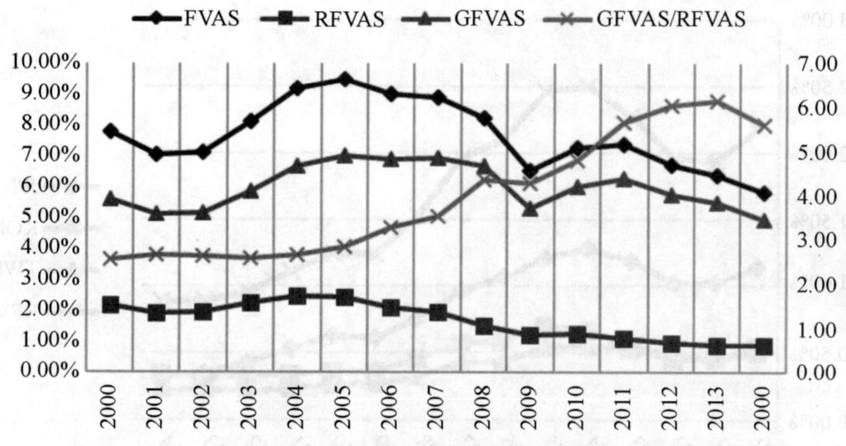

图 2　2000—2014 年中国服务业区域生产分割和全球生产分割的趋势

注：中国所属区域包含中国大陆、日本、韩国和中国台湾地区。详情可参见附表 2。

2000—2014 年，中国服务业的区域和全球生产分割水平先升后降。一方面，2000—2004 年，中国服务业的区域生产分割水平整体呈上升趋势，在 2004 年达到了峰值；2004 年以后，中国服务业的区域生产分割水平一路下跌，从 2004 年的 2.50％下跌到了 2014 年的 0.88％，下跌幅度达到了三分之二。另一方面，中国服务业的全球生产分割水平在 2005 年达到峰值，此后持续下跌，仅在 2008 年后有一次小规模反弹，总体呈萎缩趋势。

第三，中国服务业的全球生产分割水平呈现出与总体国际生产分割水平相似的变化趋势，经历了“上涨—下跌—反弹—再下跌”的发展过程。这说明，中国服务业总体国际生产分割水平更多的是受到了中国所在区域（东亚地区）以外的影响，中国服务业的国际生产分割呈现出明显的全球化特征。由于篇幅限制，本文就不在此进一步研究东亚地区以外中国服务业增加值来源的具体地区，但此部分可作为将来的研究方向。

总体而言，中国服务业在国际生产分割过程中，呈现出明显的全球化特征，使用了更多来自东亚地区以外的国家和地区提供的增加值；同时，中国服务业的区域生产分割水平和全球生产分割水平均呈现出萎缩的趋势。

2.中国服务业参与区域价值链分工的再分解

为了能更清晰地了解中国服务业生产与东亚区域内的国家和地区的密切程度，本小节将中国服务业最终产出中来自各国家和地区的增加值进行分解，如图 3 所示。

通过对数据的进一步分析，本文发现，中国服务业的区域生产分割水平存在以下特征：

第一，中国服务业最终产出包含的区域国外增加值中，日本增加值占比最大，但下降趋势明显。2000—2014 年，与韩国和中国台湾地区相比，中国大陆服务业最终产出中的日本增加值含量最高。但随着时间推移，该部分增加值占比与韩国和中国台湾地区增加值占比的差异在逐渐缩小。2014 年，韩国增加值的占比甚至超过了日本，但这并不是因为韩国增加值占比的增大，而是因为日本增加值占比的大幅下降。在 2000—2014 年期间，日本增加值占比从 2004 年的最高值 1.28％下降到了 2014 年的 0.32％，后者仅为前者

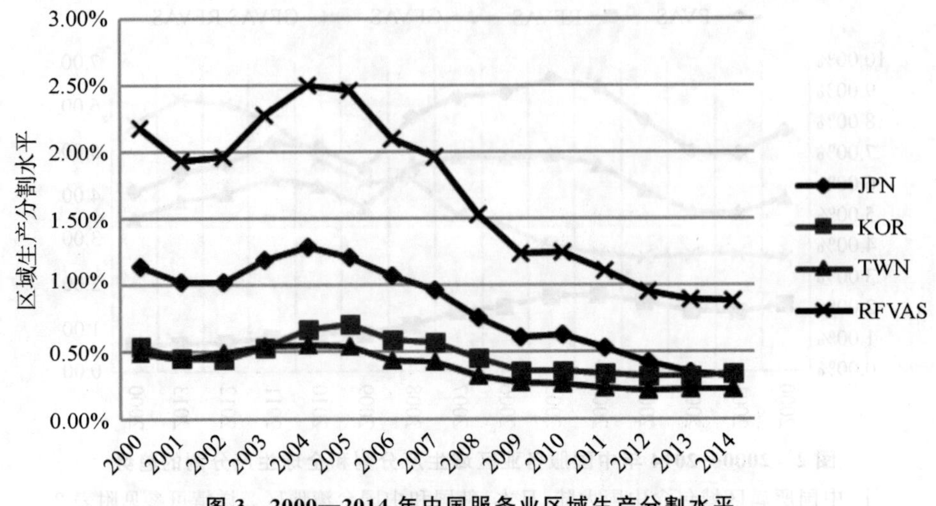

图3 2000—2014年中国服务业区域生产分割水平

数据来源:本文根据2014年世界投入产出数据表(WIOT)计算和整理所得。

注:图中JPN代表日本,KOR代表韩国,TWN代表中国台湾地区,RFVAS代表区域生产分割水平。详情可参见附表3。

的四分之一,降幅惊人。

第二,中国大陆服务业最终产出包含的外部增加值中,韩国和中国台湾地区提供的增加值也呈下降趋势,但占比较小,对区域生产分割水平的影响也相对较低。中国大陆服务业最终产出包含的外部增加值当中,韩国增加值占比最高时为0.71%(2005年),最低时为0.32%(2012年和2013年);中国台湾地区增加值占比最高时为0.55%(2004年),最低时为0.21%(2012年),降幅均达到了50%以上。

(二)中国服务业参与区域价值链水平的再评价

在上一节的计算中,将中国所属区域划为由中国大陆、日本、韩国、中国台湾地区组成的东亚区域。由于日本、韩国和中国台湾地区经济体量相对中国大陆而言较小,以此计算得出的结论的稳健性并不够强。因此,本小节将扩大中国所属区域,根据世界投入产出数据库(WIOD)提供的数据,将中国所属区域扩大为包含印度、印度尼西亚和俄罗斯的大亚洲区域。需要特别说明的是,虽然俄罗斯属于欧洲国家,但由于与中国接壤,是中国的邻国,因此在测算时应囊括俄罗斯。另外,土耳其虽然是亚洲国家,但是和中国相隔甚远,因此在本次测算中将其排除在中国所属区域以外。

1.区域与全球的价值链分工水平

通过计算,新的中国服务业区域和全球生产分割水平如图4所示。

将图4和上节中的图2进行比较,可以看出:

首先,中国服务业生产总体呈现出全球化特征,但全球化水平也在不断下降。图2和图4显示,全球分割水平的折线与总体国际生产分割水平折线的走势均保持高度一致,这一现象表明,无论是否将印度、印度尼西亚和俄罗斯划入中国所属区域,中国服务业总体

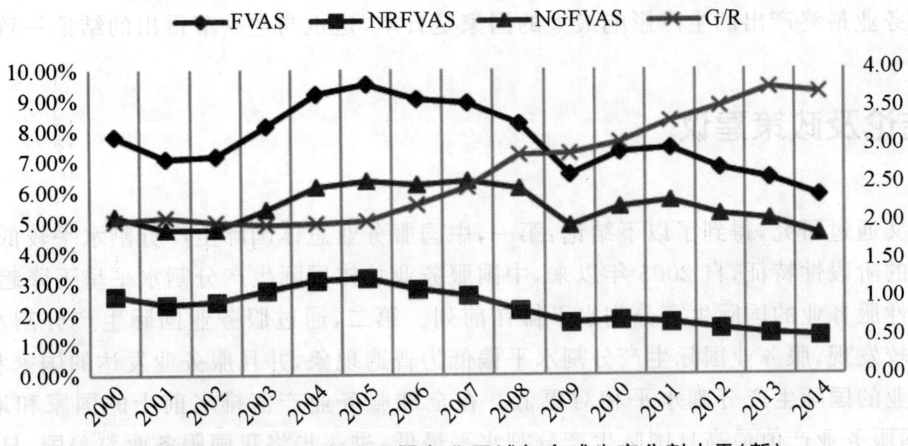

图 4　2000—2014 年中国服务业区域与全球生产分割水平（新）

注：详情可参见附表 3。

的国际生产分割都具有明显的全球化特征。另外，自 2005 年以后，中国服务业生产的国际生产分割水平整体呈下降趋势，全球化生产水平也处于下降通道之中。

其次，中国服务业总体的区域生产分割水平呈现出明显的长期下降趋势。将印度、印度尼西亚和俄罗斯划入中国所属区域后，区域内其他国家向中国服务业提供的增加值在总的最终产出中的占比依然在下降。

2. 区域价值链分工的再分解

扩大后的区域内各国增加值所占比例如图 5 所示。

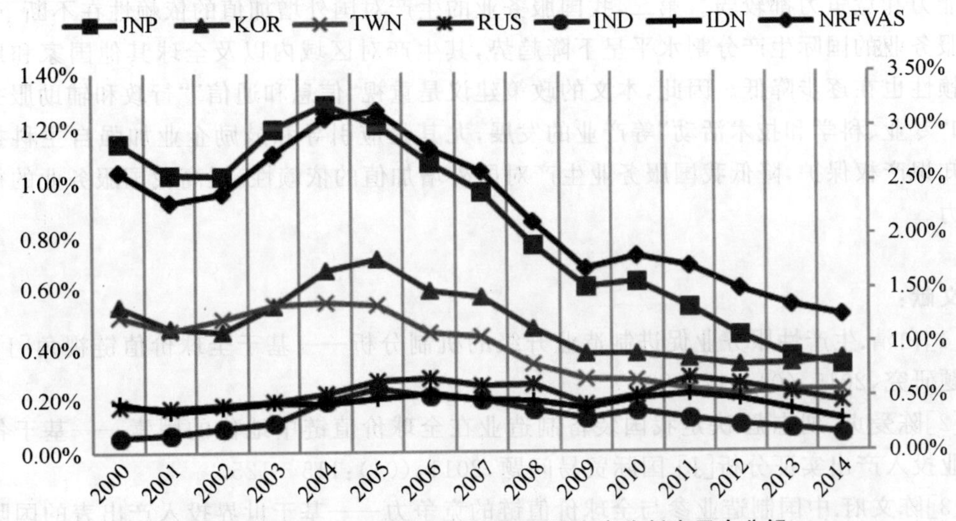

图 5　2000—2014 年中国服务业区域生产分割水平全分解

注：图中，NRFVAS 代表新的区域生产分割水平，JPN 代表日本，KOR 代表韩国，TWN 代表中国台湾地区，RUS 代表俄罗斯，IND 代表印度，IDN 代表印度尼西亚。详情参见附表 5。

从图 5 中可以看到，中国服务业最终产出包含的区域国外增加值中，日本增加值占比仍然是最大的，且走势与整体区域生产分割水平高度重合。这表明，在大亚洲区域内，对中国服务业最终产出的生产影响最大的国家是日本,这也与上一节得出的结论一致。

六、结论及政策建议

本文通过研究,得到了以下结论:第一,中国服务业总体国际生产分割水平较低,且具有明显的阶段性特征,自2005年以来,中国服务业总体国际生产分割水平呈下降趋势;我国生产性服务业的国际生产分割水平排在前列。第二,通过服务业国际生产分割水平的国际比较发现,服务业国际生产分割水平偏低为普遍现象,并且服务业发达的国家和地区其服务业的国际生产分割水平相对更低。在全球服务业产值排名前十的国家和地区当中,美国服务业产值最高且国际生产分割水平最低;进一步将我国服务业与美国、日本、韩国和部分金砖国家进行比较发现,我国生产性服务业的国际生产分割水平大多高于美国的同行业水平,部分高附加值生产性服务业("信息和通信""行政和辅助服务活动"和"专业、科学和技术活动"等)的国际生产分割水平高于日本和印度等服务强国。第三,中国服务业的国际生产分割过程呈现出明显的全球化特征,相邻国家和地区中,日本为我国服务业的生产贡献的增加值占比最高但在不断下降,同时我国服务业的全球生产分割水平和区域生产分割水平均呈现出不断萎缩的趋势。

根据以上结论,本文认为,关于我国服务业存在以下两个推论:第一,我国生产性服务业的生产对国外增加值的依赖性较高。与美国、日本和印度等服务强国相比,我国生产性服务业的国际生产分割水平较高,意味着生产过程中需要更多国外增加值进行辅助,独立生产能力和竞争力都较弱。第二,我国服务业的生产对国外增加值的依赖性在不断下降。我国服务业的国际生产分割水平呈下降趋势,其生产对区域内以及全球其他国家和地区的依赖性也在逐步降低。因此,本文的政策建议是重视"信息和通信""行政和辅助服务活动"和"专业、科学和技术活动"等产业的发展,尤其是应引导和鼓励企业加强自主科技研发与知识产权保护,降低我国服务业生产对国外增加值的依赖性,提高我国服务业的核心竞争力。

参考文献:

[1]白清.生产性服务业促进制造业升级的机制分析——基于全球价值链视角[J].财经问题研究,2015,(04):17-23.

[2]陈爱贞,刘志彪.决定我国装备制造业在全球价值链中地位的因素——基于各细分行业投入产出实证分析[J].国际贸易问题,2011,(04):115-125.

[3]陈文府.中国制造业参与全球价值链的竞争力——基于世界投入产出表的国际比较研究[J].产业经济研究,2015,(05):1-11.

[4]程大中.中国参与全球价值链分工的程度及演变趋势——基于跨国投入—产出分析[J].经济研究,2015,(09):4-16.

[5]戴翔.中国服务出口竞争力:增加值视角下的新认识[J].经济学家,2015,(03):31-38.

[6]樊茂清，黄薇.基于国家间投入产出模型的全球价值链分解方法：拓展与应用[J].南开经济研究，2016，(03)：75－89.

[7]顾国达，周蕾.全球价值链角度下我国生产性服务贸易的发展水平研究——基于投入产出方法[J].国际贸易问题，2010，(05)：61－69.

[8]郭晶，刘菲菲.中国服务业国际竞争力的重新估算——基于贸易增加值视角的研究[J].世界经济研究，2015，(02)：52－60.

[9]葛明，林玲.基于附加值贸易统计的中国对外贸易失衡研究[J].国际经贸探索，2016，(02)：20－33.

[10]李金昌，项莹.中国制造业出口增值份额及其国别(地区)来源——基于SNA－08框架下《世界投入产出表》的测度与分析[J].中国工业经济，2014，(08)：84－96.

[11]李惠娟，蔡伟宏.离岸生产性服务中间投入对制造业生产效率的影响——基于全球价值链视角[J].云南财经大学学报，2016，(03)：45－57.

[12]李惠娟，蔡伟宏.中国服务业在全球价值链的国际分工地位评估[J].国际商务(对外经济贸易大学学报)，2016，(05)：28－40.

[13]吕越，罗伟，刘斌.融资约束与制造业的全球价值链跃升[J].金融研究，2016，(06)：81－96.

[14]马风涛，李俊.中国制造业产品全球价值链的解构分析——基于世界投入产出表的方法[J].国际商务(对外经济贸易大学学报)，2014，(01)：101－109.

[15]牛华，马艳昕.全球价值链视角下中国服务业出口变化测算[J].亚太经济，2016，(03)：52－59.

[16]聂聆，李三妹.制造业全球价值链利益分配与中国的竞争力研究[J].国际贸易问题，2014，(12)：102－113.

[17]乔小勇，王耕，郑晨曦.我国服务业及其细分行业在全球价值链中的地位研究——基于"地位－参与度－显性比较优势"视角[J].世界经济研究，2017，(02)：99－113.

[18]尚涛.全球价值链与我国制造业国际分工地位研究——基于增加值贸易与Koopman分工地位指数的比较分析[J].经济学家，2015，(04)：91－100.

[19]苏庆义.中国国际分工地位的再评估——基于出口技术复杂度与国内增加值双重视角的分析[J].财经研究，2016，(06)：40－51.

[20]陶锋，李霆，陈和.基于全球价值链知识溢出效应的代工制造业升级模式——以电子信息制造业为例[J].科学学与科学技术管理，2011，(06)：90－96.

[21]王岚.融入全球价值链对中国制造业国际分工地位的影响[J].统计研究，2014，(05)：17－23.

[22]王厚双，李艳秀，朱奕绮.我国服务业在全球价值链分工中的地位研究[J].世界经济研究，2015，(08)：11－18.

[23]翁春颖，韩明华.全球价值链驱动、知识转移与我国制造业升级[J].管理学报，2015，(04)：517－521.

[24]熊宇.承接生产性服务业外包对制造业升级的促进——基于全球价值链视角[J].国际经贸探索，2011，(05)：4－10.

[25]徐久香,拓晓瑞.中国仅仅是制造大国吗——基于出口增加值测算角度[J].南方经济,2016,(06):51－65.

[26]夏杰长,倪红福.中国经济增长的主导产业:服务业还是工业?[J].南京大学学报(哲学·人文科学·社会科学),2016,(03):43－52.

[27]尹伟华.中国制造业产品全球价值链的分解分析——基于世界投入产出表视角[J].世界经济研究,2016,(01):66－75.

[28]尹伟华.中、美两国服务业国际竞争力比较分析——基于全球价值链视角的研究[J].上海经济研究,2015,(12):41－51.

[29]张禹,严兵.中国产业国际竞争力评估——基于比较优势与全球价值链的测算[J].国际贸易问题,2016,(10):38－49.

[30]周升起,兰珍先,付华.中国制造业在全球价值链国际分工地位再考察——基于Koopman等的"GVC地位指数"[J].国际贸易问题,2014,(02):3－12.

[31]周大鹏.进口服务中间投入对我国制造业全球价值链分工地位的影响研究[J].世界经济研究,2015,(08):27－36.

[32]Baldwin, Richard E. 2006."Multilateralising Regionalism: Spaghetti Bowls as Building Blocs on the Path to Global Free Trade," The World Economy, 29, 1451－1518.

[33]Baldwin, Richard E. and Javier Lopez-Gonzalez. 2013."Supply-Chain Trade: A Portrait of Global Patterns and Several Testable Hypotheses," NBER Working Paper 18957, National Bureau of Economic Research.

[34]Feenstra R C, Hanson G H. The impact of outsourcing and high-technology capital on wages: estimates for the United States, 1979—1990[J]. The Quarterly Journal of Economics, 1999, 114(3):907－940.

[35]Gereffi G, Humphrey J, Sturgeon T. The governance of global value chains[J]. Review of international political economy, 2005, 12(1):78－104.

[36]Hummels D, Ishii J, Yi K M. The nature and growth of vertical specialization in world trade[J]. Social Science Electronic Publishing, 2001, 54(1):75－96.

[37]John Humphrey & Hubert Schmitz. How does insertion in global value chains affect upgrading in industrial clusters?, Regional Studies, 2002, 36:9, 1017－1027.

[38]Johnson R C, Noguera G. Accounting for intermediates: Production sharing and trade in value added[J]. Journal of international Economics, 2012, 86(2):224－236.

[39]Koopman R, Wang Z, Wei S J. Estimating domestic content in exports when processing trade is pervasive[J]. Journal of development economics, 2012, 99(1):178－189.

[40]Koopman R, Wang Z, Wei S J. Tracing value-added and double counting in gross exports[J]. The American Economic Review, 2014, 104(2):459－494.

[41]Los B, Timmer M P, Vries G J. How global are global value chains? A new approach to measure international fragmentation[J]. Journal of Regional Science, 2015, 55(1):66－92.

[42]Miller, Ronald E. and Peter D. Blair. 2009. Input-Output Analysis: Foundations

and Extensions, 2nd edition, Cambridge, UK: Cambridge University Press.

[43] Timmer M P, Los B, Stehrer R, et al. Fragmentation, incomes and jobs: an analysis of European competitiveness[J]. Economic policy, 2013, 28(76): 613－661.

[44] Timmer, M.P., Los, B., Stehrer, R. and de Vries, G.J. An Anatomy of the Global Trade Slowdown based on the WIOD 2016 Release[R]. GGDC research memorandum number 162.

[45] Timmer M P, Erumban A A, Los B, et al. Slicing up global value chains[J]. The Journal of Economic Perspectives, 2014, 28(2): 99－118.

附录：服务业分类

本文根据2016年发布的世界投入产出数据库（WIOD）的划分，将服务业分为29个大行业：(1)批发和零售业以及汽车和摩托车的修理；(2)批发贸易，但汽车和摩托车除外；(3)零售贸易，汽车和摩托车除外；(4)陆路运输与管道运输；(5)水上运输；(6)航空运输；(7)运输的储藏和辅助活动；(8)邮政和邮递活动；(9)食宿服务活动；(10)出版活动；(11)电影、录像和电视节目的制作、录音及音乐作品出版活动，电台和电视广播；(12)电信；(13)计算机程序设计、咨询及相关活动，信息服务活动；(14)金融服务活动，保险和养恤金除外；(15)保险、再保险和养恤金，但强制性社会保障除外；(16)金融保险服务及其附属活动；(17)房地产活动；(18)法律和会计活动，总公司的活动，管理咨询活动；(19)建筑和工程活动，技术测试和分析；(20)科学研究与发展；(21)广告业和市场调研；(22)其他专业、科学和技术活动，兽医活动；(23)行政和辅助服务活动；(24)公共管理与国防；强制性社会保障；(25)教育；(26)人类健康和社会工作活动；(27)其他服务活动；(28)家庭作为雇主的活动，家庭自用、未加区分的物品生产和服务活动；(29)国际组织和机构的活动。

附表

附表1　2000—2014年中国服务业国际生产分割水平

单位：百万美元

年份	最终产出(FINO)	国内增加值(DVA)	国外增加值(FVA)	国际生产分割水平(FVAS)
2000	591 021	544 936	46 085	7.80%
2001	639 368	594 158	45 210	7.07%
2002	679 679	631 097	48 582	7.15%
2003	757 790	696 029	61 761	8.15%
2004	853 432	774 889	78 543	9.20%

续表

年份	最终产出(FINO)	国内增加值(DVA)	国外增加值(FVA)	国际生产分割水平(FVAS)
2005	986 941	893 161	93 780	9.50%
2006	1 118 044	1 017 265	100 779	9.01%
2007	1 397 466	1 272 884	124 582	8.91%
2008	1 753 986	1 609 606	144 380	8.23%
2009	1 938 538	1 811 626	126 912	6.55%
2010	2 270 301	2 105 350	164 951	7.27%
2011	2 782 276	2 576 701	205 576	7.39%
2012	3 109 104	2 899 669	209 435	6.74%
2013	3 525 341	3 299 508	225 833	6.41%
2014	3 808 585	3 586 272	222 313	5.84%

数据来源:本文根据2000—2014年世界投入产出数据表(WIOT,2016年11月公布的版本)计算所得。表中增加值以2014年为基期,采用世界银行(World Bank)提供的美国2000—2014年GDP平减指数换算获得。

附表2　2000—2014年中国服务业区域生产分割和全球生产分割的趋势

年份	FVAS	RFVAS	GFVAS	GFVAS/RFVAS
2000	7.80%	2.18%	5.62%	2.58
2001	7.07%	1.93%	5.14%	2.66
2002	7.15%	1.96%	5.19%	2.65
2003	8.15%	2.27%	5.88%	2.59
2004	9.20%	2.50%	6.70%	2.68
2005	9.50%	2.46%	7.04%	2.86
2006	9.01%	2.10%	6.91%	3.29
2007	8.91%	1.96%	6.95%	3.55
2008	8.23%	1.54%	6.70%	4.36
2009	6.55%	1.23%	5.31%	4.30
2010	7.27%	1.25%	6.01%	4.81
2011	7.39%	1.11%	6.28%	5.67
2012	6.74%	0.96%	5.78%	6.05
2013	6.41%	0.89%	5.51%	6.16
2014	5.84%	0.88%	4.96%	5.62

注:中国所属区域包含中国、日本、韩国和中国台湾地区。

附表 3　2000—2014 年中国服务业的区域生产分割情况

年份	JPN	KOR	TWN	RFVAS
2000	1.14%	0.54%	0.50%	2.18%
2001	1.02%	0.46%	0.45%	1.93%
2002	1.02%	0.44%	0.49%	1.96%
2003	1.19%	0.54%	0.54%	2.27%
2004	1.28%	0.67%	0.55%	2.50%
2005	1.21%	0.71%	0.54%	2.46%
2006	1.07%	0.59%	0.44%	2.10%
2007	0.96%	0.57%	0.43%	1.96%
2008	0.76%	0.45%	0.32%	1.54%
2009	0.61%	0.36%	0.27%	1.23%
2010	0.63%	0.36%	0.26%	1.25%
2011	0.54%	0.34%	0.23%	1.11%
2012	0.43%	0.32%	0.21%	0.96%
2013	0.35%	0.32%	0.22%	0.89%
2014	0.32%	0.34%	0.22%	0.88%

附表 4　扩展后的 2000—2014 年中国服务业区域与全球生产分割水平

年份	FVAS	NRFVAS	NGFVAS	G/R
2000	7.80%	2.59%	5.21%	2.01
2001	7.07%	2.31%	4.76%	2.06
2002	7.15%	2.38%	4.76%	2.00
2003	8.15%	2.75%	5.40%	1.96
2004	9.20%	3.08%	6.12%	1.99
2005	9.50%	3.15%	6.35%	2.01
2006	9.01%	2.79%	6.22%	2.23
2007	8.91%	2.58%	6.33%	2.45
2008	8.23%	2.12%	6.11%	2.88
2009	6.55%	1.68%	4.86%	2.89
2010	7.27%	1.80%	5.47%	3.04
2011	7.39%	1.71%	5.68%	3.32
2012	6.74%	1.49%	5.24%	3.51
2013	6.41%	1.34%	5.06%	3.76
2014	5.84%	1.25%	4.59%	3.68

注：表中 NRFVAS 代表新的区域国外增加值占比，NGFVAS 代表新的全球国外增加值占比。G/R 代表新的全球国外增加值占比与新的区域国外增加值占比的比值。

附表5 2000—2014年中国服务业区域生产分割水平全分解(新)

年份	NRFVAS	JPN	KOR	TWN	RUS	IND	IDN
2000	2.59%	1.14%	0.54%	0.50%	0.17%	0.06%	0.18%
2001	2.31%	1.02%	0.46%	0.45%	0.16%	0.06%	0.15%
2002	2.38%	1.02%	0.44%	0.49%	0.17%	0.09%	0.17%
2003	2.75%	1.19%	0.54%	0.54%	0.19%	0.11%	0.18%
2004	3.08%	1.28%	0.67%	0.55%	0.21%	0.19%	0.18%
2005	3.15%	1.21%	0.71%	0.54%	0.26%	0.23%	0.19%
2006	2.79%	1.07%	0.59%	0.44%	0.27%	0.21%	0.21%
2007	2.58%	0.96%	0.57%	0.43%	0.24%	0.19%	0.19%
2008	2.12%	0.76%	0.45%	0.32%	0.25%	0.15%	0.19%
2009	1.68%	0.61%	0.36%	0.27%	0.17%	0.12%	0.16%
2010	1.80%	0.63%	0.36%	0.26%	0.20%	0.15%	0.19%
2011	1.71%	0.54%	0.34%	0.23%	0.27%	0.12%	0.21%
2012	1.49%	0.43%	0.32%	0.21%	0.25%	0.10%	0.19%
2013	1.34%	0.35%	0.32%	0.22%	0.21%	0.08%	0.15%
2014	1.25%	0.32%	0.34%	0.22%	0.18%	0.07%	0.12%

注:表中,NRFVAS代表新的区域生产分割水平,JPN代表日本,KOR代表韩国,TWN代表中国台湾地区,RUS代表俄罗斯,IND代表印度,IDN代表印度尼西亚。

边境内的服务贸易限制措施是否阻碍了服务出口？

——基于 OECD-STRI 数据库的经验分析

齐俊妍　高　明[①]

内容提要：各国边境内的服务贸易限制措施及国家间限制措施差异，是当前扩大服务业贸易开放中面临的实质性障碍。本文采用垄断竞争模型推导发现，国家间服务贸易限制措施差异引起的贸易限制异质性会阻碍服务出口。基于 OECD-STRI 数据库，量化服务贸易限制和国家间服务贸易限制异质性等指标作为核心解释变量，实证结果表明：边境内服务贸易限制对服务出口有显著的阻碍作用；作为服务出口方的母国贸易限制对服务出口的阻碍程度高于服务进口方的东道国贸易限制；另外，国家间服务贸易限制异质性同样显著阻碍了服务出口。稳健性检验证实上述结论。本文为对标高标准的国家服务业领域的经贸规则提供了政策依据。

关键词：服务贸易限制；贸易限制异质性；扩展引力模型；服务出口

一、引言

当前，全球贸易争端正处于一个关键时期，国内外大部分的研究集中于货物贸易，但随着一国产业结构的不断优化，服务业占国民经济的比重不断提高，服务贸易在全球贸易中地位也在不断提升，并且目前全球国家贸易规则重构的焦点集中在服务业领域。因此，我们应重视服务业开放及服务贸易发展。十九大报告明确指出："要推动形成全面开放新格局，大幅度放宽市场准入，扩大服务业对外开放"，对我国服务业未来的开放提出了更高的要求。

当前直接影响服务业开放的措施，如许可证要求、资格条件等，大多属于边境内措施的国内规制（周念利，2012；刘洪愧，2016）。据经济合作与发展组织（OECD）2014 年公布的服务贸易限制指数（STRI）数据库统计，边境内的限制措施数目大致占全部限制措施的 90%（Geloso Grosso，2015）。另外，边境内的服务贸易限制措施不仅影响外国企业在本国的服务活动，同样对本国服务企业出口存在影响（Nordas 等，2015；Nordas，2016）。有鉴于此，我国服务业的开放和扩大，应该不仅是通过放宽服务行业外资股比限制、扩大外

① 作者简介：齐俊妍、高明，天津财经大学经济学院。通讯作者：齐俊妍，电子邮：jodyqigm@163.com。

资服务机构在华业务范围、放宽外资机构设立限制等途径,更应该强调缩减边境内限制措施、对标高标准的国际经贸规则、促进国内规则与国际规则的融合。这才能够在具有实质意义的开放过程中,既能增强自身服务业开放的竞争力,又保证了服务业开放领域的监管和国家利益。因此,本文重点研究的是边境内的服务贸易限制措施,及国家间贸易限制措施的差异性对跨境服务贸易的影响。

Nordas(2016)将边境内的服务贸易限制措施定义为:一国政府在外资进入、自然人流动、竞争障碍、监管透明度以及其他歧视等服务领域制定的法律规范和政策条款,并将国家间在服务贸易限制措施内容上的差异定义为双边贸易限制异质性①。对边境内的服务贸易限制的测度,根据OECD统计的STRI表明:2014—2016年间,中国STRI值大小(STRI指数取值介于[0,1],0代表完全开放,1代表完全限制,越接近于0,说明服务贸易限制程度越低)分别为0.414、0.407、0.402,与此同时,美国在2014—2016年连续三年STRI值为0.243保持不变。显而易见,中国对服务贸易开放度的限制程度远高于美国。如果放松服务贸易限制能够降低服务提供企业进入国际市场的固定成本,那么会促进企业的服务出口增长。事实上,根据联合国贸易数据库统计的服务出口数据显示:2014—2016年中国服务出口总额分别为2106亿、2624亿、1847亿美元,而美国2014—2016年服务出口额分别为7214亿、7300亿、7270亿美元,显而易见,美国服务出口规模远高于中国。上述中美服务贸易开放度的限制指数与服务出口规模比较的事实,大致发现,边境内服务贸易限制程度低的国家,服务出口规模较高,由此引出本文研究的问题,放松边境内的服务贸易限制是否是双边服务出口规模增长的重要原因之一?鉴于不同国家边境内的贸易限制措施存在差异,那么国家间贸易限制异质性是否同样会影响双边服务出口?

事实上,关于服务贸易限制对服务出口的影响,始终是国外学术界关注的一个重要问题。Leo A.Grunfeld等(2003)、Henk Kox等(2005)、Nordas等(2015;2016)均研究发现服务贸易限制对服务出口存在显著的负向影响。然而,与国外研究相比较,国内对服务贸易影响因素研究的文献,主要聚焦于人民币汇率变动(戴翔等,2014),服务出口复杂度(戴翔,2015),缔结"区域贸易协定"(周念利,2010,2012)等视角,另外,刘洪愧(2016)、林僖、鲍晓华(2017)基于服务贸易增加值视角,进一步扩展了"区域贸易协定"对服务贸易的影响。总之,国内基于边境内的服务贸易限制措施的视角,经验分析对服务出口影响的文献较为缺乏。

有关服务贸易限制的经验研究文献相对缺乏的一个重要原因是,服务领域的规则密集型以及边境内特点,决定了对服务贸易限制的测度存在困难,数据的可用性受到严格限制(Leo A.Grunfeld,2003;周念利,2012)。在定量测算服务贸易限制指标的信息来源方面,目前文献仍存在较大改进空间。Leo A.Grunfeld等(2003)选取澳大利亚生产力委员会统计的STRI数据库,仅统计了电信、银行等在内的6个服务行业,覆盖行业数量较少,

① 此处的异质性概念不同于新新贸易理论提出的,由于企业自身生产率不同而引起的企业层面的异质性。本文贸易限制异质性强调的是两国贸易限制措施的差异,主要体现在两国对同一条贸易限制措施是否同时存在要求,或同时存在要求情况下,受各自市场结构、法律体系框架不同,而引起该措施起到的贸易限制作用存在差异等。

缺乏代表性，并且信息的统计来源不同[①]（Dee，2001），削弱了测度指标的有效性。另外，Kox 等（2005）利用 OECD（1998）统计的 PMR（Product Market Regulations，产品市场管制）数据库，统计了影响产品市场监管的法律法规，没有涵盖阻碍服务贸易开放的政策措施。相比而言，本文选用 OECD（2014）统计的 STRI 数据库，该数据库统计了会计、法律、银行、建筑等在内的 22 个服务部门，覆盖范围广泛，而且收集的 2 000 余条服务贸易具体措施，均来源于各国已生效的贸易政策和国内相关法律条款，统计口径一致，政策信息丰富。基于 OECD-STRI 数据库测算的服务贸易限制指标能够全面、有效评估一国服务贸易限制情况。

本文余下部分结构安排为：第二部分基于垄断竞争模型的理论分析；第三部分介绍边境内的服务贸易限制及国家间贸易限制异质性指标的计算过程；第四部分计量方程和数据处理；第五部分是计量结果分析及稳健性检验；第六部分是结论及政策建议。

二、基于模型的理论分析

Kox 等（2005）通过垄断竞争模型，将国家间产品市场管制（PMR）异质性与服务出口表现相联系，不同出口市场的监管差异，意味着企业在每进入一个出口服务市场时，都需要克服相应的固定成本，进而对双边服务出口产生直接影响。本文借助 Kox 等（2005）的分析方法，从理论上简要分析，国家间服务贸易限制异质性对双边服务出口的影响，并提出待检验的命题。

模型的基本假定条件：（1）在垄断竞争市场条件下，差异化的服务产品是不完全替代的，替代弹性 σ 是常数，并且对所有种类的服务产品的替代弹性完全相同；（2）消费者效用随着进口服务产品种类和数量增加而提高；（3）每个服务企业只生产一种服务产品，并可以向国内和国外市场出售，产品种类与企业数量是内生的；（4）服务贸易规制异质性增加了服务提供企业的固定成本。

（一）服务需求与偏好

基于上述假定，利用迪克西特—斯蒂格利茨（Dixit-Stiglitz）的不变替代弹性（CES）效用函数来表示服务进口 j 国代表性消费者的偏好：

$$U_j = \left(\sum_{i=1}^{R} \sum_{v=1}^{nij} X_{vij}^{\frac{\sigma-1}{\sigma}} \right)^{\frac{\sigma}{\sigma-1}} \tag{1}$$

其中，σ 代表替代弹性，$\sigma>1$；v 代表服务出口企业，$v\in\{1,\cdots,n_{ij}\}$；i、j 分别代表服务出口国和进口国，$i,j\in\{1,\cdots,R\}$；U_j 代表服务进口 j 国的效用函数，X_{vij} 代表服务出口 i 国的 v 企业出口至 j 国服务产品数量。

① 信息是从几个不同的来源收集的，而不仅仅是 GATS 承诺表，还来自亚太经合组织、WTO、国际电信联盟、其他国际贸易组织。

j 国家代表性消费者的预算约束表示为：

$$Y_j = \frac{1}{P_j}\sum_{i=1}^{R}\sum_{v=1}^{nij} P_{vij} X_{vij} \tag{2}$$

Y_j 代表 j 国家的实际收入水平，P_{vij} 代表 j 国家从 i 国家 v 企业进口服务产品的消费价格，P_j 代表 j 国家的“综合服务价格指数”，它是一种真实的价格指数，此时服务产品种类数量是 j 国消费者效用最大化时的选择。

由(1)、(2)式联立求解预算约束下的效用最大化条件，并进一步得到服务产品需求函数和价格指数：

$$X_{vij}^{dem} = \left(\frac{p_{vij}}{p}\right) Y_j \qquad \forall v,i,j \tag{3}$$

$$P_j = \left(\sum_{i=1}^{R}\sum_{v=1}^{nij} P_{vij}{}^{1-\sigma}\right)^{\frac{1}{1-\sigma}} \qquad \forall j \tag{4}$$

(二)服务供给与成本

假设劳动是服务企业生产投入的唯一要素，工资率 w 和可变劳动需求变量 β 是外生的，并且对所有国家都相同。企业生产服从规模经济，除支付可变劳动力成本外，受各国服务贸易限制措施差异引起的国家间限制异质性的影响，会导致服务提供企业在每一出口市场和进口市场均面临国别特征[①]的贸易限制成本。假定国家间服务贸易限制异质性引起固定成本占企业总固定成本(F_i)的比重为 φ_{ij} ($\varphi_{ij}>0$)，$w\varphi_{ij}F_i$ 代表贸易限制异质性引起本地服务出口企业的贸易成本。

服务提供企业面临的成本函数为：

$$C_{vij} = w(\beta X_{vij} + \varphi_{ij} F_i) \qquad \forall v,i,j \tag{5}$$

C_{vij} 代表服务出口 i 国的服务出口 v 企业面临的成本，其中总成本 C_{vij} 包含两部分，一是企业生产服务产品所需要的可变劳动成本 $w\beta X_{vij}$，其中，βX_{vij} 代表 v 企业生产服务产品 X_{vij} 所需要的劳动量；二是国家间贸易限制异质引起的企业出口面临的成本 $w\varphi_{ij}F_i$。

服务企业 v 的利润表示为：

$$\pi_{vij} = (p_{vij} - w\beta) X_{vij}^{dem} - w\varphi_{ij} F_i \qquad \forall v,i,j \tag{6}$$

π_{vij} 代表服务出口 i 国的 v 企业出口服务产品至 j 国所获得的利润。p_{vij} 代表 i 国 v 企业出口至 j 国的服务产品价格。

每种服务产品的不完全替代意味着市场在一定程度上是分割的，当企业数量足够多时，我们可以忽略单个服务企业的行为对市场价格的影响。由(5)和(6)式求得利润最大

① 服务提供企业在进行出口时，既需要克服本国制定的相关贸易规制成本。在进入东道国市场后，还需要克服东道国(服务进口国)制定的贸易规制成本。而且，每进入一个国家的市场，都需要克服该国制定的服务规制成本，因此，服务出口企业在向多个市场出口过程中，会面临多重成本。

化时的价格表示为

$$p_{vij}^{*}=\gamma\beta w \qquad \forall v,i,j \qquad 其中，\gamma=\frac{\sigma}{\sigma-1} \tag{7}$$

γ 代表高于边际成本的价格加成，因为 $\sigma>1$，所以 γ 严格为正；由于所有服务种类的成本都是一样的，因此它们的价格也一致；企业在服务市场可以自由进入，将会导致 P_j 下降，服务企业超额利润也会降低，当每个服务企业超额利润等于零，达到收支平衡，企业停止进入市场，将方程(7)代入(6)中得到对每个服务企业在出口市场的均衡供给水平 X_{vij}^{*} 为

$$X_{vij}^{*}=\frac{\sigma-1}{\sigma}\varphi_{ij}F_i \qquad \forall v,i,j \tag{8}$$

达到均衡时，每个国家服务市场需求等于市场供给，意味着 $X_{vij}^{dem}=X_{vij}^{*}$，联立方程(3)、(8)得到均衡时服务出口 i 国所有向 j 国出口服务的企业数量为：

$$n_{ij}^{*}=\left(\frac{(\sigma-1)\varphi_{ij}F_k}{\beta X_j}\right)-\sum_{i=1}^{R}n_{ij}\left(\frac{p_{ij}}{p_j}\right) \qquad \forall i,j \tag{9}$$

由(8)、(9)式联立，可得当服务市场均衡时，i 国到 j 国的服务总出口规模为：

$$E_{ij}=\sum_{v=1}^{n_{ij}}X_{vij}^{*}=n_{ij}^{*}X_{vij}^{*} \qquad \forall i,j \tag{10}$$

E_{ij} 代表 i 国所有服务企业向 j 国服务出口总规模，它是在达到均衡状态下，由 i 国向 j 国出口服务企业 v 的数量 n_{ij}^{*}，与每个服务企业 ε 的出口规模 X_{vij}^{*} 的乘积得到。

(三)服务贸易限制异质性对服务出口的影响

对任意贸易伙伴国之间的贸易限制异质性变量 φ_{ij} 求偏导。

(11)

σ 代表替代弹性，$\sigma>1$；P_j 代表 j 国家的“综合服务价格指数”，它是一种真实的价格指数；p_{ij} 代表 j 国家从 i 国家进口服务产品的消费价格；τ_{ij} 代表 i 国出口至 j 国的服务规模占所有国家出口至 j 国服务总规模的市场份额。如果某一出口国所占市场份额充分小于替代弹性，那么降低贸易限制异质性会提高双边服务出口规模。Kox 等(2005)研究发现一般的替代弹性值($\sigma>1.1$)和较低的 τ_{kj} 值，存在 $\tau_{kj}<\sigma-1/\sigma$，那么 $\frac{\partial E_{ij}}{\partial \varphi_j}<0$ 成立，φ_{ij} 与 E_{ij} 具有负向变动关系。

有上文定义可知，国家间贸易限制异质性是由各国边境内的服务贸易限制措施差异引起的，据此，本文提出以下待检验的命题：

命题 1：各国制定的边境内的服务贸易限制措施，增加了服务企业的出口成本，进而阻碍了双边服务出口；

命题 2：国家间服务贸易限制异质性，会使企业出口服务至不同市场时面临多重成本，进而阻碍双边服务出口。

三、服务贸易限制及异质性指标的测度

本文服务贸易限制措施信息来源于 OECD(2014)公布的 STRI 数据库,其中数据库将各行业所涵盖的服务贸易限制措施归为五类政策领域:外资进入、自然人流动、竞争障碍、其他歧视、监管透明度。基于 OECD-STRI 数据库,齐俊妍、高明(2018)梳理了服务贸易限制措施的四级评估框架,并依据该框架介绍服务贸易限制指标(Service Trade Restrictiveness Index,STRI)的计算过程。在此基础上,本文进一步介绍了国家间服务贸易限制异质性指标(Service Trade Restrictiveness Heterogeneity Index,STRHI)的计算过程。

(一)STRI 和 STRHI 指标的测度框架

基于 OECD(2014)公布的 STRI 数据库所构建的“服务行业—政策领域—政策条款—具体措施”的四级评估框架(见图 1)。

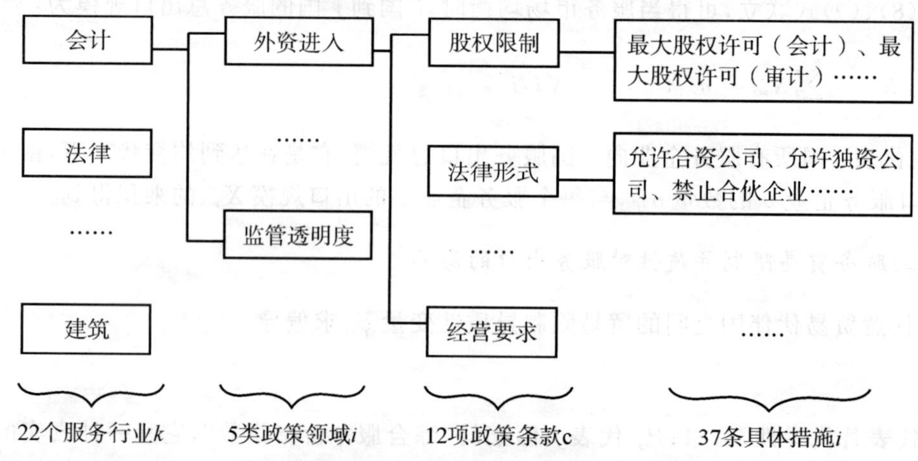

图 1 STRI 服务贸易限制政策的四级评估框架

注:12 项政策条款 c 是指会计行业外资进入领域涵盖的政策条款 c 数量,不同行业的外资进入领域涵盖的政策条款数量不同,同一行业不同政策领域涵盖的政策条款数量也存在差异,会计行业涵盖的政策条款总数为 37 项;37 条具体措施 i 是指外资进入领域涵盖 37 条具体措施,且不同政策领域涵盖的具体措施数量也存在差异,会计行业涵盖具体措施总数为 90 条。

资料来源:根据 OECD 公布的 STRI 贸易限制政策数据库整理。

依据该四级评估框架,对 STRI 和 STRHI 指标的测度步骤基本一致,首先,对服务贸易具体措施进行赋分,测度 STRI 指标时,是对某国某行业某政策领域下的单项具体措施赋分,测度 STRHI 指标时,是对两国对应同一行业同一政策领域下的同一具体措施的异质性赋分;其次,根据具体措施得分或国家间具体措施的异质性得分,按各政策领域权重(见下表 1)对具体措施的得分加权,得到单项具体措施的 STRI 值和 STRHI 值;另外,根

据四级评估框架的结构，依次对“政策条款”“政策领域”“服务行业”层级所包含的单项具体措施 STRI 值和 STRHI 值加总，得到行业层面的 STRI 值和 STRHI 值；最后，按照服务行业权重（见下表 2）对所有行业层面的 STRI 值和 STRHI 值加总，得到国家层面的 STRI 值和 STRHI 值。

OECD 给出了所有行业下各政策领域的权重值（见表 1），其中各政策领域下单项具体措施的权重的大小显示了不同类型的具体措施对该行业贸易限制的相对重要程度。

表 1　服务行业涵盖政策领域中具体措施权重占比

单位：%

部门	外资进入	自然人流动	竞争障碍	监管透明度	其他歧视
广播	39.67	12.00	17.67	13.33	17.33
视频	27.24	21.84	13.44	18.24	19.24
音频	12.00	17.00	27.00	21.00	23.00
建筑	21.97	16.87	18.57	20.53	22.07
快递	27.20	12.20	21.00	20.40	19.20
计算机	17.44	20.84	20.23	23.76	17.73
分销	30.11	10.28	21.94	20.00	17.67
银行	26.27	12.13	20.83	22.10	18.67
保险	31.00	13.80	19.13	20.07	16.00
会计	24.97	22.26	17.11	19.93	15.72
设计	18.61	25.62	16.49	22.17	17.11
工程	19.47	26.58	15.55	22.82	15.58
法律	22.28	29.76	14.41	17.66	15.90
通讯	24.89	13.07	26.31	20.29	15.44
空运	24.50	14.00	20.00	17.75	23.75
海运	35.00	25.00	14.50	13.00	12.50
铁运	24.89	13.07	26.31	20.29	15.44
路运	35.00	15.00	20.00	2.00	25.00

资料来源：根据 OECD 网站整理。

借鉴 Kox 等（2005）利用权重值对各政策领域的 PMR（Product Market Regulation，产品市场管制）值加权得到国家层面 PMR 值的思路。本文利用各行业所涵盖服务贸易限制措施数量占总措施数量比重，作为各行业的权重值（见表 2），并以此为权重对各行业的 STRI 值或 STRHI 值加权得到国家层面的 STRI 值或 STRHI 值。

表 2　服务行业部门相对限制程度的权重

行业部门	规则数目	权重(%)	行业部门	规则数目	权重(%)
广播	91	4.4	工程	75	3.6
视频	84	4	法律	87	4.2
音频	81	3.9	通讯	115	5.6
建筑	74	3.6	空运	161	7.8
快递	91	4.4	海运	87	4.2
计算机	61	3	铁运	82	4
分销	99	4.8	陆远	81	3.9
银行	97	4.7	物流货运	107	5.2
保险	144	6.9	物流报关	87	4.2
会计	90	4.4	货运代理	87	4.2
设计	78	3.9	仓储物流	102	4.2

资料来源:根据 OECD(2014)公布的服务规则数据库整理所得。

(二)STRI 指标的计算过程

1.服务贸易限制措施的赋分

首先,对服务贸易限制的单项具体措施赋分,借鉴 Geloso Grosso(2015)二进制赋分原则,对不存在限制的措施,赋 0 分,存在完全限制,赋 1 分;对不符合二进制赋分原则的,采用设定临界值或分组等形式进行微调(见表 3)。

表 3　服务贸易限制具体措施赋分规则

赋分规则	限制具体措施类型
符合二进制	对于大多数政策措施,如劳动力市场测验条款,不存在限制得 0 分,存在限制得 1 分
设置临界值	连续性政策措施,如自然人持续滞留时间,设置临界值为 8 天,低于 8 天得 0 分,超过 8 天得 1 分
区分层级	具有决定关系的政策措施,如外资股权比例限制对设立分支机构影响,当外资股权完全限制时,得 1 分,进而不允许分支机构存在,那么分支机构设立措施同样得 1 分
构成组合	彼此影响的政策措施,如当对部门活动存在完全垄断时,对外资股权限制条款的影响

资料来源:作者整理。

2.STRI 指标的计算公式

计算单项服务具体措施 i 的 STRI 值公式:

$$STRI_{ijk} = score_i w_{jk} / \sum_{j=1}^{5} n_j w_{jk} \tag{12}$$

其中 $STRI_{ijk}$ 代表“服务行业 k”涵盖的“政策领域 j”下“具体措施 i”的 STRI 值，$score_i$ 代表具体措施 i 分值，其详细赋分原则见上表 1。w_{jk} 代表 k 行业 j 类政策领域的权重值(见表 2)，n_j 代表 j 类政策领域所涵盖的具体措施数量，$w_{ik} / \sum_j^5 n_j w_{jk}$ 代表每类政策领域下各项具体措施权重值。

计算行业层面 STRI 的公式为：

$$STRI_k = \sum_{j=1}^{5} \sum_{i=1}^{nj} STRI_{ijk} \tag{13}$$

其中 $STRI_k$ 代表服务行业 k 的 STRI 值，“政策领域 j”涵盖外资进入、竞争障碍、自然人流动、其他歧视、监管透明度五类政策领域，n_j 代表 j 类政策领域所涵盖的具体措施数量。

计算“国家层面 g”的 STRI 值公式：

$$STRI_g = \sum_{k=1}^{22} \eta_k STRI_k \tag{14}$$

$STRI_g$ 代表 g 国 STRI 值，η_k 代表行业权重(见上表 3)。

(三)STRHI 指标的计算过程

1.国家间限制措施异质性赋分

本文参考 Nordas，H.(2016)测度双边服务贸易限制异质性的思路，基于“答案”和“得分”两种原则对两国涵盖的单项具体措施异质性赋分。

基于“答案”原则是指，两国对同一措施的要求，若要求一致，表明两国同时存在对该项措施的限制，异质性赋 0 分，反之，则赋 1 分。具体实例解释，考虑措施“董事会成员：大多数必须是当地人员”，以及四个国家：澳大利亚、奥地利、冰岛和挪威。澳大利亚和奥地利不存在该项措施要求，然而，冰岛和挪威存在该措施要求。那么澳大利亚和奥地利对该措施异质性得分为 0，冰岛和挪威对该措施异质性得分也为 0，而由于澳大利亚和冰岛，奥地利和挪威对该项措施的要求不同，那么彼此间异质性得分为 1。

基于“得分”原则是指，根据各国分别对单项具体措施赋分，一般情况下，若两国分别对某项具体措施的赋分相同，表明两国对该项措施构成的贸易限制要求一致，那么两国对该项具体措施的异质性赋 0 分，若赋分不相同，那么异质性赋 1 分。在上述例子中，澳大利亚和奥地利对“董事会成员”这项措施的得分为 0，而冰岛和挪威对该措施的得分为 1。在这种情况下，无论是基于“答案”，还是基于具体措施“得分”原则对国家间异质性赋分一致。

但是，也存在许多情况下，因各国市场机构、法律及监管体系的不同，虽然各国对某一措施具有相同的答案，但得分却不同。以两国对电信服务市场的“事前监管”服务措施异质性赋分为例，在属于垄断市场国家中，“事前监管”是有效的服务贸易措施，则不构成贸易限制,那么该国对该项措施赋0分。在属于竞争市场国家中,“事前监管”是无效的,制定该措施会构成贸易限制,并会引起企业的成本负担,则对该项措施赋1分。在此背景下,若基于“得分”原则对该措施异质性赋分,由于两国分别对该项措施得分不同,那么两种市场国家对该措施的异质性赋1分。若基于“答案”原则,那么不考虑两国市场结构差异,只考虑两种市场国家是否同时制定了该项具体措施。由上文可知两种不同市场的国家同时制定了“事前监管”措施,那么对该项措施的异质性赋0分。总之,两国受市场结构、法律体系等差异的影响,可能对同时存在的措施,贸易限制要求不同,因此,会引起基于“得分”和“答案”原则对具体措施的异质性赋分不一致情况。

2.STRHI的计算公式

计算国家间单项具体措施的异质性STRHI值公式:

$$\mathrm{STRHI}_{ijk}=x_{ii}w_{jk}/\sum_{j=1}^{5}n_{j}w_{jk} \tag{15}$$

x_{ii} 代表两国对具体措施的异质性赋分,w_{jk} 代表 k 行业 j 类政策领域权重值(见上表2),n_j 代表 j 类政策领域所涵盖的具体措施数量,$w_{jk}/\sum_{j=1}^{5}n_{j}w_{jk}$ 代表每类政策领域下各项具体措施权重值。

计算行业层面STRHI的公式:

$$\mathrm{STRHI}_{k}=\sum_{j=1}^{5}\sum_{i=1}^{nj}\mathrm{STRHI}_{ijk} \tag{16}$$

STRHI_k 代表双边国家行业 k 的服务贸易限制异质性指标,“政策领域 j”涵盖外资进入、竞争障碍、自然人流动、其他歧视、监管透明度五类政策领域,n_j 代表 j 类政策领域所涵盖的具体措施数量。

$$\mathrm{STRHI}=\sum_{k=1}^{22}\eta_{k}\,\mathrm{STRI}_{k} \tag{17}$$

按行业权重加权得到国家间的STRHI,η_k 代表行业权重(见表3)。

四、计量方程与数据处理

(一)计量模型

本文借鉴Francois(2001)的研究,考虑到现实社会中影响经济的因素,往往存在几何形式而非算数形式的关系,一般采用引力模型方程的对数形式。建立的引力模型为:

$$\ln X_{ij}=\alpha_{0}+\alpha_{1}\ln\mathrm{STRI}_{i}+\alpha_{2}\ln\mathrm{STRI}_{j}+\sum_{m}\delta_{m}X_{m}+\varepsilon_{ij} \tag{18}$$

其中,被解释变量 $\ln X_{ij}$ 表示 i 国(出口国)对 j 国(进口国)的服务出口额。核心解释

变量 $\ln STRI_i$、$\ln STRI_j$ 分别代表出口国和进口国的边境内服务贸易限制变量。X_m 代表贸易伙伴国间的控制变量，如语言差异、地理距离、经济规模等。ε_{ij} 为随机扰动项。

考虑各国边境内服务贸易限制措施的差异，会引起国家间贸易限制异质性，构建贸易限制异质性对双边服务出口影响的引力方程：

$$\ln X_{ij}=\alpha_0+\alpha_3 \ln STRHI_{ij}+\sum_m \delta_m X_m+\varepsilon_{ij} \tag{19}$$

核心解释变量为 $\ln STRHI_{ij}$ 代表两个国家间服务贸易限制异质性。一般认为，贸易伙伴国贸易限制措施差异性越大，服务出口国提供服务的企业需要支付更多的成本，因为阻碍双边贸易。$\lambda_{i,j}$ 代表国家个体的固定效应。

（二）指标与数据

被解释变量 Y_{it}^N。受限于双边服务出口数据可获得性，本文只选取 2015 年 OECD 统计的 33 个贸易伙伴国双边服务出口数据，其中包括 21 个发达经济体和 12 个发展中经济体。选择上述样本国家的主要原因：一是，绝大多数样本国家 2015 年的服务出口规模均在 200 亿美元以上，除南非外，其余国家服务出口规模在全球排名均位于前 40 位，并且样本国家服务出口总额占全球总额比重超过 80%，所选样本国家具有代表性；二是，考虑样本数据的可得性和完整性，本文对 OECD 公布的 STRI 数据库和双边服务贸易数据库所涵盖的国家进行匹配，选取两个数据库中数据较为完整的国家作为样本，其中一些非 OECD 成员国的服务出口数据是根据成员国的服务进口数据反推得到。所有样本国家 2015 年服务出口、世界排名以及各国服务贸易限制指数的情况，见表 4 所示。

表 4　所有样本国家主要变量的数据

金额单位：亿美元

国家	服务出口总额	世界排名	STRI 值	国家	服务出口总额	世界排名	STRI 值
美国	7 271	第 1 位	0.245	丹麦	682	第 20 位	0.193
英国	3 468	第 2 位	0.207	奥地利	583	第 22 位	0.253
中国	2 625	第 3 位	0.411	澳大利亚	497	第 23 位	0.206
法国	2 464	第 4 位	0.233	俄罗斯	491	第 24 位	0.426
德国	2 432	第 5 位	0.19	土耳其	467	第 25 位	0.262
荷兰	1 805	第 6 位	0.186	波兰	406	第 26 位	0.264
日本	1 695	第 7 位	0.192	挪威	406	第 27 位	0.299
印度	1 576	第 8 位	0.472	以色列	356	第 28 位	0.305
爱尔兰	1 423	第 9 位	0.185	巴西	333	第 30 位	0.334
瑞士	1 390	第 10 位	0.316	希腊	308	第 32 位	0.259
西班牙	1 184	第 12 位	0.244	葡萄牙	272	第 34 位	0.224
比利时	1 094	第 14 位	0.287	芬兰	231	第 35 位	0.248

续表

国家	服务出口总额	世界排名	STRI值	国家	服务出口总额	世界排名	STRI值
韩国	1 031	第15位	0.277	墨西哥	226	第36位	0.306
卢森堡	968	第16位	0.236	匈牙利	211	第38位	0.273
意大利	959	第17位	0.232	捷克	204	第39位	0.209
加拿大	799	第18位	0.233	南非	150	第43位	0.26
瑞典	797	第19位	0.24				

资料来源:作者整理所得。

注:世界排名是所选取样本国家的在世界所有国家的服务出口排名。

核心解释变量 $\ln STRI_i$、$\ln STRI_j$、$\ln STRHI_{ij}$。数据均来源于 OECD 统计的 2015 年数据,其中所有样本国家的 STRI 值见表 4 所示。另外,受篇幅限制,两两国家间 STRHI 值数据在文中并未列出,有需要的读者可以向作者索取。

基于截面数据的回归,容易出现因遗漏变量而造成的估计误差,施炳展(2016)认为尽可能加入贸易伙伴国层面的多维控制变量,会减少该估计误差。按照引力模型的标准做法,我们在回归中加入下述控制变量。经济规模 $\ln Y_i$、$\ln Y_j$。通常认为贸易伙伴国的经济规模越大,其进口需求和出口能力越强,相互之间的贸易越多。地理距离 Dis。贸易伙伴国之间的地理距离,一般认为距离越远,需要支付越多的运输成本,会抑制双边贸易的发生。共同语言 Lan。表示贸易伙伴国之间是否使用相同的官方语言,通常认为国家间使用同一种官方语言,则两国关系越亲近,沟通成本越低,会促进双边贸易。

加入控制国家个体特征的固定效应 $\lambda_{i,j}$。由于未观测到或未知的贸易个体特定因素可能引起解释变量的遗漏,进而导致回归模型存在偏差(Leo A.Grunfeld,2003)。借鉴 Egger(2000)和 Di Mauro(2000)构建国家个体固定效应的方法的方法,$totY_{ij}=\ln(Y_i+Y_j)$,该指标量化了两国整体经济规模;$sinY_{ij}=\ln\left[1-\left(\frac{Y_i}{Y_i+Y_j}\right)^2-\left(\frac{Y_j}{Y_i+Y_j}\right)^2\right]$,该指标量化了两个国家的相对经济规模,指数值介于 0(规模存在绝对差异)到 0.5(两国规模相等)之间。模型变量具体统计说明见表 5。

表 5 变量统计说明

变量	含义	预期符号	均值	标准差	数据来源
lnX	双边服务出口对数值		2.080	1.702	OECD统计的服务贸易数据库
STRI15_chu	2015年服务出口国贸易限制	—	0.262	0.066	OECD(2014)的 STRI 数据库
STRI15_jin	2015年服务进口国贸易限制	—	0.262	0.066	OECD(2014)的 STRI 数据库
STRHI15_ans	基于"答案"的 2015 年国家间贸易限制异质性	—	0.275	0.067	OECD(2014)的 STRHI 数据库

续表

变量	含义	预期符号	均值	标准差	数据来源
STRHI15_sco	基于“得分”的 2015 年国家间贸易限制异质性	—	0.267	0.076	OECD(2014)的 STRHI 数据库
STRHI14_ans	基于“答案”的 2014 年国家间贸易限制异质性	—	0.281	0.067	OECD(2014)的 STRHI 数据库
STRHI14_sco	基于“得分”的 2014 年国家间贸易限制异质性	—	0.268	0.077	OECD(2014)的 STRHI 数据库
lnY_chu	服务出口国经济规模对数值	+	8.947	1.257	世界银行发展指标数据库
lnY_jin	服务进口国经济规模对数值	+	8.982	1.258	世界银行发展指标数据库
lnDis	贸易伙伴国地理距离对数值	—	8.131	1.064	CEPII 数据库
Lan	是否具有共同语言	+	0.095	0.294	CEPII 数据库

资料来源：作者整理所得。

注：STRI15_chu 与 STRI15_jin 的均值和标准差分别相等，是由于本文研究的对象是双边国家的服务出口，因此，样本国家既是服务出口方，同时也是服务进口方，出口国 STRI 与进口国 STRI 涵盖的国家一致。

五、实证分析及稳健性检验

本节利用设定的计量模型对所有样本国家 2015 年的截面数据进行估计，检验上文提出的命题。首先，利用普通最小二乘、加权最小二乘估计 STRI、STRHI 对服务出口的影响，为克服遗漏变量问题，进一步构建固定效应回归模型估计 STRHI 对服务出口的影响，并对上述基本回归结果进行分析；其次，考虑样本出现的零贸易问题，利用 PPML 方法做稳健性估计，并用基于“得分”原则的 STRHI 指标替代基于“答案”原则的 STRHI 指标做稳健性检验；最后，考虑内生性问题时，利用前置一期的 STRHI 指标，即 2014 年的 STRHI 指标与 2015 年的双边服务出口做稳健性检验，克服因果关系引起的内生性问题。

（一）基本回归结果

1.STRI 对服务出口的影响

表 6 分别报告了基于不同计量模型的回归结果。第(1)～(3)列是利用普通最小二乘(OLS)回归，其中第(1)列是对服务出口国 STRI 回归，第(2)列是对服务进口国 STRI 回归，第(3)列同时对贸易伙伴国 STRI 回归。鉴于服务贸易数据中普遍存在的异方差问题(林僖，鲍晓华，2018)，并且 Santos Silva 和 Tenreyro(2006)研究发现 OLS 方法估计存在异方差的引力方程，会夸大 GDP 和距离的作用。为解决截面数据的异方差问题，本文进行加权最小二乘回归，表 6 中第(4)～(6)列显示加权最小二乘(WLS)回归结果，其中第(4)列是对服务出口国 STRI 回归，第(5)列对服务进口国 STRI 回归，第(6)列对贸易伙伴国 STRI 回归。

由表6的所有回归结果,我们发现控制贸易伙伴国的经济规模、地理距离、语言等特征后,无论是服务出口的母国,还是服务进口的东道国的STRI回归系数均显著为负,说明贸易伙伴国各自边境内服务贸易限制措施确实阻碍了双边服务出口。并且比较母国(服务出口国)和东道国(服务进口国)STRI系数大小,得到母国贸易限制对服务出口阻碍程度大于东道国的贸易限制。经济规模 Y 显著为正、共同语言 Lan 显著为正、地理距离 Dis 显著为负,符合预期,并与传统引力模型结果具有高度一致性。

表6 STRI指标与服务出口

变量名	(1)	(2)	(3)	(4)	(5)	(6)
$\ln STRI_i$	-1.342^{***}		-1.447^{***}	-1.227^{***}		-1.304^{***}
	(−9.73)		(−10.61)	(−9.86)		(−10.67)
$\ln STRI_j$		-0.631^{***}	-0.821^{***}		-0.542^{***}	-0.729^{***}
		(−4.34)	(−5.95)		(−4.11)	(−5.84)
$\ln Y_i$	0.672^{***}	0.644^{***}	0.667^{***}	0.723^{***}	0.704^{***}	0.715^{***}
	(27.22)	(25.09)	(27.52)	(32.30)	(30.40)	(32.95)
$\ln Y_j$	0.772^{***}	0.800^{***}	0.786^{***}	0.786^{***}	0.799^{***}	0.790^{***}
	(30.88)	(30.60)	(31.91)	(34.39)	(34.04)	(35.87)
lnDis	-0.922^{***}	-0.935^{***}	-0.898^{***}	-0.897^{***}	-0.912^{***}	-0.857^{***}
	(−30.10)	(−29.24)	(−29.66)	(−32.12)	(−31.73)	(−31.22)
Lan	1.004^{***}	0.994^{***}	0.986^{***}	0.915^{***}	0.881^{***}	0.900^{***}
	(9.79)	(9.28)	(9.80)	(10.22)	(9.69)	(10.57)
_cons	-5.405^{***}	-4.302^{***}	-6.942^{***}	-6.011^{***}	-4.882^{***}	-7.404^{***}
	(−13.53)	(−10.17)	(−14.79)	(−16.53)	(−12.78)	(−17.37)
样本数	858	858	858	858	858	858
R^2	0.722	0.698	0.733	0.768	0.752	0.783
调整后的 R^2	0.720	0.696	0.731	0.767	0.751	0.781
F 值	442.210	393.140	389.279	565.292	518.057	511.314

2.STRHI对服务出口的影响

检验贸易伙伴国间限制异质性对双边服务出口的影响,首先采用基于"答案"原则构建的STRHI做基本回归。在实证方法上,表7中第(1)~(2)列为普通最小二乘(OLS)的基准回归,其中第(1)列仅加入基于"答案"原则构建的核心解释变量STRHI,第(2)列中进一步加入传统引力模型控制变量包括经济规模、地理距离以及语言等进行回归;考虑到截面数据存在异方差问题,第(3)、(4)列采用加权最小二乘回归解决异方差引起的回归偏差;另外,由于不同国家的个体特征存在差异,在变量选取时存在遗漏重要变量同样会引起回归偏差(Leo等,2003),依据上文借鉴Egger(2000)和Di Mauro(2000)构建的固定效应回归模型，第(5)、(6)列进行固定效应回归。

表7　基于"答案"原则的STRHI指标与服务出口

变量名	(1)	(2)	(3)	(4)	(5)	(6)
lnSTRHI	−1.325*** (−5.91)	−1.319*** (−7.74)	−1.332*** (−5.99)	−1.169*** (−7.63)	−3.603*** (−20.96)	−1.451*** (−8.45)
$\ln Y_i$		0.691*** (26.97)		0.731*** (32.13)		
$\ln Y_j$		0.825*** (31.91)		0.807*** (34.87)		
lndis		−0.769*** (−19.75)		−0.759*** (−21.51)		−0.763*** (−19.64)
lan		0.984*** (9.41)		0.859*** (10.04)		0.962*** (9.21)
toty					1.440*** (29.89)	1.494*** (38.42)
simy					0.488*** (7.96)	0.550*** (11.23)
_cons	0.303 (0.99)	−7.170*** (−11.76)	0.294 (0.96)	−7.238*** (−13.23)	−16.452*** (−28.29)	−7.986*** (−12.92)
样本数	858	858	858	858	858	858
R^2	0.039	0.711	0.040	0.769	0.547	0.713
调整后的R^2	0.038	0.710	0.039	0.768	0.545	0.711
F值	34.949	419.692	35.896	568.429	343.394	423.508

在所有回归中，我们发现无论是否引入控制变量，核心解释变量STRHI系数均显著为负，说明贸易伙伴国间的服务贸易限制异质性确实阻碍了双边服务出口。对此结果的解释，Nordas(2016)认为国家间服务贸易限制措施的差异，导致服务出口企业在进入任一东道国服务市场时，都需克服因彼此限制措施差异而产生的固定成本，进而对服务出口带来消极影响。另外，经济规模显著为正、地理距离显著为负、语言显著为正，与预期符号一致，且与传统引力模型结果具有高度一致性。

(二)稳健性检验

1.考虑零贸易因素的PPML估计

本文上述回归都基于引力模型进行分析，被解释变量是贸易伙伴国间服务出口规模的自然对数，这样就删除了大量零贸易样本。一般而言，双边服务贸易数据包含许多零贸易,可能的原因是确实没有发生实际贸易,也可能是进出口额低于报告的临界值或者数据缺失(Nordas 等,2015)。利用普通最小二乘(OLS)估计存在零贸易问题的引力模型,会引起回归系数的误差(Helpman 等,2008)。借鉴 Santos 等(2006)、施炳展(2016)、林僖,鲍晓华(2018)的做法,保留零贸易样本,被解释变量为双边服务出口额原始值而非自然对数值,采用泊松最大似然估计(Poisson Pseudo-Maximum Likelihood estimation method,PPML)进行回归,结果如表8。第(1)、(2)列分别对出口国 STRI 和进口国 STRI 回归,第(3)列同时对进出口国 STRI 回归,回归结果显示,无论出口国或者进口国的服务贸易限制均显著阻碍了服务出口,并且作为服务出口的母国 STRI 对服务出口的阻碍程度高于东道国 STRI。另外,第(4)、(5)是对基于"答案"原则计算的双边贸易限制异质性回归结果,其中第(5)列考虑了国别配对的固定效应,两种回归结果均证实了贸易伙伴国间的贸易限制异质性显著阻碍了服务出口。

表8 稳健性检验:考虑零贸易因素的 PPML 方法估计结果

变量名称	(1)	(2)	(3)	(4)	(5)
$\ln STRI_i$	−1.233***		−1.377***		
	(−6.65)		(−7.49)		
$\ln STRI_j$		−0.709***	−0.917***		
		(−3.23)	(−4.26)		
lnSTRHI				−1.247***	−1.424***
				(−6.19)	(−7.02)
$\ln Y_i$	0.711***	0.709***	0.712***	0.737***	
	(15.82)	(15.01)	(16.20)	(15.73)	
$\ln Y_j$	0.729***	0.736***	0.733***	0.762***	
	(14.55)	(14.35)	(15.33)	(14.14)	
toty					1.509***
					(19.75)
simy					0.494***
					(6.54)
lnDis	−0.677***	−0.693***	−0.634***	−0.534***	−0.538***
	(−15.59)	(−15.76)	(−14.61)	(−10.56)	(−9.64)
Lan	0.797***	0.784***	0.805***	0.774***	0.687***
	(5.82)	(5.61)	(6.33)	(5.53)	(4.86)
_cons	−6.815***	−5.978***	−8.674***	−8.429***	−9.624***
	(−9.75)	(−8.07)	(−11.90)	(−9.09)	(−9.59)
样本数	1006	1006	1006	1006	1006

2.基于“得分”原则构建的 STRHI 对服务出口影响

对国家间贸易限制异质性对服务出口的影响，我们还可以进一步采用基于“得分”原则构建的限制异质性指标做稳健性检验，回归结果如表 9 所示。同上文基于“答案”原则计算的 STRHI 指标回归方法一致，其中第(1)、(2)列为普通最小二乘的基准回归，第(3)、(4)列为克服截面数据异方差的加权最小二乘回归，第(5)、(6)列是解决因遗漏重要变量产生回归误差的固定效应回归。所有回归结果显示：核心解释变量 STRHI 系数符号均显著为负，与上文基于“答案”原则构架的 STRHI 指标回归结果一致，说明国家间贸易限制异质性确实阻碍了双边服务出口。并且传统引力模型的控制变量以及贸易伙伴国是否具有共同语言变量的系数符号均符合预期。

表 9　稳健性检验：基于“得分”原则的 STRHI 指标与服务出口

变量名	(1)	(2)	(3)	(4)	(5)	(6)
lnSTRHI	−1.338***	−1.155***	−1.346***	−1.140***	−2.953***	−1.265***
	(−7.16)	(−8.64)	(−7.28)	(−9.29)	(−20.87)	(−9.39)
$\ln Y_i$		0.685***		0.739***		
		(27.19)		(32.37)		
$\ln Y_j$		0.820***		0.820***		
		(32.18)		(35.26)		
lndis		−0.774***		−0.764***		−0.770***
		(−20.94)		(−22.51)		(−20.90)
lan		0.926***		0.808***		0.897***
		(8.89)		(7.90)		(8.63)
toty					1.374***	1.480***
					(29.16)	(38.90)
simy					0.450***	0.534***
					(7.33)	(11.00)
_cons	0.232	−6.849***	0.221	−7.404***	−15.092***	−7.609***
	(0.88)	(−12.80)	(0.83)	(−15.04)	(−28.03)	(−14.02)
样本数	858	858	858	858	858	858
R^2	0.056	0.716	0.058	0.764	0.545	0.718
调整后的 R^2	0.055	0.714	0.057	0.762	0.544	0.717
F 值	51.243	429.286	53.051	550.378	341.603	434.381

(三)内生性处理

内生性的来源包含遗漏重要解释变量或者具有双向因果关系。如果遗漏国家层面的控制变量，可能造成内生性偏误，而双向因果关系在本文中表现为双边跨境服务出口额也可能反过来影响双边贸易限制异质性程度。施炳展(2017)认为考虑国家固定效应可以克服因遗漏变量产生的内生性问题,借鉴 Egger(2000)和 Di Mauro(2000)构建的固定效应回归模型,得到表7第(5)、(6)列和表9第(5)、(6)列的回归分析,检验结果显示核心解释变量 STRHI 系数依然显著为负,说明回归结果是稳健的。在解决由双向因果关系导致的内生性问题时,同样借鉴施炳展(2017)的处理方法,采用前置一期的解释变量进行内生性处理。具体而言,可以采用2014年的国家间贸易限制异质性变量对2015年双边服务出口进行回归,毕竟2015年的双边服务出口不会影响2014年的国家间贸易限制差异,其他控制变量均还是2015年的数据。

我们采用2014年基于"答案"规则构建的国家间贸易限制异质性指标对2015年的服务出口数据回归。表10中第(1)、(2)列为普通最小二乘回归,第(3)、(4)列为加权最小二乘回归,第(5)、(6)列为固定效应回归。所有回归结果显示:双边规制异质性指标依然显著为负,与表7的结果类似,因此,使用滞后一期变量进行回归,本文结论依然稳健。

表10 基于"答案"原则构建的2014年STRHI指标与服务出口

变量名	(1)	(2)	(3)	(4)	(5)	(6)
lnSTRHI	−1.270***	−1.140***	−1.269***	−1.029***	−3.370***	−1.248***
	(−5.65)	(−6.71)	(−5.69)	(−6.63)	(−19.31)	(−7.33)
$\ln Y_i$		0.686***		0.715***		
		(26.55)		(30.66)		
$\ln Y_j$		0.813***		0.810***		
		(31.40)		(34.31)		
lndis		−0.794***		−0.789***		−0.789***
		(−20.30)		(−22.22)		(−20.23)
lan		1.022***		0.884***		1.005***
		(9.69)		(9.85)		(9.54)
toty					1.405***	1.478***
					(28.56)	(37.84)
simy					0.516***	0.562***
					(8.19)	(11.38)
_cons	0.404	−6.561***	0.405	−6.668***	−15.678***	−7.301***
	(1.34)	(−10.94)	(1.34)	(−12.21)	(−26.76)	(−12.03)
样本数	858	858	858	858	858	858
R^2	0.036	0.706	0.036	0.758	0.522	0.708
调整后的 R^2	0.035	0.705	0.035	0.757	0.521	0.706
F 值	31.893	410.136	32.413	534.505	311.182	412.209

最后我们在采用基于"得分"原则构建的2014年国家间贸易限制异质性指标做稳健性检验，对2015年双边服务出口数据回归。表11所有回归中国家间贸易限制异质性指标系数依然显著为负，因此采用基于"得分"原则构建的滞后一期的规制异质性变量的回归结果依然稳健。综上稳健性检验和内生性处理回归结果均显著，确保了本文结论的稳健。

表11 基于"得分"原则构建的2014年STRHI指标与服务出口

变量名	(1)	(2)	(3)	(4)	(5)	(6)
lnSTRHI	−1.259***	−1.240***	−1.262***	−1.158***	−3.035***	−1.331***
	(−6.73)	(−9.05)	(−6.80)	(−9.22)	(−21.51)	(−9.66)
$\ln Y_i$		0.692***		0.732***		
		(27.47)		(32.04)		
$\ln Y_j$		0.827***		0.819***		
		(32.46)		(35.29)		
lndis		−0.754***		−0.748***		−0.751***
		(−20.03)		(−22.09)		(−20.02)
lan		0.959***		0.855***		0.936***
		(9.27)		(9.75)		(9.06)
toty					1.421***	1.495***
					(30.05)	(39.12)
simy					0.495***	0.552***
					(8.14)	(11.41)
_cons	0.341	−7.265***	0.336	−7.475***	−15.617***	−7.983***
	(1.29)	(−13.07)	(1.27)	(−14.85)	(−28.67)	(−14.17)
样本数	858	858	858	858	858	858
R^2	0.050	0.718	0.051	0.767	0.555	0.720
调整后的 R^2	0.049	0.716	0.050	0.766	0.553	0.718
F 值	45.289	433.963	46.210	561.949	354.610	437.682

六、结论及政策建议

本文基于OECD统计的STRI数据库，经验分析了各国边境内服务贸易限制，以及国家间贸易限制异质性对双边服务出口的阻碍作用。研究结论包括：第一，各国边境内的服务贸易限制措施确实是阻碍了双边服务出口的原因；第二，服务贸易限制对服务出口阻碍程度因国家特征而异,具体而言,作为服务出口方的母国贸易限制对服务出口的阻碍程度高于作为进口方的东道国的贸易限制;第三,由于各国服务贸易限制存在差异,引起的国家间贸易限制异质性同样阻碍了双边服务出口。

基于以上结论,本文提出以下政策建议。第一,为提高服务出口规模,应逐渐放松本国边境内的服务贸易限制,尤其是会引起本国服务提供企业固定成本的限制措施,如简化企业登记注册的程序、减少企业注册所花费的成本和时间等;第二,在选择服务贸易伙伴时,要考虑贸易伙伴国的服务贸易限制情况,偏向与服务贸易限制程度低的国家开展服务交易;第三,加强与主要贸易伙伴国的贸易限制措施的协调和融合,降低企业服务出口到其他国际市场所面临的重复成本。总之,考虑服务贸易限制措施的"边境内"特征,本文认为,对国内,制定服务贸易限制措施时,应当是降低限制(取消不必要的进入壁垒、促进竞争)和有效监管(营造良好的法律环境、简化行政负担、增强监管的独立性)双向过程的综合;对国外,应积极开展双边、多边以及区域服务贸易规则的谈判,加强与国际高标准、高水平服务贸易规则的对接,逐渐实现不同国家的服务贸易限制措施的协调和融合。

参考文献:

戴翔(2015):《服务出口复杂度是否影响服务出口增长?》,《经济学动态》第9期。

戴翔、张二震(2014):《人民币汇率变动是否影响了中国服务出口增长》,《金融研究》第11期。

林僖、鲍晓华(2018):《区域服务贸易协定如何影响服务贸易流量?——基于增加值贸易的研究视角》,《经济研究》第1期。

刘洪愧(2016):《区域贸易协定对增加值贸易关联的影响——基于服务贸易的实证研究》,《财贸经济》第8期。

齐俊妍、高明(2018):《服务贸易限制的政策评估框架及中美比较:基于OECD－STRI数据库的分析》,《国际经贸探索》第1期.

石静霞(2015):《国际贸易投资规则的再构建及中国的因应》,《中国社会科学》第9期。

施炳展(2016):《互联网与国际贸易——基于双边双向网址链接数据的经验分析》,《经济研究》第5期。

周念利(2010):《基于引力模型的中国双边服务贸易流量与出口潜力研究》,《数量经济技术经济研究》第12期。

周念利(2012):《缔结"区域贸易安排"能否有效促进发展中经济体的服务出口》,《世界经济》第11期.

Geloso Grosso, M. et al. "Services Trade Restrictiveness Index (STRI): Scoring and Weighting Methodology." OECD Trade Policy, OECD Publishing, Paris, 2015. NO.177.

Dee, P(2001): "Trade in Service", Australian Productivity Commission.

D Mirza, G Nicoletti, SS Golub, D Hajkova, KY Yoo, "The Influence of Policies on Trade and Foreign Direct Investment。"OECD Economic Studies, 2003(1): 2－2.

Di Mauro (2000): "The Impact of Economic Integration on FDI and Exports: A

Gravity Approach",CEPS Working Document No.156

Denise Eby Konan, Ari Van Assche. "Regulation, Market Structure and Service Trade Liberalization." Serie Scientifique Scientific Series,2006,pp.1－49.

Egger,P.(2000):"A note on the poper econometric specification of the gravity model",Economics Letters 66(1),pp.25－31.

Henk Kox,Arjan Lejour."Regulatory Heterogeneity as Obstacle for International Services Trade." CPB Discussion Paper,2005(49),pp.3－46.

Helpman,E.,M.Melitz,and Y.Robinstein,2008,"Estimating Trade Flows:Trading Partners and Trading Volumes",Quarterly Journal of Economics,123(2),441－487.

Hildegunn Kyvik Nordas and Dorothee Rouzet."The Impact of Services Trade Restrictiveness on Trade Flows:First Estimates." Working Party of the Trade Committee, 2015(8),pp.1－40.

Francois,JF.and Wooton,I."Trade in International Transport Services:The Role of Competition."Review of International Economics,2001(2),pp.249－261.

Kox,H. and H. Nordas. "Services Trade and Domestic Regulation." OECD Trade Policy Papers,2007(49),pp.1－53.

Kox,Henk L.M.and Nordas,Hildegunn Kyvik."Services Trade and domestic regulation."MPRA Paper,2007,pp.1－54.

Leo A. Grunfeld and Andreas Moxnes. "Explaining the Patterns of International Trade in Services." NUPI Paper,2003(657).

Nordas,H."Services Trade Restrictiveness Index(STRI):The Trade Effect of Regulatory Differences." OECD Trade Policy Papers,2016(189).

Santos,S.,and S.Tenreyro,2006,"The Log of Gravity."Review of Economics and Statistics,88(4),641－658.

中国经济高速增长与服务业结构滞后并存之谜

——基于地方经济增长目标约束视角的解释

余泳泽 潘 岩[①]

摘 要:与发达国家相比,中国经济发展中一直存在着经济高速增长与服务业结构升级滞后并存的现象。本文采用中国2004—2014年230个地级市政府工作报告中的数据,尝试性地从地方经济增长目标约束视角去解释这一现象。本文研究发现:(1)经济增长目标"层层加码"明显抑制了服务业结构升级;(2)当经济增长目标制定采用"留有余地"的设定方式时,地级市服务业结构会呈现高级化趋势,而采用"之上"和"力争"等硬约束词汇时,将会显著抑制服务业结构升级;(3)经济增长目标超额完成不利于服务业结构升级,尤其是经济增长目标硬约束下这种抑制作用更加明显;(4)中间机制检验结果表明,经济增长目标约束主要导致要素资源错配进而对服务业结构升级产生不利影响。

关键词:经济增长目标;层层加码;服务业结构升级;要素错配

一、引言

十九大报告中指出当前我国经济发展的主要矛盾已由追求高速增长转换为追求以深化供给侧结构优化为主线的高质量增长,而瞄准国际标准推进产业结构升级、加快现代服务业发展是推进我国供给侧结构性改革的必由之路。根据发达国家发展经验,加快服务业发展,推进服务业结构优化是保持经济持续增长的关键。但这一经济增长的"一般规律"似乎与中国事实相悖。改革开放后,中国经济创造了近四十年持续高速增长的"奇迹",并在2014年优先于其他发达国家成为继美国之后第二个跻身超10万亿美元经济体俱乐部的经济大国。但在这一经济增长过程中,服务业增加值比重却未得到显著提升(谭洪波,郑江淮;2012)。根据世界银行数据,2016年中国人均GDP达到8 123美元,但服务业增加值比重却仅为52%。这一服务业发展指标不仅远落后于大部分发达国家同等经

① 作者简介:余泳泽、潘岩,南京财经大学国际经贸学院。通讯作者:余泳泽,电子邮箱:yongze125@126.com。

基金项目:国家社科重大项目(71403115)、江苏省高校优势学科、江苏现代服务业协同创新中心、江苏省高校品牌专业。

济发展水平下数据，[①]更落后于一些新兴发展中国家。[②] 除了服务业整体发展水平滞后外，中国服务业结构滞后问题则更为严重。根据国家统计局数据，2004 年至 2014 年十年间，中国生产性服务业增加值占第三产业增加值比重由 35.0％增长至 37.1％，仅增长 2.1 个百分点。中国虽然整体上已经进入后工业化时期（赵昌文等，2015；胡鞍钢，2017），但服务业发展状况仍与西方发达国家“四个 70％”的标准相去甚远。[③] 此外，由不能有效提高制造业生产率的传统服务业部门发展带来的服务业增加值的增长（Baumol，1967；江小涓，2011）使得中国“脱实向虚”趋势日益凸显。服务业发展水平与经济增长速度脱节现象由何而来？针对这一问题，本文认为可以从根源，即影响二者发展的驱动力视角去寻找其原因所在。

基于以往学者研究，影响中国经济增长的因素主要可以分为市场性因素与政府性因素两大类。其中市场类因素主要包括以要素投入与配置效率提高为主的供给侧因素（丁志国等，2012）和以消费、出口、投资三驾马车为主的需求侧因素；政府类因素中比较具有代表性的是周黎安（2007）等人在研究中国经济发展模式后发现，政府官员之间的“晋升锦标赛”的竞争机制是我国近年来经济增长的主要驱动力。相对于经济增长，服务业发展的因素研究主要可分为基础性因素和一般性因素两个方面。基础性因素主要强调目前我国经济的客观条件，主要有人力资本（Romer，1990；Ciccone 和 Papaioannou，2009；张国强等，2011；张若雪，2010）、技术创新（Carlsson，1989；周叔莲和王伟光，2001；付宏等，2013）、需求结构（Schmookler，1966；Zwemuller 和 Brunner，2005；孙军，2008；刘志彪和张杰；2009）等；而一般性因素则更加强调我国产业经济的发展环境，主要有政府职能（Lahorgue 和 Cunha，2000；褚敏和靳涛，2013；宋凌云等，2013）、对外开放程度（Markusen 和 Venables，，1999；Camilla，2000；陈继勇和盛杨怿，2009）、外部环境等（Taylor° 和 Levinson，2008；江小涓，2005；涂正革，2008；梅国平和龚海林，2013；钟茂初等，2015）。与经济增长不同的是，在产业结构优化中，政府扮演的角色并未起到显著积极作用。政府的制度安排（高远东等，2015）和经济干预行为的不规范（Saeed，2009；Hashi 和 Toci，2010；杜传忠和郭树龙，2011）都会阻碍产业结构高级化进程。

综上所述，不难发现政府行为作为影响经济增长与服务业发展的重要因素却对二者发展的作用方向并不一致，这一不一致是否是导致经济高速增长与服务业结构升级滞后并存的原因？纵观已有文献，从政府性因素这一视角解读这一问题的文献尚不多见。谭洪波和郑江淮（2012）从部门全要素生产率视角剖析了这一并存问题认为是由生产率较高的生产性服务业并未与制造业大规模主副分离导致，但这一研究是从市场性因素视角出

---

① 例如，1975 年美国人均 GDP 为 7 820 美元，服务业增加值比重为 62.69％；1977 年日本人均 GDP 为 6 088 美元，服务业增加值比重为 57.2％；1979 年英国人均 GDP 为 7 822 美元，服务业增加值比重为 57.6％。

② 如，2016 年，印度人均 GDP 仅为 1709 美元，但是其服务业增加值比重已达到 54％；巴西服务业增加值比重更是超过 70％。

③ 工业化后期，服务业在发达国家国民经济中的地位基本可以用“四个 70％”来概括。即“服务业增加值占 GDP 的比例达到 70％左右；服务业从业人员的比重达到 70％；经济增长的 70％来自服务业增长；生产性服务业占服务业比重达到 70％”

发的。中国正处于经济转轨期,市场化程度较发达国家而言尚不完善,各级地方政府行为对地区经济发展的干预作用仍不容小觑。"晋升锦标赛"下以经济增长为导向的地方经济发展模式使得各级政府常将经济增长目标作为"保增长"的重要手段。并且,与市场机制较为完善的欧美国家采用"干预"这一"留有余地"的方式制定经济增长目标有所不同的是,我国的经济增长目标的设定常带有强约束的特征。[①] 这一经济增长目标设定方式的差异是否是导致我国服务业发展水平滞后的重要原因?其作用机制又如何?遗憾的是,目前尚未有学者针对这一问题进行研究,笔者将以此为出发点探讨经济增长目标约束与服务业结构升级的关系,旨在对这一领域的研究进行弥补。

本文的创新与研究意义在于:(1)在研究视角上,本文从经济增长目标设定视角去解释"中国经济高速增长与服务业结构升级滞后并存之谜"问题,不仅有助于理解中国长期以来产业结构转型的困境问题,也在一定程度上弥补了转型经济体下的产业结构变迁理论研究的不足;(2)在研究数据上,本文手工搜集了 2002—2014 年 230 个地级市政府工作报告中的经济增长目标数据,研究了地级市层面经济增长目标约束对服务业结构升级的影响,尤其是对经济增长的软硬约束性特征进行了刻画,从而使结论更具新意;(3)在研究意义上,从经济增长目标约束视角展开的研究,可以为理解我国服务业长期发展的"结构刚性"提供一个新的解决思路,研究结论对于中国如何通过调节经济增长目标管理实现服务业结构高级化,以及建设现代化经济体系具有重要启示意义。

二、理论机制与假说提出

通过梳理近十年各省和各地级市级政府工作报告中经济增长目标的设定方式,可以观察到以下三个典型现象:(1)大部分省市的经济增长指标的设定都显著高于全国的预期增长目标,经济增长目标"层层加码"的现象明显。2016 年,从省级层面来看,经济增长目标高于全国目标的省有 25 个,占全国的 81%;从市级层面来看,在资料所及的 230 个城市中,有 197 个地级市经济增长目标高于全国目标,比重达到 86%。(2)地方政府经济增长目标的设定更倾向于使用硬约束的方式设定经济增长目标,且政府层级越低,这一倾向越明显。各级政府在制定经济增长目标时常以不同力度的约束用语修饰,其中,既包括"上下""左右""之间"等带有软约束特征的修饰用语,也有"之上""确保""力争"等带有强约束特征的修饰用语。以 2016 年为例,在经济增长让位于改革的宏观背景下,中央政府使用"区间"这一软约束方式提出经济增长目标;而省级层面,有 21 个省采用软约束方式提出经济增长目标,占样本的 84%;但到地级市层面,有 86 个城市使用软约束方式提出经济增长目标,仅占样本的 37%。由此可见,虽然近年来中央政府有意弱化经济增长目标力度,但随着政府层级的降低这一约束力度并未得到明显放松。(3)经济增长目标存在

① 虽然中央政府近年来开始转变制定经济增长目标方式,如 1999 年将制定经济增长目标的修饰词从"确保"改为"预期",2016 年首次采用区间方式制定经济增长目标,但却由于官员晋升锦标赛下的目标激励机制尚未改变,使得大多数地方政府还在延续以往带有强制性特征的经济增长目标制定方式。

超额完成情况，但政府层级越低，超额完成情况越差。地方政府普遍制定了较高的经济增长目标，但是从目标的完成情况来看，2004—2014 年省级政府经济增长目标完成率为 79.72%，而 230 个地级市经济增长目标完成率则不足 70%，仍有 35.33%的地级市没有完成预定的经济增长目标。

基于本文研究主题，结合上述经验事实，本文将从经济增长目标特征出发建立基本框架对经济增长目标约束与服务业结构优化的关系进行理论机制的梳理。

(一)经济增长目标"层层加码"对服务业结构高级化的影响机制

依上文所言，各级政府常采取"层层加码"的方式设定经济增长目标。本文认为这一设定偏好与官员"晋升锦标赛"的竞争机制密切相关。虽然地方政府目标存在多维度特征，但由于大多数目标的难以量化使得中央政府与地方政府间存在严重的信息不对称现象，中央政府的监督成本也随之加大(Oates，1972)。为了降低这一监督成本，中央政府常采用具有显性特征的 GDP 增长速度指标考核地方发展状况，这一指标也成为地方官员能否获得晋升机会的重要标准。在这一以 GDP 考核为主的"晋升锦标赛"机制下，地方经济增长速度与地方官员晋升高度将直接"挂钩"。这使得地方官员依赖制定较高的经济增长目标来向上级政府释放"能力信号"(周黎安，2007)，表现为各级政府在制定经济增长目标时往往以上级政府目标为基准并进行加码，产生"层层加码"现象(周黎安，2015)。另外，各地方官员间的"标尺竞争"机制使得这一加码幅度维持在较高水平(Besley 和 Case，1995；张军等，2007)，[①]也使得地方经济增长目标的设定普遍存在过高现象。地方的经济增长往往需要依赖政府的投资和引资行为。经济增长目标的过高设定将会直接影响地方政府的投资和引资行为。

从投资行为来看，过高的经济增长目标压力使得地方政府在面临生产性投资和创新性投资的选择时，往往更偏好于选择"投资周期短、见效快、风险低、不确定性小"的生产性投资，放弃"投资周期长、见效慢、风险高、不确定性大"的创新性投资(Holmstrom，1989；吴延东，2017)。创新性投资的减少将使得地方企业创新力不足从而不利于地方生产性服务业发展。另外，地方政府的投资行为大多依靠垄断国有企业来运作和实施(马草原和李成，2013；褚敏和靳涛，2013)。对地方政府而言，国有企业相较于非国有企业，不仅存在较高的财税贡献，也有助于加强政府对整体经济的控制能力。因此为完成既定经济增长目标，以国有经济垄断和扩张性政策为主的经济刺激政策成为地方政府的首要选择。地方政府依靠对国有企业的控制权实现其宏观调控的目的，一方面造成国有经济对利润目标的偏离，不可避免地造成生产低效率等问题，进而抑制服务业结构升级；另一方面造成国有企业和非国有企业间的要素错配，资本等生产要素过度倾向于国有经济。地方国有经济多数是资金密集型的产业类型，资本的过度积累既加剧国有企业的产能过剩程度，也挤压了生产性(高端)服务业的生存空间，不利于地方服务业结构优化。

从引资行为来看，追求超额完成经济增长目标的地方政府在招商引资时通常更倾向

---

① 在 2004 到 2014 年中，省经济增长目标平均每年要高于国家经济增长目标两个百分点，市经济增长目标平均每年又要高于国家经济增长目标两个百分点。

于引入可以带来短期经济高速增长的工业(制造业)企业。地区间竞争使得地方政府为争取更多的工业企业入驻地方纷纷选择将土地、矿藏、融资平台等可支配资源配置给工业(制造业)企业。其中,最具代表性的是政府对土地资源的配置行为。表现为相对于生产性(高端)服务业,地方政府配置更多的土地给工业(制造业)企业。土地资源的错配行为将带来工业与服务业部门融资门槛差异,使得拥有土地的工业企业可以以土地向银行进行抵押贷款,降低融资成本。而相较而言,服务业企业却面临较大的融资困境。融资约束下,生产性(高端)服务业部门难以获得进行企业研发活动的资金,造成创新能力的下降,失去市场竞争力。除此之外,地方工业(制造业)企业的增加为地方提供更多的就业机会,为解决城市劳动力不足的问题,地方政府大力推进城市化,将农村剩余劳动力转移入城市工业(制造业)部门。虽然劳动力从生产率较低的农业部门转移出来,但拥有高人力资本的劳动力资源却未有效转入生产性服务业和高端服务业部门,劳动力资源并未得到有效合理配置。根据本文样本,在2004至2014年间,生产性服务业从业人员占全体服务业比重从23.26%增加至27.28%,仅增加4.02个百分点,高端服务业从业人员占全体服务业比重从13.12%增加至16.05%,增加不到3个百分点。另外,对外商直接投资的追逐派生出了地方间基础设施建设的竞争(张军,2007)。基础设施建设将会催生更多的工业(制造业)企业,地方生产性服务业发展水平停滞与工业企业高速发展相脱节使得地方工业企业常通过外包方式以获得生产性服务业产品。来自外生市场的冲击不仅会加大当地后入者的进入难度,更会“挤占”当地生产性服务业市场。长期以工业(制造业)发展为主的产业结构模式将会使地方形成发展模式上的路径依赖,不利于当地服务业发展。综上,本文提出假说1。

假说1:地方政府经济增长目标的“层层加码”会造成地方政府要素资源错配,进而不利于服务业结构升级。

(二)不同约束特征下经济增长目标完成情况对服务业结构高级化的异质性作用

中国式分权下,中央政府对地方官员采取垂直集中的治理模式,这一“垂直管理”体系形成了下级官员对上级政府负责的激励机制。“向上负责体制”使得各级政府在制定经济增长目标时往往需要使用“硬约束”的方式以确保目标的超额完成。以GDP考核为主的“晋升锦标赛”体制使得地方官员通过“层层加码”制定较高的经济增长目标向上级政府释放“能力信号”,而兑现前期承诺则是拿到锦标赛“入场券”的关键。虽然采取硬约束的方式制定经济增长目标确实可以在一定程度上激励地方完成经济的高速增长,但在“GDP增长让位于结构改革”的新宏观背景下,这一约束方式是否可取却值得商榷。表现为若地方政府经济增长能力与目标值不匹配时,硬约束压力将使得地方政府在预期经济增长目标无法完成时采取“拔苗助长”的方式以实现经济增长目标。20世纪80年代以来,中央政府逐渐将经济管理权力下放至地方,使得地方政府拥有对地方财政的绝对控制权,财政收支行为也成为影响地方经济增长重要且可控的因素。采取硬约束的方式制定经济增长目标产生的一个直接的后果就是将影响地方政府的财政收支行为。

从财政收入行为来看,硬约束使得地方政府需要获得大量的财政收入以备各地发展之需。我国地方政府获得财政收入的手段主要有两种:一是依靠税收;二是通过出让土地的方式获得土地出让金,即土地财政。“分税制改革”和“营改增”使得地方税收不断向中央政府集中,单一的靠税收这一方式获得的地方财政收入已不足以让地方政府维持拉动经济增长的投资活动,为此,地方政府不得不选择采取土地财政方式透支未来发展空间以保持短期经济增长。而土地财政将扭曲地方“两块地”的价格,表现为相较于工业用地,商业服务业用地的价格更高(陶然等,2007)。工业用地由于是地方政府招商引资的“筹码”,各地政府不得不纷纷降低工业用地出让价格以吸引更多工业企业投资。在此情境下,工业用地不能成为地方财政收入的有效来源,以财政收入最大化为主要目的的地方政府为获得更多土地出让收入,通常会选择提高商服用地价格,作为对工业用地出让金损失的弥补。这一土地出让价格的扭曲行为,无形中提高了服务业成本,使服务业发展受限。

从财政支出行为来看,硬约束使得地方政府在预期经济增长目标无法达成时,通常会选择通过投资基础设施建设的方式以确保经济增长速度在短期内超过目标值,这也是各地方频繁产生重复建设、政绩工程的重要原因。政府对有限财政资源的错配问题将主要通过两种方式影响地方服务业发展。首先,基础设施建设竞争将会引起财政资源的错配问题进而不利于地方服务业结构优化。政府财政资源有限,对基础设施的过度投资势必会挤占地方对教育、科技的财政投入(傅勇和张晏,2007)。教育是地方人力资本积累的基石,科技是发展高端服务业的基础,对教育和科技投入的减少将会直接对以知识密集型为主要特征的现代服务业发展造成冲击。其次,地方基础设施建设将会带来以建筑业与房地产业比重不断上升为主要特征的过度“工业化”(陈志勇和陈莉莉,2011)。房地产业作为消费性服务业的重要组成部分,其产值的增加又会造成当前阶段我国消费性服务业发展大大超前于研发、金融和物流等生产性服务业,致使“产业结构虚高”和二、三产业互动不足(郭志勇和顾乃华,2013),不利于地方服务业发展。

故相对于使用“硬约束”的方式制定经济增长目标,地方政府采取“留有余地”软约束方式制定经济增长目标以弱化经济增长目标导向、释放更多空间让步于经济结构调整是当前经济发展时期的必然要求。综上,本文提出假说 2。

假说 2:当采用硬约束方式时,地方政府为达到经济增长的目标值将扭曲要素资源的配置,不利于服务业结构的优化升级;而“留有余地”的软约束方式会给地方政府留有“退路”,更加有利于地方服务业结构升级。

三、样本说明与变量的描述性统计

(一)样本说明

本文实证部分采用我国 230 个地级市 2004 年至 2014 年间面板数据进行研究,其中政府经济增长目标相关数据收集自各地级市政府工作报告、地方年鉴及公开网站,其他数据来源于《中国城市统计年鉴》。

(二)变量描述

1.被解释变量

Baumol(1967)在研究产业结构服务化与生产率之间的关系时发现了"成本病"现象,即当劳动力从工业部门进入服务业部门后并不必然能带来全社会生产率的增长。究其原因,是因为服务业部门内部也存在着传统部门和先进部门,劳动力只有向先进的生产性服务业和高端服务业部门流动才能带来全社会生产率的增长。故本文考虑从生产性服务业发展水平与高端服务业发展水平两个维度对服务业结构高级化进行测度。在指标的选择上,本文将选择生产性服务人员①与高端服务业从业人员②占服务业从业人员比重分别进行刻画。

图1是2004年至2014年中国230个城市GDP总量与服务业结构变动趋势图。如图,不同于经济总量的持续高速增长,服务业发展在近十年一直维持在一个较低的水平,这一客观事实也进一步验证了中国经济高速增长与服务业发展水平停滞并存的经济现象。

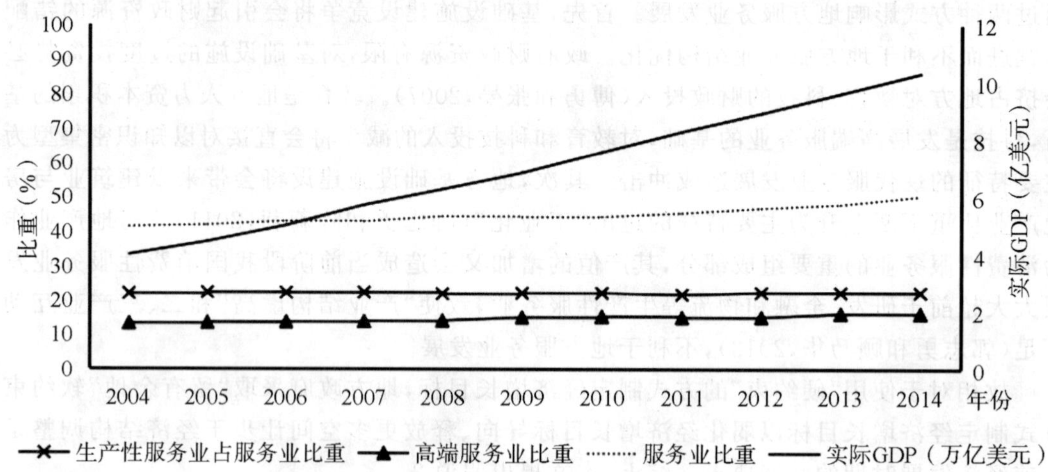

图1 GDP与服务业结构变动趋势图

2.核心解释变量

(1)经济增长目标的"层层加码"现象。本文将使用省与市、国与省、国与市之间的经济增长目标差值对经济增长目标的"层层加码"现象进行度量。图1给出我国2004年到2014年我国经济增长目标变动的趋势图,其中省市经济增长目标分别使用所在年份省、市经济增长目标均值进行替代。根据图2可以初步判断我国经济增长目标存在明显的"层层加码"现象。据估算,在2004到2014年中,省经济增长目标平均每年要高于国家经济增长目标两个百分点,市经济增长目标平均每年又要高于省经济增长目标两个百分点。

---

① 关于生产性服务业的界定问题本文主要参考国家统计局划分标准(2015),将与制造业生产密切相关的"交通仓储邮电业,信息传输、计算机服务和软件业,金融业,租赁和商业服务业,科研、技术服务和地质勘查业"划分生产性服务业。

② 本文将与生产密切相关,并以高知识、高技术、搞产业融合性为特征的"信息传输、计算机服务和软件业,金融业,租赁和商业服务业,科研、技术服务和地质勘查业"划为高端服务业部门。

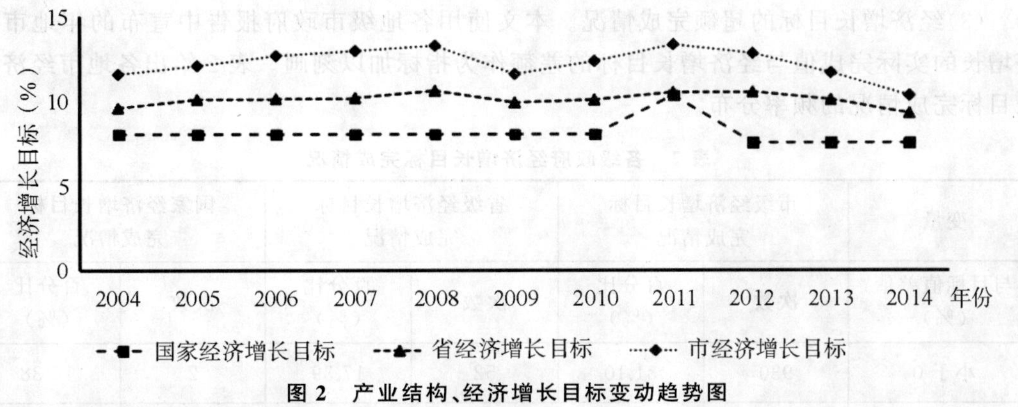

图 2　产业结构、经济增长目标变动趋势图

(2)经济增长目标的约束强度。本文利用政府工作报告在宣布年地级市增长目标使用的副词作为识别变量，认为凡是用“左右”“上下”“之间”等副词修饰的经济增长目标约束强度较弱，为软约束；凡是用“之上”“确保”“力争”等副词修饰的经济增长目标约束强度较强，为硬约束。表 1 是近年来我国各地级市约束用词的基本情况。由表 1 可知，目前我国对于经济增长目标的约束大多是硬约束，且时间越早越是如此，随着中央政府逐渐弱化经济增长目标的约束力度[①]，地方政府经济增长目标的约束也逐渐出现“软约束”现象，这一特点反映我国经济增长目标自上而下的约束力有趋同作用。

表 1　省市经济增长目标设定情况

年份	国家经济增长目标	超过国家目标的省市	采用“左右”用语	采用“确保”“以上”等用语	采用“区间”提法	采用“达到”等用语
	31 个省市政府工作报告中关于经济增长指标的统计					
2014	7.5%	29	20	2	0	20
2015	7%	24	23	1	0	23
2016	6.5%～7%	25	12	4	9	25
	230 个地级市政府工作报告中关于经济增长指标的统计					
2010	8%	222	20	53	0	157
2011	8%	228	24	56	0	150
2012	7.5%	230	27	54	0	149
2013	7.5%	228	42	51	0	137
2014	7.5%	222	67	39	0	124
2015	7%	182	65	31	1	133
2016	6.5%～7%	197	62	35	24	109

① 1999 年首次在制定经济增长目标时将约束副词从“确保”改为“预期”，2016 年中央政府在制定经济增长目标时更是使用“区间”提法。

(3)经济增长目标的超额完成情况。本文使用各地级市政府报告中宣布的年地市经济增长的实际完成值与经济增长目标的差额作为指标加以刻画。表2给出各地市经济增长目标完成情况的频率分布。

表2 各级政府经济增长目标完成情况

变量	市级经济增长目标完成情况		省级经济增长目标完成情况		国家经济增长目标完成情况	
与目标值差值(%)	次数	百分比(%)	次数	百分比(%)	次数	百分比(%)
小于0	930	31.10	52	17.39	2	15.38
0～5	1 993	66.66	247	82.61	11	84.62
5～10	57	1.91	0	0	0	0
大于10	10	0.33	0	0	0	0

由表2,可以得出以下结论:(1)从国家到地级市,随着经济增长目标的"层层加码",目标完成率趋低。由表2可知,从国家到地级市,经济增长目标完成率分别为84.62%、82.61%和66.66%。(2)总体上来看,相对于上一级政府而言,下级政府制定的经济增长目标要普遍高于上一级政府,但完成比例却普遍低于上一级政府。这也从另一个层面解释了各级政府制定经济增长目标时"层层加码"的动机,即为了保证上级政府经济增长目标的完成。

除了上述变量外,为了解决一部分因为遗漏变量而产生的内生性问题,本文还在模型中加入城市规模、城市经济水平等城市特征变量进行控制,具体如表3所示。

表3 模型变量统计性描述

	变量符号	变量名称	处理方法	均值	最小值	最大值
因变量	pro_ser	服务业结构高级化	生产性服务业从业人员占服务业从业人员比重(%)	21.997	7.218	80.266
	high_end	高端服务业	高端服务业从业人员占服务业从业人员比重(%)	14.515	4.724	78.799
	match	生产性服务业与制造业匹配度	生产性服务业从业人员与制造业从业人员比重(%)	60.805	5.556	1021.428

续表

	变量符号	变量名称	处理方法	均值	最小值	最大值
自变量	cpgap	市级经济增长目标与所在省份差距(%)	市级经济增长目标与所在省份差额	2.147	−7.1	15
	cngap	市级经济增长目标与国家经济目标差距(%)	市级经济增长目标与国家经济目标差额	4.229	−5.1	17
	pngap	省级经济增长目标与国家经济目标差距(%)	省级经济增长目标与国家经济目标差额	2.082	−2.3	6.5
	fhgdp	经济增长目标硬约束性特征	当经济增长目标用语中出现“之上”“确保”“力争”等词汇时,设为1。当采用其他用词时设定为0	0.234	0	1
	fsgdp	经济增长目标软约束性特征	当经济增长目标用语中有“左右”“上下”和区间等词汇时,设为1。当采用其他用词时设定为0	0.110	0	1
	ctgdp	经济增长目标实际完成情况(%)	经济增长实际值与目标值的差额	0.549	−14.100	14.900
控制变量	rd	教育科技投入(%)	教育科技投入占GDP比重	0.937	0.047	76.414
	fd	财政自主权	财政预算内收入/财政预算内支出	0.513	0.055	1.541
	agdp	人均GDP(万元)	人均GDP	11.409	0.773	47.371
	urban	城市化水平	城市人口密度的对数	5.779	0.898	7.887
	scale	城市规模	城市总人口的对数	5.999	3.900	7.271
	car_vol	城市经济活力	货物运输总量的对数	8.873	4.663	13.226
	university	城市人力资本积累水平	城市高校数的对数	3.073	0	10.975
中介变量	scedu	财政支出行为	科教支出占财政支出比重	20.342	1.581	49.740
	fdi_ind	引资行为	限额以上外商投资工业企业工业总产值与地区GDP的比值(%)	16.802	0	63.780
	state_owned	投资行为	地级市国有企业数量	1.619	0	89
	create	创新	地级市专利申请数(百件/万人)	0.107	0	17.002
	t_h	土地资源错配	商服用地价格与工业用地价格之比	2.238	0.011	169.19

四、模型构建与实证结果分析

(一)模型构建

为了验证经济增长目标约束与服务业结构变动之间的关系,本文设立时间、地区双固定效应模型进行刻画,模型如下:

$$\text{upgrade}_{it} = \alpha_0 + \alpha_1 \text{gap} + \lambda_j \sum_{i=1}^{n} z_{jit} + \varepsilon_{it} \tag{Ⅰ}$$

$$\text{upgrade}_{it} = \alpha_0 + \alpha_1 \text{fgdp}_{it} + \lambda_j \sum_{i=1}^{n} z_{jit} + \varepsilon_{it} \tag{Ⅱ}$$

$$\text{upgrade}_{it} = \alpha_0 + \alpha_1 \text{ctgdp}_{it} \times \text{fgdp} + \lambda_j \sum_{i=1}^{n} z_{jit} + \varepsilon_{it} \tag{Ⅲ}$$

其中,i 表示城市,t 表示年份。upgrade 代表服务业结构高级化程度,本文使用了生产性服务业占服务业比重(pro_ser)和高端服务业占服务业比重(high_end)作为指标加以衡量。gap 代表“层层加码”,本文以市与省(cpgap)、省与国家(pngap)和市与国家(cngap)经济增长目标的差额进行度量。fgdp 代表经济增长目标的约束特征,本文采用了经济增长目标硬约束特征(fhgdp)以及经济增长目标软约束特征(fsgdp)进行度量。ctgdp 代表经济增长目标完成情况,具体变量设定方式在后续变量设定部分进行详细阐述。Z 代表城市规模、城市经济发展水平等其他一些控制变量的集合。

(二)工具变量选择

一个好的工具变量需要满足两个条件:与内生变量存在较强的相关性,以及与残差项无关的外生性。就相关性而言,首先,本文认为关乎经济增长的竞争逐步衍生为经济增长目标制定上的竞争。与自上而下的官员任命制方式相耦合的是政府的绩效评价,这种晋升激励方式致使地方官员聚焦于辖区经济绩效的提高,以此向上级展现自身执政能力。但其晋升的可能性在金字塔式的科层制结构下愈来愈小,为了更好地赢得上级的信赖与认可从而获得有限的“入场券”,同级之间存在着一种“较劲”。而经济增长目标的设定正是实现较高经济绩效的第一步。一般而言,设定的目标值越低,地方发展经济的压力与动力相对越小,则实际完成值也就越低。而较高的经济增长目标设定值能赋予地方发展经济一个正向的激励,无论完成与否,实际经济绩效相对更高。因此,为了更好在同级中脱颖而出,地方官员在制定经济增长目标时往往存在竞相加码的现象,即经济增长目标的设定存在竞争。其次,“标尺效应”的存在,使得经济增长目标的设定值会受到邻近地区目标设定值的影响。一般而言,地方经济增长目标值的设定往往受到上级政府目标设定值的影响,即存在着加码上级目标值的现象。但是在争夺有限“入场券”的过程中,同级之间也会互相影响。为了避免因“数字不如人”而输在起跑线上的情况发生,地方政府在制定经济增长目标的过程中不可避免地会受到临近地区或经济发展水平较接近地区的影响,即存在“标尺竞争”的典型特征。再者，在省内晋升职位固定且有限的情况下，地级市数量越多，则经济增长目标锦标赛越激烈。同省内部各地级市既具有地理位置上的邻近，也具有经济发展水平相接近的特征，加之省级层面官员职位数量的既定，如各省常务副省长职位只有一个，使得“标尺竞争”的特征更为明显。在晋升职位既定且有限的情况下，相比于地级市数量较少的省份而言，地级市数量越多，省内竞争越激烈。为了在省内同级竞争者之间达到“先声夺人”的效果以便更好地获得上级的认可，在经济增长目标的设定上，具有较强晋升动机的地级市官员，越有可能过高地加码经济目标。而无论地级市数量的多少，可晋升的职位数量大致相当，在地级市数量较少的省份，官员晋升的概率随着对手的减少而大大提升，晋升竞争相对缓和，经济目标加码的程度也就相对较低。

以样本区间内东部省份为例，表 4 报告了 2004—2014 年间，东部各省其地级市“层层加码”的均值。在本文所需选取的 230 个地级市样本中，东部省份包含福建省 9 个、浙江省 10 个、河北省 11 个、江苏省 13 个、辽宁省 14 个、山东省 17 个、广东省 21 个城市，即表 4 从左至右，所在省份地级市数量越来越多。可以发现，相较于包含地级市数量较少的福建、浙江、河北，拥有较多地级市的辽宁、山东、广东其经济增长目标“层层加码”现象更为严重，其均值从 1.960、1.523、1.583 变为 3.734、2.719、3.555。从一定程度上表明所在省份地级市数量越多，同省内部地级市之间竞争越激烈，因此具有较强晋升动机的目标制定者通常倾向于加码制定较高的目标任务，借此向上级传达“利好”信号并获得晋升机会。

表 4 东部各省内部经济增长目标“层层加码”均值

年份	福建	浙江	河北	江苏	辽宁	山东	广东
2004	1.889	2.100	1.682	2.269	2.964	4.000	3.262
2005	1.911	1.400	1.636	1.577	4.536	3.941	2.238
2006	2.278	3.150	1.545	2.462	4.000	4.676	3.738
2007	2.778	2.100	1.545	2.854	4.143	4.176	4.824
2008	3.011	2.200	2.409	2.238	4.786	3.647	5.333
2009	1.911	0.550	1.182	1.846	4.071	1.412	2.248
2010	2.333	0.500	1.409	2.731	5.143	1.765	3.238
2011	1.889	1.500	2.545	2.462	5.429	2.176	4.571
2012	1.889	1.700	1.773	1.923	3.536	1.853	3.952
2013	0.889	1.100	0.909	1.462	1.929	1.412	2.795
2014	0.778	0.450	0.773	1.385	0.536	0.853	2.905
2004—2014 均值	1.960	1.523	1.583	2.110	3.734	2.719	3.555
地级市数量	9	10	11	13	14	17	21

除此之外,该地级市所在省份的地级市数量还满足外生性要求。这是因为各省份地级市数量是一个固定值。本文样本期间为2004—2014,在此期间内,各省地级市数量基本保持不变,不会随着时间变动而发生改变。各省地级市的划分属于政治层面,取决于中央政府,不会受到各地级市经济变量的影响。所以固定不变的所在省份地级市个数对各地级市的环境污染状况不会产生直接影响。由此,选择地级市所在省内的地级市数量作为工具变量满足外生性要求。

鉴于本文研究样本为均衡面板数据,单独采用所在省份地级市数量作为工具变量会因固定效应而无法度量。基于此,本文参照 Nathan Nunn and Nancy Qian(2014)的研究中工具变量的设置方法,通过构造所在省份地级市数量(与个体变化有关)与未来两期国家经济增长目标的均值(与时间有关)的交互项,作为地级市经济增长目标"层层加码"的工具变量。其中,未来两期国家经济增长目标的均值由于时间上的差异并不会对当年地级市经济增长目标加码情况产生影响,也不会对当年污染物排放产生影响。且本文所度量的经济增长目标"层层加码"是一个相对值,是地级市经济增长目标设定值与所在省份经济增长目标设定值的差值,更多的反映省份内部的"加码"程度,与国家层面经济增长目标设定值关系甚微,所以不会对未来国家经济增长目标值的设定产生影响。由此,本文认为所在省份地级市数量与国家经济增长目标值的交互项是地级市经济增长目标"层层加码"合适的工具变量。

(二)实证结果与分析

1.经济增长目标"层层加码"与服务业结构升级实证结果分析

表5和表6给出了经济增长目标在省与市间、国与省间和国与市间"层层加码"对服务业结构升级作用的实证结果。无论是被解释变量为生产性服务业比重指标还是高端服务业比重指标,实证结果均显示:(1)经济增长目标在市对省、市对国家直接加码将不利于我国服务业结构升级。(2)经济增长目标在省与国家之间的加码对地级市服务业结构升级影响不显著。本文认为造成上述结果的原因主要是我国各省内部经济发展也存在着一定的不平衡性,各地级市对省经济增长目标的加码幅度是由各地的实际情况决定的,故省级层面经济增长目标的约束力度要远远弱于市级经济增长目标。这也在一定程度上反映了"层层加码"实际上是一种压力转嫁的机制,即更高一级的政府将实现经济增长目标的压力转嫁给下一级政府。政府压力的逐级扩大使得地方政府产生要素资源配置扭曲,将更多的资源配置到工业(制造业)部门,不利于地方服务业结构升级。表5与表6分别给出相应模型的工具变量检验结果,由 Durbin-Wu-Hausman(简称 DWH)的检验结果可知省市间加码与服务业结构优化间存在显著的内生性问题,表现为 DWH 值均在10%的显著水平上拒绝了不存在内生性问题的原假设。另外,经过检验本文的工具变量的选择不存在显著的弱工具变量问题,具体表现为在表5和表6中模型(5)的 Kleibergen-Paap rk Wald F(简称 RKF 检验)统计量均显著大于 Stock and Yogo(2002)审定的F值在10%偏误水平下的16.39的临界值。表5和表6中模型(4)工具变量回归结果大于15%偏误下的临界值8.96。工具变量的实证结果再次证明了正文部分的主要结论,即经济增长目标省市间加码幅度越大将越不利于地方服务业结构升级。表现为省市间加码变量系数在

1%的显著性水平下为负，结果与基础模型结果基本一致。实证结果为假说1提供了经验支持。

表5 “层层加码”对生产性服务业发展影响的实证结果

变量名	pro_ser			pro_ser_iv	
	(1)	(2)	(3)	(4)	(5)
cpgap	−0.2007*** (0.0631)			−7.1651*** (1.8421)	−3.2463*** (0.5304)
pngap		−0.0675 (0.0945)			
cngap			−0.1745*** (0.0564)		
fd	3.1613** (1.3433)	3.0104** (1.3867)	2.9505** (1.3573)		3.5961** (1.5430)
agdp	−0.1110*** (0.0339)	−0.1128*** (0.0343)	−0.1050*** (0.0339)		0.0839* (0.0441)
rd	0.7709*** (0.0352)	0.7793*** (0.0355)	0.7748*** (0.0344)		0.5997*** (0.0776)
urban	0.3190 (0.2423)	0.2924 (0.2413)	0.3353 (0.2423)		1.1778*** (0.2896)
university	−0.2619 (0.2042)	−0.2459 (0.2036)	−0.2644 (0.2039)		0.0350 (0.0447)
scale	3.3275 (2.1926)	3.3103 (2.2222)	3.2881 (2.2057)		3.5374** (1.3793)
car_vol	−0.0018 (0.1772)	0.0067 (0.1788)	0.0185 (0.1785)		0.0370 (0.2385)
固定效应	YES	YES	YES		
RKF 检验				13.2649	37.8764
DWH Chi2/值 (p-value)				161.913 (p=0.0000)	107.151 (p=0.0000)
Observations	2 468	2 468	2 468	2 526	2 468
R-squared	0.3628	0.3550	0.3624	0.2217	0.6163
Number of city	230	230	230	230	230

注：***、**、*分别代表在1%、5%和10%的显著性水平下通过了系数显著性检验。括号内为标准误，下同。

表6 “层层加码”对高端服务业发展影响的实证结果

变量名	high_end			high_end_iv	
	(4)	(5)	(6)	(4)	(5)
cpgap	−0.1114** (0.0529)			−2.8069*** (0.8427)	−1.4481*** (0.3376)
pngap		−0.0496 (0.0887)			
cngap			−0.0995** (0.0455)		
fd	1.4298 (1.0666)	1.3321 (1.0924)	1.3107 (1.0739)		1.3571 (0.9797)
agdp	0.0018 (0.0506)	0.0012 (0.0504)	0.0053 (0.0504)		0.1610*** (0.0280)
rd	0.7914*** (0.0393)	0.7963*** (0.0392)	0.7936*** (0.0398)		0.7136*** (0.0493)
urban	0.3031* (0.1731)	0.2898* (0.1726)	0.3129* (0.1733)		0.4523** (0.1841)
university	−0.2512* (0.1336)	−0.2427* (0.1338)	−0.2529* (0.1349)		0.0571** (0.0284)
scale	0.1845 (1.1525)	0.1722 (1.1627)	0.1621 (1.1576)		1.2401 (0.8761)
car_vol	−0.1885 (0.1635)	−0.1824 (0.1639)	−0.1769 (0.1651)		0.1233 (0.1514)
固定效应	YES	YES	YES	YES	YES
RKF检验				13.3051	37.6816
DWH Chi2/值 (p-value)				25.7248 (p=0.0000)	21.9411 (p=0.0000)
Observations	2 467	2 467	2 467	2 526	2 467
R-squared	0.2730	0.2704	0.2730	0.1029	0.6127
Number of city	230	230	230	230	230

2.经济增长目标约束特征与服务业结构升级实证结果分析

依上文所言,本文首先考察了经济增长目标约束强度对于服务业发展的作用。表7和表8给出了经济增长目标的约束强度对服务业发展水平影响的基本实证结果和相关工具变量检验结果。[①] 结果显示，当政府采取硬约束制定经济增长目标时，对服务业结构升级作用不显著，而当政府采取软约束形式制定经济增长目标时，却对服务业结构升级有显著正向影响。表现为无论被解释变量为生产性服务业比重指标还是高端服务业比重指标，软约束变量系数均显著为正。本文认为约束强度直接关系到地方政府对待经济增长目标的态度。硬约束通过给各级部门施压使得各级政府在重压下为了确保达成目标不得不将更多的财政资源配置到基础设施建设等生产活动，"挤占"了一部分的教育与科技投入，不利于地方服务业发展。

表 7 约束强度对生产性服务业发展影响的实证结果

变量名	pro_ser			pro_ser_iv			
	(1)	(2)	(3)	(4)	(5)	(6)	(7)
fhgdp	0.0406 (0.1417)		0.1335 (0.1475)	−787.5602 (5416.3171)	−41.6601** (20.4072)		
fsgdp		0.5126** (0.2264)	0.5510** (0.2353)			28.3317*** (5.5486)	17.6325*** (3.0419)
fd	3.0902** (1.3695)	3.0926** (1.3678)	3.0990** (1.3688)		0.5575 (4.8862)		2.9293* (1.6353)
agdp	−0.1153*** (0.0348)	−0.1109*** (0.0350)	−0.1106*** (0.0351)		−0.1092 (0.1235)		0.0426 (0.0438)
rd	0.7782*** (0.0360)	0.7731*** (0.0364)	0.7731*** (0.0367)		0.6101*** (0.2302)		0.5748*** (0.0842)
urban	0.2810 (0.2403)	0.2911 (0.2426)	0.2808 (0.2412)		1.8162* (1.1028)		0.4952** (0.2429)
university	−0.2438 (0.2038)	−0.2472 (0.2054)	−0.2469 (0.2049)		−0.0517 (0.1227)		0.0041 (0.0452)
scale	3.3273 (2.2141)	3.3562 (2.2496)	3.3646 (2.2476)		2.2683 (4.3577)		3.8513*** (1.4414)
car_vol	−0.0023 (0.1782)	0.0112 (0.1775)	0.0081 (0.1777)		0.9519 (0.5873)		0.1034 (0.2454)
固定效应	YES	YES	YES	YES	YES	YES	YES
Constant	0.8114 (13.4528)	0.4090 (13.6725)	0.4029 (13.6540)	123.1240 (499.7042)	15.2022 (29.9815)	43.8008*** (2.8587)	9.2144 (10.2369)

① 此处工具变量的选择与模型（Ⅰ）一致，即以各地级市所在省份地级市数量为工具变量。由Durbin-Wu-Hausman（简称 DWH）的检验结果可知约束特征与服务业结构升级间存在显著的内生性问题，表现为 DWH 值均在 10%的显著水平上拒绝了不存在内生性问题的原假设。另外，经过检验，本文的工具变量的选择不存在显著的弱工具变量问题，具体表现为在第一阶段中表 7 和表 8 中模型(6)和(7)的 Kleibergen-Paaprk Wald F（简称 RKF 检验）统计量均显著大于 Stock and Yogo(2002)审定的 F 值在 10%偏误水平下的 16.39 的临界值。其中，模型(4)和(5)未通过弱工具变量检验的主要原因是硬约束与被解释变量关系并不显著。

续表

变量名	pro_ser			pro_ser_iv			
	(1)	(2)	(3)	(4)	(5)	(6)	(7)
RKF 检验				.0191972	3.86981	24.4863	35.784
DWH Chi2/值 (p-value)				174.572 (p=0.0000)	127.443 (p=0.0000)	158.557 (p=0.0000)	114.039 (p=0.0000)
Observations	2 468	2 468	2 468	2 526	2 468	2 526	2 468
R-squared	0.3547	0.3567	0.3569	0.0015	0.1252	0.0162	0.5723
Number of city	230	230	230	230	230	230	230

表8　约束强度对高端服务业发展影响的实证结果

变量名	high_end			high_end_iv			
	(1)	(2)	(3)	(4)	(5)	(6)	(7)
fhgdp	−0.0158 (0.1398)		0.0874 (0.1403)	−287.1420 (1834.7735)	−18.8435* (9.8707)		
fsgdp		0.5862** (0.2615)	0.6114** (0.2666)			11.0910*** (2.7311)	7.8209*** (1.8320)
fd	1.3885 (1.0807)	1.3944 (1.0666)	1.3987 (1.0672)		−0.0175 (2.3292)		1.0614 (0.9882)
agdp	−0.0006 (0.0503)	0.0044 (0.0501)	0.0046 (0.0501)		0.0748 (0.0588)		0.1422*** (0.0265)
rd	0.7954*** (0.0390)	0.7897*** (0.0387)	0.7897*** (0.0386)		0.7178*** (0.1097)		0.7028*** (0.0508)
urban	0.2851* (0.1721)	0.2916* (0.1734)	0.2848 (0.1732)		0.7490 (0.5308)		0.1463 (0.1467)
university	−0.2414* (0.1332)	−0.2450* (0.1345)	−0.2448* (0.1341)		0.0180 (0.0584)		0.0434 (0.0273)
scale	0.1826 (1.1583)	0.2186 (1.1909)	0.2241 (1.1891)		0.6457 (2.0812)		1.3876 (0.8707)
car_vol	−0.1876 (0.1628)	−0.1742 (0.1636)	−0.1764 (0.1629)		0.5399* (0.2801)		0.1516 (0.1484)
固定效应	YES	YES	YES	YES	YES	YES	YES
Constant	10.8602 (7.3021)	10.4128 (7.4976)	10.4092 (7.4894)	58.7981 (169.6625)	15.1611 (14.2858)	29.6695*** (1.4094)	12.3913** (6.1853)
RKF 检验				0.0222	3.74605	24.5983	36.0164

续表

变量名	high_end			high_end_iv			
	(1)	(2)	(3)	(4)	(5)	(6)	(7)
DWH Chi2/值 (p-value)				30.0979 (p=0.0000)	27.4764 (p=0.0000)	23.3713 (p=0.0000)	21.6522 (p=0.0000)
Observations	2 467	2 467	2 467	2 526	2 467	2 526	2 467
R-squared	0.2702	0.2731	0.2732	0.0027	0.2312	0.3965	0.6089
Number of city	230	230	230	230	230	230	230

另外，本文还考察了在不同约束强度下，经济增长目标的超额完成对于服务业结构高级化影响的异质性结果。从表 9 和表 10 中经济增长目标完成情况对服务业结构优化的影响结果来看，经济增长目标的超额完成对生产性服务业与高端服务业发展的影响均显著为负。考虑到模型可能存在的内生性问题，此处同样使用工具变量法进行回归，结果与正文结果基本一致。[①] 另外，通过对比，本文发现在硬约束下完成经济增长目标比软约束下完成经济增长目标对服务业结构高级化的负向作用更大，表现为无论被解释变量为生产性服务业比重还是高端服务业比重，都有软约束变量与经济增长目标交乘项的系数要显著小于硬约束变量与经济增长目标交乘项的系数。由这一结果可知相比于硬约束手段，政府采取软约束的方式将更有利于地方服务业结构升级进程。造成这一结果的原因主要有：(1)向上负责的政治体制下，为完成经济增长目标，地方官员往往会选择引进短期收益较快的工业（制造业）企业，而风险大、收益期长生产性服务业和高端服务业发展将会被忽略，这一行为限制了地方的服务业结构升级。(2)目标驱动下，基础设施与政绩工程的重复建设使得大量资本主要集中在第二产业部门，不利于地方的服务业结构升级。(3)标尺竞争下，地方在进行土地财政通常偏好于引进工业（制造业）企业的地方政府将倾向于降低工业用地价格、抬高商服用地价格，成本的提高将不利于服务业发展。(4)服务业结构升级过程往往需要大量的人力、物力资本的投入，其中人力资本的积累过程非常缓慢，进行产业结构的优化优化意味着地方将经历较长的阵痛期，这一过程使得地方政府望而却步。此外，经济增长目标的确立通常是以一年为期限，短期目标的制定将会约束政府进行人力资本积累的长期行为，不利于服务业结构优化。故假说 2 成立。

---

① 此处工具变量的选择与模型（Ⅰ）一致，即以各地级市所在省份地级市数量为工具变量。由 Durbin-Wu-Hausman（简称 DWH）的检验结果可知超额完成情况与服务业结构优化间存在显著的内生性问题，表现为 DWH 值均在 10%的显著水平上拒绝了不存在内生性问题的原假设。另外，经过检验本文的工具变量的选择不存在显著的弱工具变量问题，具体表现为在第一阶段中除表 9 和表 10 中所有模型的 Kleibergen-Paap rk Wald F（简称 RKF 检验）统计量均显著大于 Stock and Yogo(2002)审定的 F 值在 10%偏误水平下的 16.39 的临界值。

表9 经济增长目标完成情况对生产性服务业发展影响实证结果

变量名	pro_ser			pro_ser_iv	
	(1)	(2)	(3)	(4)	(5)
ctgdp	−0.1261*** (0.0288)			−0.7764*** (0.0643)	−0.6339*** (0.0612)
ctgdp×fhgdp		−0.1416*** (0.0502)			
ctgdp×fsgdp			−0.1288*** (0.0489)		
fd	3.4507** (1.4829)	3.8937*** (1.4751)	3.7750** (1.4789)		2.1337** (0.9245)
agdp	−0.0560* (0.0301)	−0.0427 (0.0307)	−0.0373 (0.0306)		−0.1338*** (0.0251)
rd	0.8310*** (0.0774)	0.8327*** (0.0812)	0.8368*** (0.0815)		0.8186*** (0.0399)
urban	−0.0124 (0.0984)	−0.0117 (0.0985)	−0.0126 (0.0982)		−0.0136 (0.1267)
university	−0.0621*** (0.0211)	−0.0737*** (0.0215)	−0.0751*** (0.0213)		−0.0012 (0.0251)
scale	5.6549*** (2.1204)	5.9235*** (2.1279)	5.9078*** (2.1167)		4.2317*** (0.7973)
car_vol	0.7473*** (0.1598)	0.8463*** (0.1639)	0.8597*** (0.1655)		0.2421* (0.1305)
固定效应	YES	YES	YES	YES	YES
Constant	−17.9169 (12.5176)	−20.7979* (12.5085)	−20.8569* (12.4180)	52.8207*** (1.0316)	15.4255*** (5.9123)
RKF 检验				430.316	432.488
DWH Chi2/值 (p-value)				112.938 (p=0.0000)	99.4105 (p=0.0000)
Observations	2 468	2 468	2 468	2 526	2 468
R-squared	0.2478	0.2412	0.2396	0.8239	0.8662
Number of city	230	230	230	230	230

表 10　经济增长目标完成情况对高端服务业发展影响的实证结果

变量名	high_end			high_end_iv	
	(1)	(2)	(3)	(4)	(5)
ctgdp	−0.0575** (0.0251)			−0.3048*** (0.0556)	−0.2822*** (0.0546)
ctgdp×fhgdp		−0.1326*** (0.0443)			
ctgdp×fsgdp			−0.0732 (0.0529)		
fd	1.2889 (1.1451)	1.5465 (1.1462)	1.4364 (1.1522)		0.7061 (0.8255)
agdp	0.0983*** (0.0354)	0.1015*** (0.0350)	0.1068*** (0.0348)		0.0639*** (0.0224)
rd	0.8166*** (0.0313)	0.8167*** (0.0307)	0.8195*** (0.0304)		0.8111*** (0.0356)
urban	−0.0787 (0.0744)	−0.0782 (0.0749)	−0.0789 (0.0747)		−0.0792 (0.1131)
university	0.0141 (0.0174)	0.0105 (0.0179)	0.0084 (0.0178)		0.0410* (0.0224)
scale	2.1822* (1.2360)	2.2639* (1.2402)	2.2862* (1.2431)		1.5522** (0.7120)
car_vol	0.4374*** (0.1270)	0.4697*** (0.1266)	0.4871*** (0.1278)		0.2142* (0.1165)
固定效应	YES	YES	YES	YES	YES
Constant	−4.5484 (7.4075)	−5.4888 (7.4114)	−5.8076 (7.4015)	33.2019*** (0.8913)	15.1675*** (5.2792)
RKF 检验				429.895	432.055
DWH Chi2/值 (p-value)				9.74964 (p=0.0018)	21.0949 (p=0.0000)
Observations	2 467	2 467	2 467	2 526	2 467
R-squared	0.2212	0.2220	0.2195	0.6687	0.7330
Number of city	230	230	230	230	230

五、中间机制检验

基于理论分析和实证结果可知,在"官员竞争锦标赛"的激励模式与"向上负责"的政治体制下,地方政府逐渐形成以"GDP增长"为核心的经济治理观。为获得GDP的短期高速增长,制定以"层层加码"和"硬约束"为主要特征的经济增长目标常作为经济治理手段作用于地方经济。在经济增长目标的约束下,地方政府的财政收支、投资、引资行为将发生扭曲,导致要素资源的错配进而抑制服务业结构升级。在这一部分,本文将从影响服务业结构高级化的要素这一视角出发,验证经济增长目标约束对服务业结构优化升级的中间机制。

(一)财政资源

地方政府常将财政资源大量投入于基础设施和政绩工程的重复建设中。这一财政资源的配置行为将造成两个结果:一是地方官员在有限财政资源的约束下,为了确保经济增长目标的实现而在公共投资上选择短期收益较快的基础设施建设而忽视收益期较长的教育科技投资。服务业结构升级需要依托人力资本的积累和地区的技术创新,政府对教育科技投入的减少势必会不利于地方服务业结构高级化。二是地方政府在对基础设施建设进行大量投资的同时也催化了地方第二产业的发展。第二产业的发展需要依托生产性服务业。在全球化的背景下,地方生产性服务业发展滞后使得第二产业企业不得不寻求外部市场的生产性服务业供给。服务业外包对地方尚未成熟的生产性服务业的发展具有一定的挤出效应。故本文认为经济增长目标约束将通过扭曲地方政府的财政资源的配置阻碍地方服务业结构的优化升级。

(二)创新行为

经济增长目标约束对地方创新的影响主要可以从宏观和微观两个维度进行分析。从宏观维度,地方政府对科技研发活动的投资不足直接负向作用于地方创新,进而不利于地方服务业结构升级。从微观维度,一是地方政府对工业的青睐直接打击企业家对高端服务业的投资热情,不利于地方创新。二是服务业的高生产成本挤占了其研发投入,导致企业创新能力的下降,从而逐渐使地方高端服务业失去市场竞争力。

(三)土地资源

依上文所言,地方政府通常会采用降低工业用地价格的方式吸引更多外资,而分税制改革后,事权和财权的不对等常常使得地方政府需要通过土地财政的方式获得财政收入以维持地方经济活动。工业用地的低价格限制使得地方政府不得不选择提高商服用地价格这一方式以维持财政收入的稳定。这一机制下,服务业成本的抬高不仅打击了企业家投资服务业的积极性,更"挤占"了服务业企业的创新研发投入,影响其创新能力,降低了本土服务业的市场竞争力,不利于服务业发展。此外,服务业的贷款壁垒比容易获得土地的工业企业更高，融资约束的增强也将不利于服务业发展。

(四)引资行为

高端服务业的发展具有风险大、收益期长的特点。这一特征与地方政府为确保完成短期增长目标的经济治理目标相悖，故地方政府为获得短期经济的高速增长，在吸引外资方面，常常偏好于引入风险小、能够带来短期经济高速增长的制造业企业和工业企业。但外资企业有限，地方政府在引入外资企业时往往需要面临与其他地市的竞争。地方政府往往采取两种手段与其他地市竞争，一是完善基础设施建设，二是降低工业用地价格。这两种手段都将不利于服务业结构优化。首先，如上所述，基础设施建设会“挤占”地方教育科技投入进而不利于地方服务业结构优化；其次，降低工业用地价格将降低工业企业经营成本，鼓励更多的企业家进行工业投资活动，企业家们对服务业发展热情的减少将不利于地方服务业发展。

(五)投资行为

本文认为公共投资对服务业结构优化的负向作用主要体现在两个方面。一方面，如上文所述，为追逐 GDP 增长，地方政府往往更偏好于选择“投资周期短、见效快、风险低、不确定性小”的生产性投资，放弃“投资周期长、见效慢、风险高、不确定性大”的创新性投资(Holmstrom，1989；吴延东，2017)。创新性投资的减少将使得地方企业创新力不足从而不利于地方生产性服务业发展。另一方面，地方政府的投资行为大多依靠垄断国有企业来运作和实施(马草原和李成，2013；褚敏和靳涛，2013)。过度依赖国有企业将不可避免地造成资本等生产要素过度倾向于国有经济。地方国有经济多数是资金密集型的产业类型，资本的过度积累既加剧国有企业的产能过剩程度，也挤压了生产性(高端)服务业的生存空间。

基于上述分析，对于以上几个中间机制代理变量的选择，本文做以下考量：(1)财政资源。对于财政资源错配这一变量，本文将选择地方教育科技支出占财政支出比重这一指标加以刻画。(2)创新行为。对于地区的创新行为，本文使用地方发明专利数量度量。(3)土地资源错配。本文将使用商服用地价格与工业用地价格之比进行度量。(4)引资行为。本文将使用限额以上外商投资工业企业工业总产值与地区 GDP 的比值这一指标进行刻画。(5)投资行为。本文使用地方国有上市企业数量这一指标进行刻画。由于地级市层面国有企业数量数据的不可得性，本文使用国泰安上市公司数据库，将 A 股市场中国有股比例超过 30%的公司处理成国有企业，否则为非国有企业。中间机制检验部分实证结果如表 11 和表 12 所示。实证结果显示，从财政资源行为维度来看，经济增长目标约束使得地方政府对教育科技的投入减少不利于地方服务业结构升级；从引资行为来看，经济增长目标约束使得地方政府偏好于引入工业企业，不利于地方服务业结构升级；从投资行为来看，经济增长目标约束使得地方政府偏好于引入工业企业，这一行为将不利于地方服务业结构升级；从土地资源的错配行为来看，硬约束和“层层加码”将提高商服用地价格进而不利于服务业结构优化升级；从创新行为来看，软约束更有利于地方创新水平的提高，而创新对服务业结构优化的促进作用主要体现在促进高端服务业发展。

表11 中间机制检验结果(1)

变量名	财政资源	创新		土地资源错配	引资行为	投资行为
	(1)	(2)	(3)	(4)	(5)	(6)
	pro_ser	pro_ser	high_end	pro_ser	pro_ser	pro_ser
scedu	0.0658** (0.0320)					
create		−0.0411 (0.1546)	0.2486# (0.1700)			
t_h				−0.1596*** (00576)		
fdi_ind					−0.0021* (0.0012)	
state_owned						−0.0968*** (0.0238)
fd	2.8762** (1.3971)	3.0931** (1.3707)	1.3605* (0.8181)	2.1770* (1.2122)	3.0776*** (0.8205)	3.0269** (1.3743)
agdp	−0.1127*** (0.0349)	−0.1155*** (0.0349)	0.0006 (0.0247)	−0.1090* (0.0423)	−0.1134*** (0.0248)	−0.1120*** (0.0348)
rd	0.7797*** (0.0364)	0.7781*** (0.0359)	0.7958*** (0.0360)	0.7752*** (0.0315)	0.7750*** (0.0360)	0.7771*** (0.0344)
urban	0.2764 (0.2470)	0.2851 (0.2424)	0.2793 (0.1955)	0.2172 (0.1733)	0.2685 (0.2005)	0.2727 (0.2450)
university	−0.2775 (0.2067)	−0.2453 (0.2038)	−0.2332* (0.1319)	−0.1308 (0.1840)	−0.1525 (0.1427)	−0.2478 (0.2032)
scale	3.1059 (2.2962)	3.3271 (2.2155)	0.1735 (0.7216)	1.5776 (2.4808)	3.1893*** (0.7262)	3.0862 (2.2935)
car_vol	0.0133 (0.1793)	0.0002 (0.1772)	−0.1963 (0.1302)	−0.0495 (0.1350)	0.0068 (0.1415)	0.0655 (0.1749)
固定效应	YES	YES	YES	YES	YES	YES
Constant	0.8522 (13.8037)	0.7831 (13.4776)	10.9916** (4.3799)	10.8422 (11.754)	1.6492 (4.4074)	2.0407 (13.9195)
Observations	2 468	2 468	2 467	1 774	2 394	2 468
R-squared	0.3575	0.3547	0.2709	0.2797	0.3628	0.3620
Number of city	230	230	230	227	229	230

表 12　中间机制检验结果(2)

变量名	财政资源		创新		土地资源错配		引资行为		投资行为	
	(1)	(2)	(3)	(4)	(5)	(6)	(7)	(8)	(9)	(10)
	scedu	scedu	create	create	t_h	t_h	fdi_ind	fdi_ind	state_owned	state_owned
fsgdp	0.2451 (0.2004)		0.0498** (0.0251)		0.0354 (0.5047)		5.0511 (3.6451)		−0.9170*** (0.2186)	
fhgdp	−0.1833 (0.1534)		0.0309 (0.0192)		0.3414# (0.2337)		5.4119* (2.8088)		0.0173 (0.1674)	
cpgap		−0.4019*** (0.0370)		−0.0040 (0.0048)		0.1664* (0.0812)		1.8494*** (0.7142)		0.0897** (0.0416)
fd	3.2156*** (0.8147)	3.3682*** (0.7945)	0.1178 (0.1020)	0.1174 (0.1021)	6.8208** (3.3445)	6.9814** (3.3984)	−3.0182 (14.7741)	−3.0536 (15.7632)	−0.6406 (0.8890)	−0.6664 (0.8916)
agdp	−0.0376 (0.0246)	−0.0309 (0.0240)	−0.0044 (0.0031)	−0.0047 (0.0031)	0.06190 (0.0773)	0.0621 (0.0721)	−0.8832** (0.4477)	−1.5804*** (0.4069)	0.0266 (0.0269)	0.0326 (0.0269)
rd	−0.0274 (0.0359)	−0.0390 (0.0350)	−0.0020 (0.0045)	−0.0018 (0.0045)	−0.0042 (0.0168)	−0.0041 (0.0121)	−0.2355 (0.6495)	−0.2365 (0.6912)	−0.0012 (0.0391)	−0.0069 (0.0392)
urban	0.1380 (0.1951)	0.1893 (0.1900)	0.0165 (0.0244)	0.0191 (0.0244)	0.25216 (0.6805)	0.25233 (0.6321)	2.3445 (3.6169)	3.8231* (2.2504)	−0.1332 (0.2129)	−0.1351 (0.2132)
university	0.5071*** (0.1312)	0.4735*** (0.1280)	−0.0327** (0.0164)	−0.0329** (0.0164)	0.06876 (0.2718)	0.06832 (0.2732)	38.8175*** (2.4302)	0.9468** (0.4194)	−0.0333 (0.1432)	−0.0312 (0.1437)
scale	3.3419*** (0.7189)	3.3398*** (0.7009)	0.0440 (0.0900)	0.0396 (0.0901)	2.4281 (2.1228)	2.4221 (2.1321)	−65.3846*** (13.0027)	−84.8306*** (13.4703)	−2.5253*** (0.7845)	−2.4720*** (0.7866)
car_vol	−0.2068 (0.1296)	−0.2197* (0.1262)	0.0331** (0.0162)	0.0329** (0.0162)	−16.5539 (13.1637)	−16.5098 (13.1621)	21.9908*** (2.5071)	30.3313*** (2.0947)	0.6653*** (0.1414)	0.6882*** (0.1417)
固定效应	YES	YES	YES	YES	YES	YES	YES	YES	YES	YES
Constant	−0.9484 (4.3648)	−0.4383 (4.2536)	−0.5503 (0.5464)	−0.5144 (0.5465)	46.523 (28.232)	51.1322 (42.8231)	165.1893** (79.3339)	248.0946*** (78.9398)	13.4796*** (4.7626)	12.7051*** (4.7738)
Observations	2 468	2 468	2 468	2 468	1 774	1 774	2 394	2 394	2 468	2 468
R-squared	0.2024	0.2413	0.0108	0.0087	0.0144	0.0152	0.2241	0.0983	0.1277	0.1222
Number of city	230	230	230	230	227	227	229	229	230	230

六、稳健性检验

除在正文中使用工具变量法处理模型中可能存在的内生性问题,本文在这一部分将采用系统GMM法进一步检验经济增长目标约束对服务业结构优化的影响,表13给出了系统GMM检验结果。结果显示,从经济增长目标约束特征的不同维度看,其对服务业结构升级的影响依然十分显著,即经济增长目标的硬约束特征、"层层加码"和超额完成均不利于服务业结构优化,这也为本文的研究结论提供了稳健性支持。

表13 系统GMM估计结果

变量名	(1)	(2)	(3)	(4)	(5)	(6)	(7)	(8)
	pro_ser	pro_ser	pro_ser	pro_ser	pro_ser	pro_ser	pro_ser	pro_ser
L.pro_ser	0.4932*** (0.0384)	0.4207*** (0.0382)	0.5815*** (0.0583)	0.3281*** (0.0473)	0.3538*** (0.1064)	0.3273*** (0.0494)	0.4260*** (0.1319)	0.3287*** (0.0382)
cpgap	−1.4584*** (0.2361)	−0.8038*** (0.2589)						
ctgdp			−0.5756*** (0.1169)	−0.4857*** (0.1740)				
ctgdp_fsgdp					−0.8633 (0.7276)	−0.1010 (0.8509)		
ctgdp_fhgdp							−3.6373*** (0.8618)	−0.4013** (0.1782)
fd		6.7868*** (2.2129)		8.7057*** (2.5331)		8.6377** (3.7720)		9.0316*** (2.3119)
agdp		0.0615 (0.0522)		0.0650 (0.0703)		−0.1340 (0.1515)		0.1117** (0.0434)
rd		0.8691*** (0.0349)		0.8692*** (0.0227)		0.9139*** (0.0392)		0.8647*** (0.0151)
urban		0.4061 (0.2834)		0.1693 (0.3040)		−1.3688 (1.8356)		−0.6082*** (0.1678)
university		−0.0212 (0.0523)		0.1070 (0.0884)		−0.0808 (0.0668)		−0.0075 (0.0321)
scale		2.1047 (1.5533)		4.6890** (1.8207)		7.9159*** (1.9162)		9.2323*** (1.5259)
car_vol		0.1889 (0.1882)		0.1528 (0.1747)		0.3463 (0.2944)		0.0111 (0.1429)
Constant	3.8736 (2.4149)	−15.6991* (9.5251)	3.0954 (2.9793)	−33.6218*** (10.3011)	−1.1175 (4.8562)	−29.5146*** (9.3116)	13.9710*** (3.3399)	−45.7318*** (8.6070)
AR(1)	0.0005	0.0000	0.0001	0.0001	0.0429	0.0157	0.0021	0.0000
AR(2)	0.1135	0.3239	0.2123	0.2437	0.1130	0.4929	0.3450	0.5486

续表

变量名	(1)	(2)	(3)	(4)	(5)	(6)	(7)	(8)
	pro_ser	pro_ser	pro_ser	pro_ser	pro_ser	pro_ser	pro_ser	pro_ser
Sargan 检验	0.4445	0.1725	0.7250	0.1771	0.2684	0.1645	0.2232	0.2A087
样本数	1 376	1 356	1 146	1 356	1 146	1 134	1 146	1 356
城市数	230	230	230	230	230	230	230	230

接下来，本文还从变量和样本两个方面考虑了模型的稳健性问题。从变量这一角度来看，本文在正文部分对服务业结构高级化的刻画使用了生产性服务业从业人员比重和高端服务业从业人员比重作为主要指标，这一指标并不能反映城市生产性服务业与制造业的合理匹配情况。为了进一步分析，本文使用生产性服务业从业人员与制造业从业人员之比作为新指标验证经济增长目标与服务业结构优化的实证结论，附表1给出这一结果，结论与正文部分基本一致，即经济增长目标约束不利于地区服务业结构升级。

从样本层面，本文将样本分为经济较为发达的东部地区样本和经济较不发达的中西部地区样本分别进行稳定性检验，回归结果如附表2与附表3所示。实证结果显示结论与正文结果基本一致，故可验证本文实证结果较为稳健。

七、结论与建议

在我国政府“垂直治理”的层级制结构下，经济增长目标作为我国政府治理的手段之一被广泛使用。本文从经济增长目标约束这一全新视角出发去解释“中国经济高速增长与服务业结构升级滞后并存”的问题，为这一领域的研究提供了新证据。基于我国230个地级市2004年到2014年的面板数据，本文以理论分析为基础，通过实证研究分别从层层加码、约束特征、经济增长目标完成情况三个维度分别分析了经济增长目标对我国服务业结构升级的作用，研究主要得出以下几个结论：(1)从“层层加码”这一维度来看，实证结果显示省市间经济增长目标的加码对服务业结构升级的影响显著为负，而国省间经济增长目标的加码对服务业结构升级的影响作用并不显著。即“层层加码”对经济增长目标的影响主要通过省市间加码实现，省市间经济增长目标的加码幅度越大将越不利于地方服务业结构升级。(2)从约束特征这一维度来看，不同的约束特征下，经济增长目标对地方服务业结构优化的作用结果具有较强的异质性。当政府采取“之上”“确保”和“力争”等硬约束方式制定经济增长目标时，将会不利于地方服务业结构的优化进程；而当政府采取“上下”“左右”“区间”等“留有余地”的方式制定经济增长目标时，将对地方服务业结构的优化具有明显的促进作用。(3)从经济增长目标完成情况来看，经济增长目标的超额完成将不利于地方服务业结构的优化，并且如果一个城市采取了“之上”“确保”或者“力争”等具有硬约束特征的方式设置经济增长目标时，超额完成的负向作用更甚。(4)从中间机制的实证结果来看，经济增长目标“层层加码”幅度的增大或约束力度的增强都显著增加了地方资源配置的扭曲效应进而不利于地方服务业结构的优化升级。过高过强的经济增长目标使得地方政府为完成经济增长目标不得不选择削减地方教育、科技投入和引入更多的工业企业等行为,而这些行为将都不利于地区服务业结构的升级。上述实证结果在考虑内生性问题和稳健性问题后仍较为稳健。

基于上述结论,本文得到促进地方服务业结构优化升级的以下几点启示:(1)"层层加码"使得更低层级的政府面临更高的经济增长目标压力,不利于地方服务业结构升级,故更高层级政府在制定经济增长目标时要考虑到层级制结构下可能出现的"层层加码"的现象,避免制定过高的初始目标。(2)无论是国家还是地方在制定经济增长目标时都应"留有余地",比起使用"力争""确保""之上"等硬约束方式制定经济增长目标,使用"左右""上下"等留有余地的软约束方式将使得政府更有余力考虑其他政策目标的实现,更有利于地方服务业结构的优化升级。(3)地方服务业结构的优化过程是一个长期而缓慢的过程,为促进地方服务业结构优化,地方政府在进行公共投资时需要重视对教育科技项目的投资,而在制定引资政策时也要注意多引进一些生产性服务业和高端服务业企业。(4)目前,中国政府的经济目标体系中存在服务业发展目标缺失现象,虽然服务业增加值比重这一目标近年来被纳入政府考核体系,但服务业内部的结构优化目标却仍被忽视。这一缺失,使得地方政府在强调转型升级时却不知如何转,从何转(刘志彪和陈柳,2014),存在"脱实向虚"风险。另外,在明确的经济增长目标约束下,地方政府将做出有悖于服务业发展的要素资源错配行为。本文认为服务业发展目标具有显性特征,弱化经济增长目标考核、将生产性(高端)服务业比重纳入中国现有的政府经济目标体系将更适合当前经济"新常态"趋势。

参考文献:

陈继勇、盛杨怿,2009:《外国直接投资与我国产业结构调整的实证研究——基于资本供给和知识溢出的视角》,《国际贸易问题》第1期。

陈志勇、陈莉莉,2011:《财税体制变迁、"土地财政"与经济增长》,《财贸经济》第12期。

褚敏、靳涛,2013:《为什么中国产业结构升级步履迟缓——基于地方政府行为与国有企业垄断双重影响的探究》,《财贸经济》第3期。

丁志国、赵宣凯、苏治,2012:《中国经济增长的核心动力——基于资源配置效率的产业升级方向与路径选择》,《中国工业经济》第9期。

杜传忠、郭树龙,2011:《中国产业结构升级的影响因素分析——兼论后金融危机时代中国产业结构升级的思路》,《广东社会科学》第4期。

付宏、毛蕴诗、宋来胜:《创新对产业结构高级化影响的实证研究——基于2000—2011年的省际面板数据》,《中国工业经济》第9期。

傅勇、张晏,2007:《中国式分权与财政支出结构偏向:为增长而竞争的代价》,《管理世界》第3期。

高远东、张卫国、阳琴,2015:《中国产业结构高级化的影响因素研究》,《经济地理》第6期。

郭志勇、顾乃华,2013:《制度变迁、土地财政与外延式城市扩张——一个解释我国城市化和产业结构虚高现象的新视角》,《社会科学研究》第1期。

胡鞍钢,2017:《中国进入后工业化时代》,《北京交通大学学报(社会科学版)》第1期。

江小涓,2005:《产业结构优化升级:新阶段和新任务》,《财贸经济》第4期。

江小涓,2011:《服务业增长:真实含义、多重影响和发展趋势》,《经济研究》第4期。

刘志彪、陈柳,2014:《政策标准、路径与措施:经济转型升级的进一步思考》,《南京大学学报(哲学.人文科学.社会科学)》第5期。

刘志彪、张杰,2009:《从融入全球价值链到构建国家价值链:中国产业升级的战略思考》,《学术月刊》第9期。

马草原、李成,2013:《国有经济效率、增长目标硬约束与货币政策超调》,《经济研究》第7期。

梅国平、龚海林,2013:《环境规制对产业结构变迁的影响机制研究》,《经济经纬》第2期。

宋凌云、王贤彬、徐现祥,2013:《地方官员引领产业结构变动》,《经济学(季刊)》第1期。

孙军,2008:《需求因素、技术创新与产业结构演变》,《南开经济研究》第5期。

谭洪波、郑江淮,2012:《中国经济高速增长与服务业滞后并存之谜——基于部门全要素生产率的研究》,《中国工业经济》第9期。

陶然、袁飞、曹广忠,2007:《区域竞争、土地出让与地方财政效应:基于1999～2003年中国地级城市面板数据的分析》,《世界经济》第10期。

涂正革,2008:《环境、资源与工业增长的协调性》,《经济研究》第2期。

吴延兵,2017:《中国式分权下的偏向性投资》,《经济研究》第6期。

张国强、温军、汤向俊,2011:《中国人力资本、人力资本结构与产业结构升级》,《中国人口.资源与环境》第10期。

张军、高远、傅勇、张弘,2007:《中国为什么拥有了良好的基础设施?》,《经济研究》第3期。

张若雪,2010:《人力资本、技术采用与产业结构升级》,《财经科学》第2期。

赵昌文、许召元、朱鸿鸣,2015:《工业化后期的中国经济增长新动力》,《中国工业经济》第6期。

钟茂初、李梦洁、杜威剑,2015:《环境规制能否倒逼产业结构调整——基于中国省际面板数据的实证检验》,《中国人口·资源与环境》第8期。

周黎安,2007:《中国地方官员的晋升锦标赛模式研究》,《经济研究》第7期。

周黎安、刘冲、厉行、翁翕,2015:《"层层加码"与官员激励》,《世界经济文汇》第1期。

周叔莲、王伟光,2001:《科技创新与产业结构优化升级》,《管理世界》第5期。

Baumol, W.J., 1967, "Macroeconomics of Unbalanced Growth: The Anatomy of Urban Crisis", American Economic Review, 57(3): 415－426.

Besley, T., and Case, A., 1995, "Incumbent Behavior: Vote-Seeking, Tax-Setting, and Yardstick Competition", American Economic Review, 85(1): 25－45.

Camilla,J.,2002,"Foreign Direct Investment,Industrial Restructuring and the Upgrading of Polish Exports",Applied Economics,34(2):207—217.

Carlsson,B.,1989,"The evolution of manufacturing technology and its impact on industrial structure:An international study",Small Business Economics,1(1):21—37.

Ciccone,A.Papaioannou,E.,2009,"Human Capital,The Structure of Production, and Growth",The Review of Economics and Statistics,91(1):66—82.

Hashi,I.,and Toci,V.Z.,2010,"Financing Constraints,Credit Rationing and Financing Obstacles:Evidence from Firm-Level Date in South-Eastern Europe",Economic and Business Review,12(1):29—60.

Holmstrom,B.,1989,"Agency Costs and Innovation",Journal of Economic Behavior and Organization,12(3):305—327.

Lahorgue,M.A.,and Cunha,N.D.,2004,"Introduction of innovations in the industrial structure of a developing region:The case of the Porto Alegre Technopole 'Home-Brokers' Project",International Journal of Technology Management & Sustainable Development,2(3):191—204.

Markusen,J.R.,and Venables,A.J.,1997,"Foreign direct investment as a catalyst for industrial development",European Economic Review,43(2):335—356.

Nunnz,N.,and Qian,N.,2014,"U.S.Food Aid and Civil Conflict",American Economic Review,104(6):1630—1666.

Oates,W.E.,1972,"Fiscal Federalism",New York:Harcourt Brace Jovanovich.

Romer,P.M.,1999,"Endogenous Technological Change",Journal of Political Economy,98(98):71—102.

Saeed,A.,2009,"Does Nature of Financial Institutions Matter to Firm Growth in Transition Economies",Eurasian Journal of Business and Economics,2(3):73—90.

Schmookler,J.,1999,Invention and Economic Growth,Harvard University Press.

Stock,J.H.,Yogo,M.,2002,"Testing for Weak Instruments in Linear IV Regression",Nber Technical Working Papers,14(1):80—108.

Levinson A.,and Taylor,M.S.,2008,"Unmasking the pollution haven effect" International Economic Review,49(1):223—254.

Zwemuller,J.,and Brunner J.K.,2010,"Innovation and Growth With Rich and Poor Consumers",Metroeconomica,56(2):233—262.

附表 1 更改被解释变量实证结果

变量名	(1)	(2)	(3)	(4)	(5)	(6)	(7)	(8)	(9)	(10)	(11)	(12)
	match	match	match	match	match	match	match	match	match	match	match	match
cpgap	0.0316 (0.5531)	0.4181 (0.4793)										
pngap	−2.1716** (0.9233)	−2.1138*** (0.7657)										
fhgdp			−3.3361* (1.7220)	−2.5238* (1.3231)								
fsgdp					3.2793 (3.2549)	0.6380 (1.9631)						
ctgdp							−0.8028** (0.3499)	−0.6643** (0.2831)				
ctgdp×fhgdp									−1.5359* (0.9273)	−0.4996 (0.5951)		
ctgdp×fsgdp											−0.1140 (0.8301)	−0.8288* (0.4807)
fd		−6.8346 (7.8326)		−3.2475 (7.3552)		−3.1262 (7.3749)		−4.0294 (7.4626)		−2.5419 (7.4662)		−2.9799 (7.3904)
agdp		0.4288* (0.2471)		0.4463* (0.2574)		0.4523* (0.2581)		0.4146 (0.2556)		0.4370* (0.2570)		0.4469* (0.2564)
rd		8.8378*** (0.1195)		8.6666*** (0.0913)		8.6673*** (0.0892)		8.6808*** (0.0937)		8.6743*** (0.0943)		8.6984*** (0.0956)
urban		−1.7357** (0.8006)		−2.3811 (2.2164)		−2.5773 (2.2709)		−2.4484 (2.2735)		−2.5380 (2.2421)		−2.5515 (2.2567)
university		0.9267*** (0.2585)		1.0279 (1.3098)		1.0349 (1.3008)		0.9337 (1.2817)		0.9938 (1.3025)		1.0061 (1.3083)

续表

变量名	(1)	(2)	(3)	(4)	(5)	(6)	(7)	(8)	(9)	(10)	(11)	(12)
	match	match	match	match	match	match	match	match	match	match	match	match
scale		−18.8845* (10.1207)		−18.5364* (10.2595)		−18.3830* (10.2485)		−18.5989* (10.3826)		−18.4202* (10.2957)		−18.8179* (10.3856)
car_vol		−2.2415* (1.2064)		−2.7962 (1.8849)		−2.8577 (1.8613)		−2.8079 (1.8542)		−2.8255 (1.8796)		−2.8469 (1.8787)
固定效应	YES	YES	YES	YES	YES	YES	YES	YES	YES	YES	YES	YES
Constant	65.2598*** (1.9464)	194.4894*** (58.7167)	57.5962*** (1.4971)	194.8679*** (61.9624)	56.5274*** (1.6828)	194.8197*** (61.8577)	58.7722*** (1.6874)	197.5135*** (62.7700)	57.9671*** (1.4840)	194.8474*** (62.1441)	56.7748*** (1.6698)	197.3363*** (62.6368)
Observations	2 526	2 468	2 526	2 468	2 526	2 468	2 526	2 468	2 526	2 468	2 526	2 468
R-squared	0.0047	0.1976	0.0498	0.2252	0.0492	0.2244	0.0513	0.2264	0.0516	0.2248	0.0485	0.2250
Number of city	230	230	230	230	230	230	230	230	230	230	230	230

附表 2 东部地区实证结果

变量名	(1)	(2)	(3)	(4)	(5)	(6)	(7)	(8)	(9)	(10)	(11)	(12)
	pro_ser	pro_ser	pro_ser	pro_ser	pro_ser	pro_ser	pro_ser	pro_ser	pro_ser	pro_ser	pro_ser	pro_ser
cpgap	−0.2598** (0.1168)	−0.2408** (0.1121)										
fhgdp			−0.8471** (0.3422)	−0.3096 (0.3092)								
fsgdp					2.6161*** (0.3925)	1.4797*** (0.3357)						
ctgdp							−0.3035*** (0.0629)	−0.1120** (0.0542)				

续表

变量名	(1)	(2)	(3)	(4)	(5)	(6)	(7)	(8)	(9)	(10)	(11)	(12)
	pro_ser	pro_ser	pro_ser	pro_ser	pro_ser	pro_ser	pro_ser	pro_ser	pro_ser	pro_ser	pro_ser	pro_ser
ctgdp×fhgdp									−0.3869***	−0.2108***		
									(0.0799)	(0.0778)		
ctgdp×fsgdp											−0.3932***	−0.1509*
											(0.1254)	(0.0807)
fd		−3.2492		−2.4124		−2.2830		−2.8940		−2.3910		−2.3591
		(2.1758)		(2.3087)		(2.2672)		(2.3770)		(2.3422)		(2.3393)
agdp		−0.1318***		−0.0591		−0.0481		−0.0692*		−0.0622*		−0.0564
		(0.0432)		(0.0358)		(0.0366)		(0.0359)		(0.0356)		(0.0359)
rd		1.6110***		2.7944***		2.6175***		2.7013***		2.8013***		2.8070***
		(0.3733)		(0.3564)		(0.3616)		(0.3731)		(0.3599)		(0.3616)
urban		0.4700*		0.0605		0.0548		0.0320		0.0535		0.0480
		(0.2430)		(0.1059)		(0.1155)		(0.1039)		(0.1068)		(0.1061)
university		−0.5690*		−0.0613*		−0.0632*		−0.0603*		−0.0650*		−0.0587*
		(0.2932)		(0.0329)		(0.0334)		(0.0327)		(0.0329)		(0.0326)
scale		1.4709		7.9496		6.9023		7.6917*		7.7980		7.8087
		(1.7622)		(4.8091)		(4.2824)		(4.5665)		(4.7457)		(4.7433)
car_vol		0.4309		1.4384***		1.3825***		1.2906***		1.4088***		1.4282***
		(0.2930)		(0.3264)		(0.3140)		(0.3127)		(0.3252)		(0.3273)
固定效应	YES	YES	YES	YES	YES	YES	YES	YES	YES	YES	YES	YES
Constant	25.8973***	13.2976	26.9379***	−34.4302	26.4856***	−27.8577	26.9443***	−30.8323	26.8657***	−33.1808	26.7746***	−33.5582
	(0.3088)	(10.5975)	(0.0543)	(27.4357)	(0.0477)	(24.4418)	(0.0292)	(26.0423)	(0.0128)	(27.1261)	(0.0092)	(27.0811)
Observations	1 078	1 070	1 078	1 070	1 078	1 070	1 078	1 070	1 078	1 070	1 078	1 070
R-squared	0.3783	0.4113	0.0077	0.2329	0.0624	0.2505	0.0589	0.2382	0.0137	0.2359	0.0108	0.2334
Number ofcity	98	98	98	98	98	98	98	98	98	98	98	98

附表 3　中西部地区实证结果

变量名	(1)	(2)	(3)	(4)	(5)	(6)	(7)	(8)	(9)	(10)	(11)	(12)
	pro_ser	pro_ser	pro_ser	pro_ser	pro_ser	pro_ser	pro_ser	pro_ser	pro_ser	pro_ser	pro_ser	pro_ser
cpgap	−0.1421*	−0.0913										
	(0.0737)	(0.0642)										
fhgdp			−0.0196	0.0490								
			(0.2065)	(0.1878)								
fsgdp					1.1650**	0.6761*						
					(0.5203)	(0.3466)						
ctgdp							−0.1600***	−0.1036***				
							(0.0310)	(0.0310)				
ctgdp×fhgdp									−0.2057***	−0.1214**		
									(0.0518)	(0.0594)		
ctgdp×fsgdp											−0.0763	−0.0862
											(0.1092)	(0.0560)
fd		5.4672***		5.7141***		5.7390***		5.7531***		5.9392***		5.7423***
		(1.8898)		(2.0252)		(2.0216)		(2.0119)		(2.0190)		(2.0215)
agdp		−0.0632		0.0087		0.0101		−0.0126		0.0015		0.0071
		(0.0571)		(0.0467)		(0.0472)		(0.0467)		(0.0472)		(0.0466)
rd		0.7589***		0.7858***		0.7775***		0.7855***		0.7845***		0.7878***
		(0.0200)		(0.0402)		(0.0402)		(0.0383)		(0.0392)		(0.0398)
urban		0.2126		−0.0693		−0.0332		−0.0568		−0.0694		−0.0666
		(0.3790)		(0.1619)		(0.1663)		(0.1643)		(0.1644)		(0.1640)
university		−0.1166		−0.0573**		−0.0520*		−0.0365		−0.0501*		−0.0559**
		(0.2699)		(0.0276)		(0.0273)		(0.0268)		(0.0277)		(0.0278)
scale		4.0144		5.2281**		5.2587**		4.9640*		5.1704**		5.1677**
		(2.4933)		(2.5029)		(2.5369)		(2.5293)		(2.5111)		(2.4997)

续表

变量名	(1)	(2)	(3)	(4)	(5)	(6)	(7)	(8)	(9)	(10)	(11)	(12)
	pro_ser	pro_ser	pro_ser	pro_ser	pro_ser	pro_ser	pro_ser	pro_ser	pro_ser	pro_ser	pro_ser	pro_ser
car_vol		−0.0336 (0.2132)		0.4842*** (0.1788)		0.4651** (0.1813)		0.4177** (0.1769)		0.4664*** (0.1764)		0.4797*** (0.1782)
固定效应	YES	YES	YES	YES	YES	YES	YES	YES	YES	YES	YES	YES
Constant	22.0444*** (0.2410)	−5.3156 (15.4306)	22.2886*** (0.0605)	−15.7893 (14.8888)	22.1661*** (0.0521)	−16.0915 (15.0861)	22.3853*** (0.0199)	−13.4866 (15.1193)	22.3451*** (0.0157)	−15.2797 (14.9735)	22.2798*** (0.0043)	−15.3949 (14.8837)
Observations	1 448	1 398	1 448	1 398	1 448	1 398	1 448	1 398	1 448	1 398	1 448	1 398
R-squared	0.1174	0.3698	0.0000	0.3060	0.0101	0.3094	0.0201	0.3130	0.0088	0.3088	0.0006	0.3067
Number of city	132	132	132	132	132	132	132	132	132	132	132	132

负面清单、嵌入深度与制造业服务化

杨志远　刘洪愧　张三宝[①]

摘　要：制造业服务化是我国制造业突破资源和环境约束，摆脱“低端锁定”，迈向全球价值链中高端的有效途径。与以往研究角度不同，本文从服务嵌入深度的角度考察制造业服务化，基于后向贸易增加值分解构建制造业服务嵌入深度指标，采用合成控制法分析了负面清单管理制度对制造业服务化的影响机制和作用效果。文章首先通过理论机制分析，探讨负面清单为制造业服务化提供的必要条件。进而研究了制造业服务嵌入深度与制造业服务化的逻辑关系。随后，通过对WIOD数据库2000—2014年42个国家的数据分解和指标构建，揭示了负面清单对制造业服务化的作用效果和影响渠道。最后，针对利用负面清单管理制度推动我国实现制造强国，迈向全球价值链中高端提出政策建议。

关键词：制造业服务嵌入深度；服务黏性；负面清单；合成控制法

一、引言

十九大报告提出要加快建设制造强国，促进我国产业迈向全球价值链中高端。从国际产业演化趋势和发展规律看，制造业转型升级及国际分工地位的提升，有赖于生产性服务业的支撑和引领(戴翔，2016)。随着全球经济不断由“工业型经济”向“服务型经济”的转变，制造业服务化已成为全球制造业发展的重要趋势(黄群慧和霍景东，2014)。2018年3月，李克强总理在《政府工作报告》中再次提出要加快实施“中国制造2025”，通过积极发展服务型制造业实现制造强国的转变。因此，服务要素与制造业融合是我国制造业突破资源和环境约束，摆脱“低端锁定”，迈向全球价值链中高端的有效途径。负面清单管理制度改革在我国始于2013年成立的上海自由贸易试验区，随后在广东、天津、福建等其他自由贸易实验区逐步推广并取得阶段性成果。负面清单可以促进服务业开放程度的提升，推动服务要素在特定范围内流动(崔凡，2013；Napoli，2013；裴长洪等，2014)。负面清单带动服务要素流动性的提高能否促进服务要素与制造业的融合，也就是制造业服务化呢？

---

① 作者简介：杨志远，安徽财经大学国际经济贸易学院；刘洪愧，中国社会科学院；张三宝，上海市社会科学院国际经济研究所。通讯作者：杨志远，电子信箱：yangzhiyuan@aufe.edu.cn。

基金项目：国家社科基金项目(13CJY093；14CJY003)。

目前，对制造业服务化的研究主要集中在两个层面上：制造业投入服务化和制造业产出服务化（彭水军等，2017）。制造业产出服务化着重刻画制造业产业结构的发展，学者主要考查产生这种特征的原因（黄群慧和霍景东，2014；Heuser 和 Mattoo，2017），以及对企业绩效的影响（陈丽娴和沈鸿，2017）。制造业投入服务化则主要研究制造业在生产过程中与服务要素的融合，学者通过计算制造业出口中服务含量来分析服务要素与制造业的融合程度（程大中，2015；戴翔，2016），服务要素来源地的变迁（戴翔，2016；彭水军等，2017；许和连等，2017），以及服务要素与制造业融合对制造业产生的正面影响：生产效率提升（顾乃华，2010；周念利等，2017）和价值链升级（刘斌等，2016；吕越等，2017）。本文认为无论在产出还是投入层面，制造业服务化不但是融合含量的服务化，还是融合深度的服务化。也就是在讨论制造业服务化时，不但要考虑制造业产出或者投入中服务要素的含量，还要考虑服务要素在制造业中嵌入的深度。制造业在全球价值链上参与生产分割的能力不断提升（倪红福等，2016），最终制成品中所包含的生产环节不断增加，服务要素作为原始投入进入制造业国际分工体系，到达最终制成品所经历的生产环节个数就是服务要素在制造业中的嵌入深度。如果采用贸易增加值前向分解（Koopman，2014；Wang，etc.，2013）来计算，则嵌入深度反映了制造业投入服务化程度；如果采用贸易增加值后向分解（Koopman，2014；Wang，etc.，2013）来计算，则嵌入深度反映了制造业产出服务化程度。从全球价值链变化趋势来看，生产流程的“片段化”和“全球化”是新国际分工体系的特征（Antràs 和 Helpman，2004；裴长洪和杨志远，2014），随着生产流程的延伸，制造业服务嵌入深度具有不断提高的驱动力；然而，服务作为初始投入要素，到达最终制成品所经历的生产环节越少，嵌入深度越低，表明服务要素与制造业的融合越直接，反映出制造业的服务黏性更高，具有较强的服务吸收能力，这在一定程度上表现出制造业的行业特性。比如软件开发服务对计算机制造行业的嵌入深度比对基本钢铁制品行业要低，这反映出计算机制造行业对软件服务更高的黏性和吸收能力。本文从服务嵌入深度的角度考察制造业服务化，基于后向贸易增加值分解技术构建制造业服务嵌入深度指标，并以此为着眼点，采用合成控制法分析了负面清单管理制度对制造业服务化的影响机制和作用效果。文章其余部分安排如下：第二部分在 Antràs 和 Helpman 外包模型（2004）的基础上，我们构建了包含负面清单的一般均衡模型，以此分析负面清单为制造业服务化提供必要条件的理论机制。第三部分基于 WIOD 全球价值链数据库，构建并分析了制造业服务嵌入深度及其与制造业服务化的关系。第四部分采用合成控制法对包含 42 个国家的跨国面板数据进行实证研究，证实了负面清单对制造业服务化的作用效果。第五部分提出相应的政策建议。

二、全球价值链生产环境与均衡生产路径

随着服务业 FDI 研究体系不断完善，学者开始关注负面清单对服务业开放水平的影响（崔凡，2013；Napoli，2013；裴长洪等，2014），并指出负面清单管理模式可以促进服务业开放程度的提升，创造新的贸易机会。作为服务贸易壁垒的一种表现形式，负面清单的实

施实际上是降低了服务贸易壁垒(Beverelli,Fiorini 和 Hoekman,2017)。而壁垒的降低会有两个方面的作用:一是降低了服务业本身的生产成本,特别是中间服务贸易壁垒降低在很大程度上提高了服务业生产效率(Blanchard,Bown 和 Johnson,2016);第二个方面是服务提供成本的降低会提高制造业的生产效率,降低制造业的生产成本(Beverelli,Fiorini 和 Hoekman,2017;夏杰长和倪红福,2017)。但是,负面清单上述这种间接提高服务业和制造业生产效率,降低生产成本的作用机制需要制度作为保障(Johnson 和 Noguera,2016),而制度的表现实际上是服务作为中间投入品的嵌入成本的降低。

(一)全球价值链环境的刻画

在 Antràs 和 Helpman 外包模型(2004)的基础上,我们将考察在一个多国的情形下,负面清单管理模式的实施对服务外包的固定成本及中间服务生产效率的影响,进而分析服务贸易壁垒的变化如何影响微观厂商的决策,为服务嵌入创造必要条件。假设存在 J 个国家,每个国家的消费者通过消费最终产品而获得相应的效用水平,最终产品的生产经过 N 道工序,而这 N 道工序是在一条价值链上顺次生产完成的,我们假设最后一道工序 N 仅包括组装,当然组装包括产品的组装和服务的嵌入。假设国家集合 J 包括$\{1,2,\cdots,J\}$国家,生产过程包括$\{1,2,\cdots,N\}$阶段,每个生产过程中都需要使用到中间服务和其他投入要素,这一过程直到 $n-1$ 阶段为止。全球价值链上每个国家的生产成本不同,我们用 c_i 来表示国家 i 的生产成本。

我们借鉴贸易地理的研究方法用系数 $\pi_{l(j)}\geqslant 1$ 来表示出口到 j 国面临的贸易壁垒成本,该系数在贸易地理理论中代表的是地理位置对每个贸易参与国产生的影响(Antras,2012)。在分析货物贸易时,关税扭曲是常见的,尤其是当本国向国外的进口商品征收单一税率的时候。但是在服务贸易中,贸易壁垒并不会受到关税的影响(Francois 和 Hoekman,2010)。我们希望突出负面清单作为服务贸易壁垒对个体企业选择进入一国市场时所产生的决策影响,因为贸易和投资环境的不确定性越低,则贸易的冰山成本就越低,当一国从正面清单管理体制转向负面清单管理体制时,实际上是降低了该国贸易和投资环境的不确定性(裴长洪等,2014),这相当于传递信号的灯塔机制。在一个完全竞争的市场环境里,任何一种产品的最优生产路径都是企业成本最小化或者利润最大化选择的结果。基于完全竞争市场下企业最优规模的零利率条件,我们使用 $p^n_{l(n)}$ 表示企业将第 n 生产阶段外包到 $l(n)$ 国的单位生产成本。

假设在最后一道生产工序中每个国家都分布着若干最终产品或者服务的垄断生产商,并且他们的技术水平各不相同,这些最终厂商的组装都需要中间服务的投入,而这些中间服务都外包给价值链上的中间服务生产商(中间厂商)。在完全竞争的中间服务市场上,i 国的最终厂商如果选择中间服务外包,就要承受较高的外包固定成本;如果选择自己提供中间服务,就要承受较高的可变成本。因此,最终厂商需要在外包固定成本和内部可变成本之间做一个取舍。外包的固定成本主要受贸易壁垒 $\pi_{l(.)}$ 的影响,而内部可变成本则由 i 国的生产技术所决定。在这里,我们假定服务贸易壁垒的唯一影响因素是负面清单,当一国从正面清单管理体制转向负面清单管理体制时,灯塔效应实际上是降低服务贸易的冰山成本。

（二）最终产品消费者的消费

假定最终产品消费者的消费函数是CES效用函数，

$$U_{l(N)}=(\int y_{l(N)}^{\rho}\,\mathrm{d}i)^{1/\rho} \tag{1}$$

它在 $i\in(0,1)$ 上是连续函数，任意两种不同的商品的替代弹性用 θ 表示，这一点和Melitz模型（2003）是相似的。我们假设市场出清，并定义总消费为 Y，且 $Y=U$。相应的，可以得到总价格向量 $\hat{p}$：

$$\hat{p}=(\int p_{l(N)}^{1-\sigma}\,\mathrm{d}i)^{\frac{1}{1-\sigma}} \tag{2}$$

由式（1）和式（2）可以得到消费者的最优消费选择：

$$y_{l(N)}=Y\left(\frac{p_{l(N)}}{P}\right)^{-\sigma} \tag{3}$$

（三）最终厂商和中间厂商的生产

最终厂商需要将第 i 个中间服务外包，如果外包到 $l(i)$ 国，则中间服务需求为 $m_{l(i)}^{i}$，生产中的其他投入为 $h_{l(i)}^{i}$，根据以上假设我们可以建立一个标准的科布—道格拉斯生产函数：

$$y_{l(N)}=\pi_{l(i)}\theta_{l(i)}^{i}\left(\frac{h_{l(i)}^{i}}{\alpha}\right)^{\alpha}\left(\frac{m_{l(i)}^{i}}{1-\alpha}\right)^{1-\alpha} \tag{4}$$

每单位 $h_{l(i)}^{i}$ 由一单位的劳动力生产出来，如果最终服务厂商也处于 $l(i)$ 国，则 $\pi_{l(i)}=1$，否则 $\pi_{l(i)}>1$。系数 $\theta_{l(i)}^{i}$ 表示最终厂商选择将第 i 个环节外包到第 $l(i)$ 国生产的劳动生产率，$\alpha\in(0,1)$ 表示最终产出系数的区间。处于不同国家的中间厂商劳动生产率不同，而负面清单对各国劳动生产率都造成了影响。在规模报酬不变的情况下，我们可以建立中间服务的生产函数：

$$m_{l(j)}^{j}=F_{l(j)}^{j}(\pi_{l(j)})l_{l(j)}^{j} \tag{5}$$

其中，l^{i} 表示所有投入到第 j 个环节中间服务生产中的生产要素，考虑到中间服务生产的特殊性（Blanchard，Bown 和 Johnson，2016），这里特指人力资本。普遍认为服务提供者和消费者的距离越接近越好，因此我们把 $\pi_{l(\cdot)}$ 置入到技术 $F_{l(j)}^{j}(\cdot)$ 中来。因为如果壁垒越高，即 $\pi_{l(\cdot)}$ 越大，意味着提供服务的难度就越大，效率就越低。例如，如果法律服务被列入中美自贸区负面清单中，表明美国律师向中国提供服务的效率就越低，因此 $F'(\pi_{l(\cdot)})<0$。

最终厂商和中间厂商的目标都是实现利润最大化。对于最终厂商来说，总成本函数 $C_{l(i)}^{F}(y_{l(N)})$ 等于外包的固定成本加上可变成本，这取决于最终产品的产量和中间服务投入的价格。其中，中间服务的成本函数 $C_{l(i)}^{m}(m_{l(j)}^{j})$ 由可变成本唯一决定。

$$C^F_{l(i)}(y_{l(N)})=h^i_{l(i)}+p^i_{l(i)}(m^j_{l(j)})m^i_{l(i)}+C^m_{l(i)}(\pi_{l(i)}) \tag{6}$$

$p^i_{l(i)}(\cdot)$是中间投入的成本，由每个国家特定的技术水平决定。出于分析的方便，我们将工资在所有国家都标准化为1。根据前面的假设，此时的国际分工模式是最终厂商在全球价值链上根据成本最小化原则选择将中间服务外包到提供成本最低的国家。因此，给定中间服务的价格水平，由式(4)～式(6)可得：

$$h^j_{l(j)}=\alpha\Omega^\sigma\left(\frac{\theta^i_{l(i)}}{p^i_{l(i)}(m^j_{l(j)})^{1-\alpha}}\right)^{\sigma-1} \tag{7}$$

$$m_{l(j)}=\frac{(1-\rho)(1-\alpha)}{\rho p^i_{l(i)}(m^j_{l(j)})}\Omega^\sigma\left(\frac{\theta^i_{l(i)}}{p^i_{l(i)}(m^j_{l(j)})^{1-\alpha}}\right)^{\sigma-1} \tag{8}$$

这里，$\Omega=\rho PQ^{\frac{1}{\sigma}}\left(\frac{1-\rho}{\rho}\right)^{(1-\alpha)\rho}$。相应的，我们可以得到最终厂商的利润方程：

$$\mu_{l(N)}(\theta^i_{l(i)},m^j_{l(j)})=\left(1+\frac{\alpha}{\rho}-2\alpha\right)\Omega^\sigma\left(\frac{\theta^i_{l(i)}}{p^i_{l(i)}(m^j_{l(j)})^{1-\alpha}}\right)^{\sigma-1}-C^m_{l(i)}(\pi^i_{l(i)}) \tag{9}$$

(四)均衡

对于中间服务市场，在一个完全竞争的市场结构下，均衡价格水平为：

$$p^j_{l(j)}(m^j_{l(j)})=[F^j_{l(j)}(\pi^j_{l(j)})]^{-1} \tag{10}$$

全球价值链上所有中间服务厂商都会受到负面清单的影响，因此$F^j_{l(j)}{}'(\cdot)<0$。这样，对于最终厂商来说，其决策都受到中间服务提供技术和冰山成本的影响，每个最终厂商会在中间服务生产率和外包的固定外部成本之间进行取舍，并且根据生产率的不同临界点选择成本最低的中间服务厂商。作为一种非关税壁垒，负面清单的独特性就在于通过两个方面去影响中间厂商的生产率：一方面是前文讨论的灯塔机制。另一方面，高技术含量的现代生产性中间服务会通过技术外溢降低本地生产的成本。我们假定中间厂商的成本方程都是线性的：

$$C^m_{l(i)}(\pi^i_{l(i)})=\widetilde{C}_{l(i)}+a\pi^i_{l(i)} \tag{11}$$

借鉴 Antràs 和 Helpman(2004)的研究方法，我们通过求解中间厂商的生产效率临界点来分析负面清单对企业外包选择的影响。对于全球价值链上的每一个中间服务厂商来说，都存在一个均衡时的生产效率临界点，用$\theta^1_{l(1)=l(2)}$来表示最终厂商将第一个生产环节外包到$l(1)$国或者$l(2)$国没有区别，也就是说在第一个环节的生产效率上，$l(1)$国和$l(2)$国是一样的。根据式(9)～式(11)可以求出中间厂商在临界点的生产效率：

$$\theta^i_{l(i)}=\left[\frac{C^m_{l(i)}(\pi^i_{l(i)})}{\left(1+\frac{\alpha}{\rho}-2\alpha\right)A^\sigma}\right]^{\frac{1}{\sigma-1}}p^i_{l(i)}(m^j_{l(j)})^{1-\alpha} \tag{12}$$

式(12)表明负面清单影响最终厂商生产效率的途径是成本方程和中间服务市场均衡条件。即任何一个最终厂商根据成本最小化的原则在全球价值链上做出的最优外包路径选择会由于负面清单所代表的服务贸易壁垒的变化而改变。当生产效率大于 $\theta^i_{l(i)=l(j)}$ 时，最终厂商会选择把 i 环节中间服务外包到 $l(j)$ 国；当生产效率小于 $\theta^i_{l(i)=l(j)}$ 时，最终厂商会选择把 i 环节中间服务外包到 $l(i)$ 国。当然，如果最终厂商和中间厂商同在一国，则该生产环节被留在国内。这样，我们令 $\theta^i_{l(i)}=\theta^i_{l(j)}$ 可以得到最终厂商生产效率的临界值：

$$\theta^i_{l(i)=l(j)}=\left\{\frac{\widetilde{C}_{l(j)}-\widetilde{C}_{l(i)}+\alpha(\pi^j_{l(j)}-\pi^i_{l(i)})}{\left(1+\frac{\alpha}{\rho}-2\alpha\right)\mathrm{A}^\sigma\left[(\eta_{l(j)}-b\pi^j_{l(j)})^{(\sigma-1)(1-\alpha)}-(\eta_{l(i)}-b\pi^j_{l(j)})^{(\sigma-1)(1-\alpha)}\right]}\right\}^{\frac{1}{\sigma-1}} \tag{13}$$

这里，我们关注的变量是负面清单 $\pi_{l(.)}$，$\pi_{l(.)}$ 的变化通过对最终厂商生产效率临界值的影响改变最终厂商的决策。比如，$\pi^j_{l(j)}$ 下降，则对应的 $m^j_{l(j)}$ 越小，相应的 $\theta^i_{l(i)=l(j)}$ 会变大，也就是说将 i 环节中间服务外包到 $l(j)$ 国的生产效率更高；反之反是。当 $\pi^i_{l(i)}$ 和 $\pi^j_{l(j)}$ 同时下降时（$i\neq j$），也就是 $l(i)$ 国和 $l(j)$ 国都通过负面清单降低了服务贸易壁垒，则最终厂商的决策取决于 $m^i_{l(i)}$ 和 $m^i_{l(j)}$ 的相对变化幅度。

三、制造业服务嵌入深度的刻画

（一）制造业服务嵌入深度

从微观层面来看，企业按照成本最小化原则在全球价值链上选择最优生产路径，推动国际分工体系的形成。越来越多企业融入全球价值链的分工体系，通过选择自己的最优生产路径，将产品生产的过程细分为每个“任务”，并将这些“任务”按照生产成本最小化原则分布到全球各个国家，这些细分的任务连接起来就构成了一个产品的全球价值链。细分的“任务”在世界各国如何分布，在一定程度上体现了各国嵌入全球价值链的位置，这不但体现在流入本国的“任务”更多（戴翔，2016），而且体现在流入本国的“任务”附加值更高。附加值更高的“任务”流入本国，代表本国在全球价值链上处于更加中心化的位置（Antras，2017），通过参与国际分工可以获得更大的收益，有利于促进本国相关产业的发展。那么，每个“任务”附加值的高低如何体现呢？我们认为应该从两个维度上体现：第一，该“任务”在产品全球价值链上所处的位置。根据微笑曲线原理，距离最终消费者越近的“任务”，附加值就越高。因此，在产品价值链上，距离最终制成品近的“任务”相对于距离最终制成品远的“任务”附加值更高；第二，投入生产该“任务”要素本身的特征。比如，要素本身如果是知识和技术密集型的高端要素，则“任务”的增加值自然就更高。因此，生产“任务”使用的要素所在行业的特征在一定程度上决定“任务”的附加值高低。首先，服务要素对制造业的嵌入是通过嵌入“任务”来完成的。对于制造业来说，每个“任务”就是产品价值链上的一个生产环节，服务要素作为原始投入从进入“任务”开始，到离开“任务”结束，经历了一个完整的生产环节，在全球投入产出表中相应被记为一次产出（Koopman，2014）。服务要素到达最终制成品之前所经历的生产环节越多，说明该要素的嵌入深度越高，同时也说明该要素距离最终消费者越远。因此，服务嵌入深度在第一个维度上反映了“任务”在产品价值链上所处的位置。其次,服务要素可能来自不同的服务行业,服务行业本身的特征决定了服务要素的内在价值。比如,研发服务本身具备了高知识、高技术的特征,研发服务要素具有更高的内在价值,而研发服务要素嵌入的“任务”相应就具有更高的附加值。因此,服务要素本身的行业特征从第二个维度上反映了“任务”的附加值高低。

制造业服务化包括投入和产出的服务化,是制造业和服务化融合的重要表现方式(Heuser 和 Mattoo,2017),也是制造业生产效率提升的重要因素(顾乃华,2010;吕越等,2017),对我国制造业迈向全球价值链中高端具有重要意义。一方面,作为中间生产投入的服务要素经历的生产环节越多,表明制造业国际生产分工越深化,全球价值链分工更加碎片化(Duernecker 和 Vega-Redondo,2017);另一方面,制造业服务嵌入深度越低,表明服务要素与制造业的融合更加直接,服务要素与最终生产环节更加贴近,在一定程度上代表制造业服务化的水平更高(Jeffrey,2006)。当然,这里必须考虑到服务业本身的行业特性。比如,批发零售行业本身就比科学研发行业距离制造业最终生产流程更近。但在国家层面上,我们可以认为平均制造业服务嵌入深度在一定程度上代表制造业服务化的水平。根据 Wang,Wei 和 Zhu(2013)的分解方法,我们采用后向分解法有 $\boldsymbol{Va}'=\hat{\boldsymbol{V}}\boldsymbol{X}=\hat{\boldsymbol{V}}\boldsymbol{BY}$

$$\hat{V}\hat{Y}+\hat{V}A\hat{Y}+\hat{V}AA\hat{Y}+\cdots$$
$$=\hat{V}\ (I-A)-1\hat{Y}$$
$$=\hat{V}B\hat{Y}$$

矩阵 $\hat{V}B\hat{Y}$ 中的每个元素都代表来自某个国家某个产业的初始投入元素经过全球价值链上的分工直接或者间接被用于另一国某产业的最终消费,矩阵上的任何一个元素 $v_i^s b_{ij}^{sr} y_j^r$ 都代表国家 s 的 i 行业的初始投入被用于国家 r 的 j 行业生产中的增加值。

任何一条全球价值链上的贸易增加值总和,可以表示为:

$$\hat{V}\hat{Y}+2\hat{V}A\hat{Y}+3\hat{V}AA\hat{Y}+\cdots$$
$$=\hat{V}(B+AB+AAB+\cdots)\hat{Y}$$
$$=\hat{V}BB\hat{Y}$$

其中,方程右手边的元素表示的是国家 s 的 i 行业嵌入到国家 r 的 j 行业的最终产品中的增加值部分总和。因此,从国家 s 的 i 行业到国家 r 的 j 行业的平均嵌入深度可以表示为:

$$EB=\frac{\hat{V}BB\hat{Y}}{\hat{V}B\hat{Y}}$$

分子是从国家 s 的 i 行业到国家 r 的 j 行业的增加值,分母是全球价值链上由分子所产生的总产出。在 WIOD 的投入产出表上,无论是作为中间投入,还是作为最终投入,任何增加值只要进入一个生产阶段就会被记录为一次产出。因此,从最初的原始投入到最终消费品,这中间被计为产出的次数说明这个要素参与了多少次全球价值链上的分工,这个频率越高,说明该要素参与价值链分工的程度越高;但同时也表明,该要素需要经历更多的生产环节才能到达最终消费者,处于全球价值链分工体系的外围(Antras,2017)。

(二)服务嵌入深度进一步分析

根据 Wang 等(2017)的研究,生产活动可以依据是否跨越国界而分为四个部分:

$$\hat{V}B\hat{Y}=\hat{V}L\hat{Y}^{D}+\hat{V}L\hat{Y}^{F}+\hat{V}LA^{F}L\hat{Y}^{D}+\hat{V}LA^{F}(B\hat{Y}-L\hat{Y}^{D})$$

右手边的第一个部分,没有任何的跨越国界的行为,因此属于纯粹的国内生产活动;第二部分只发生一次跨越国界,相当于传统意义上的国际贸易;后面两个部分的增加值都是通过中间产品贸易跨越国界的,因此属于真正意义上的全球价值链分工活动;第三个部分中的所有增加值最终被进口国吸收;第四个部分的增加值则被进口国用来再生产并用于出口,最终被第三国吸收。因此,该部分增加值至少跨越两次国界。借助这一分析框架,我们也可以将服务嵌入分为传统嵌入、GVC 最终嵌入和 GVC 复杂嵌入。

传统嵌入是指服务要素通过嵌入最终消费品跨越初始国国界,最终被进口国吸收。根据 Wang 等(2017),传统嵌入的过程都发生在初始国国内,服务要素从最初投入到最终消费品创造的产出为:

$$\mathrm{E\_tr}=\hat{V}\hat{Y}^{F}+2\hat{V}A^{D}\hat{Y}^{F}+3\hat{V}A^{D}A^{D}\hat{Y}^{F}+\cdots=\hat{V}LL\hat{Y}^{F}$$

因此,服务传统嵌入深度可以表示为:

$$\mathrm{EB\_tr}=\frac{\hat{V}LL\hat{Y}^{F}}{\hat{V}L\hat{Y}^{F}}$$

与传统嵌入相比,GVC 嵌入是指服务要素通过嵌入中间产品跨越初始国国界,在进口国被用于再次生产,最终被本国和其他第三国吸收。根据 Wang 等(2017),中间产品生产过程所使用的增加值为:

$$\hat{V}LA^{F}\hat{Y}+\hat{V}LA^{F}A\hat{Y}+\hat{V}LA^{F}AA\hat{Y}+\cdots=\hat{V}LA^{F}B\hat{Y}$$

该增加值可以进一步被分解为两个部分:

$$\hat{V}LA^{F}L\hat{Y}^{D}+\hat{V}LA^{F}(B\hat{Y}-L\hat{Y}^{D})$$

第一部分是被进口国直接吸收的增加值,第二部分被进口国用于再生产中间产品并用于进一步出口。根据 Wang 等(2014),我们可以计算由增加值产生的国内产出和国外产出:

$$\hat{V}LLA^{F}B\hat{Y}=\hat{V}LLA^{F}L\hat{Y}^{D}+\hat{V}LLA^{F}(B\hat{Y}-L\hat{Y}^{D})$$

$$\hat{V}LA^{F}BB\hat{Y}=\hat{V}LA^{F}LL\hat{Y}^{D}+\hat{V}LA^{F}(BB\hat{Y}-LL\hat{Y}^{D})$$

这样我们可以得到全球价值链上的服务嵌入:

$$\mathrm{EB\_gvc}=\frac{\hat{V}LLA^{F}B\hat{Y}}{\hat{V}LA^{F}B\hat{Y}}+\frac{\hat{V}LA^{F}BB\hat{Y}}{\hat{V}LA^{F}B\hat{Y}}$$

全球价值链上的服务嵌入是服务要素嵌入到中间产品中去的程度,其中,右手边第一部分被进口商用来生产其国内最终消费品的部分,不再跨越国界形成新的嵌入,因此这部分服务要素在国内被计为产出的次数等于在进口商所在国的次数。第二部分被中间进口商用于再生产出口产品,会再次发生国界跨越。根据 Wang 等(2017),我们可以进一步将全球价值链上的服务分解为三个部分:

$$EB\_gvc=\frac{\hat{V}LLA^{F}B\hat{Y}}{\hat{V}LA^{F}B\hat{Y}}+\frac{\hat{V}BA^{F}B\hat{Y}}{\hat{V}LA^{F}B\hat{Y}}+\frac{\hat{V}LA^{F}BA^{F}B\hat{Y}}{\hat{V}LA^{F}B\hat{Y}}$$

其中,第一个部分是中间产品跨越国界前的服务要素国内嵌入深度;第二部分是服务要素随中间投入品跨越国界的次数,这里的国界不限于本国国界;第三部分是服务要素在中间产品离开本国国界后,用于外国国内消费而生产的服务嵌入深度。此外,国内和国外的第一部分增加值都是直接被进口国吸收的部分,第二部分都是被用于再出口而被第三国吸收。两个部分可以分别理解为 GVC 最终嵌入和 GVC 复杂嵌入的产出,因此可以相应计算出 GVC 最终嵌入深度和 GVC 复杂嵌入深度:

$$EB\_gvcs=\frac{\hat{V}LA^{F}L\hat{Y}^{D}}{\hat{V}LLA^{F}L\hat{Y}^{D}}$$

$$EB\_gvcm=\frac{\hat{V}LLA^{F}(B\hat{Y}-L\hat{Y}^{D})}{\hat{V}LLA^{F}L\hat{Y}^{D}}$$

(三)制造业服务嵌入深度的典型事实

在行业层面上,本文按照 WIOD 的行业分类方法选取所有服务行业作为原始投入要素①,选取所有的制造行业作为嵌入对象②,计算得到的各主要制造行业的服务嵌入深度如图 1 所示。图 1 中的是各主要行业的 GVC 服务嵌入深度,下图是各主要行业的传统服务嵌入深度。首先,比较上图和下图可以发现制造业 GVC 服务嵌入深度具有逐年上升的趋势,而制造业传统服务嵌入深度则表现出逐年下降的趋势。制造业 GVC 服务嵌入深度上升反映出制造业国际分工更加细化,呈现"碎片化"趋势(Duernecker 和 Vega-Redondo,2017)。制造业传统服务嵌入深度下降反映出服务要素与制造业融合程度的加深,在一定程度上代表制造业服务化的水平更高(Jeffrey,2006)。其次,从各行业样本区间内的年度均值来看,医疗产品、电脑、电子和光学制品等制造行业的服务嵌入深度较低,而食品饮料和烟酒、基础金属制品等行业的服务嵌入深度较高,这反映出不同制造业的服务黏性(Francois 和 Hoekman,2010)。比如,电脑、电子和光学制品的服务黏性较高,与软件服务等服务行业紧密融合,而食品饮料和烟草等传统制造业的服务黏性相比较而言较低。

在国家层面上,通过计算得到的各主要国家服务嵌入深度如图 2 所示,图 2 中的是各主要国家制造业 GVC 服务嵌入深度,下图是各主要国家制造业传统服务嵌入深度。从右下来看,各主要样本国家在 2000—2014 年期间,GVC 服务嵌入深度总体保持了平稳上升的趋势。这反映出制造业国际分工不断深化,在全球价值链上融入了更多的国家和生

① 服务业包括 r1、r23、r28—r54。

② 制造业包括 r5—r22。

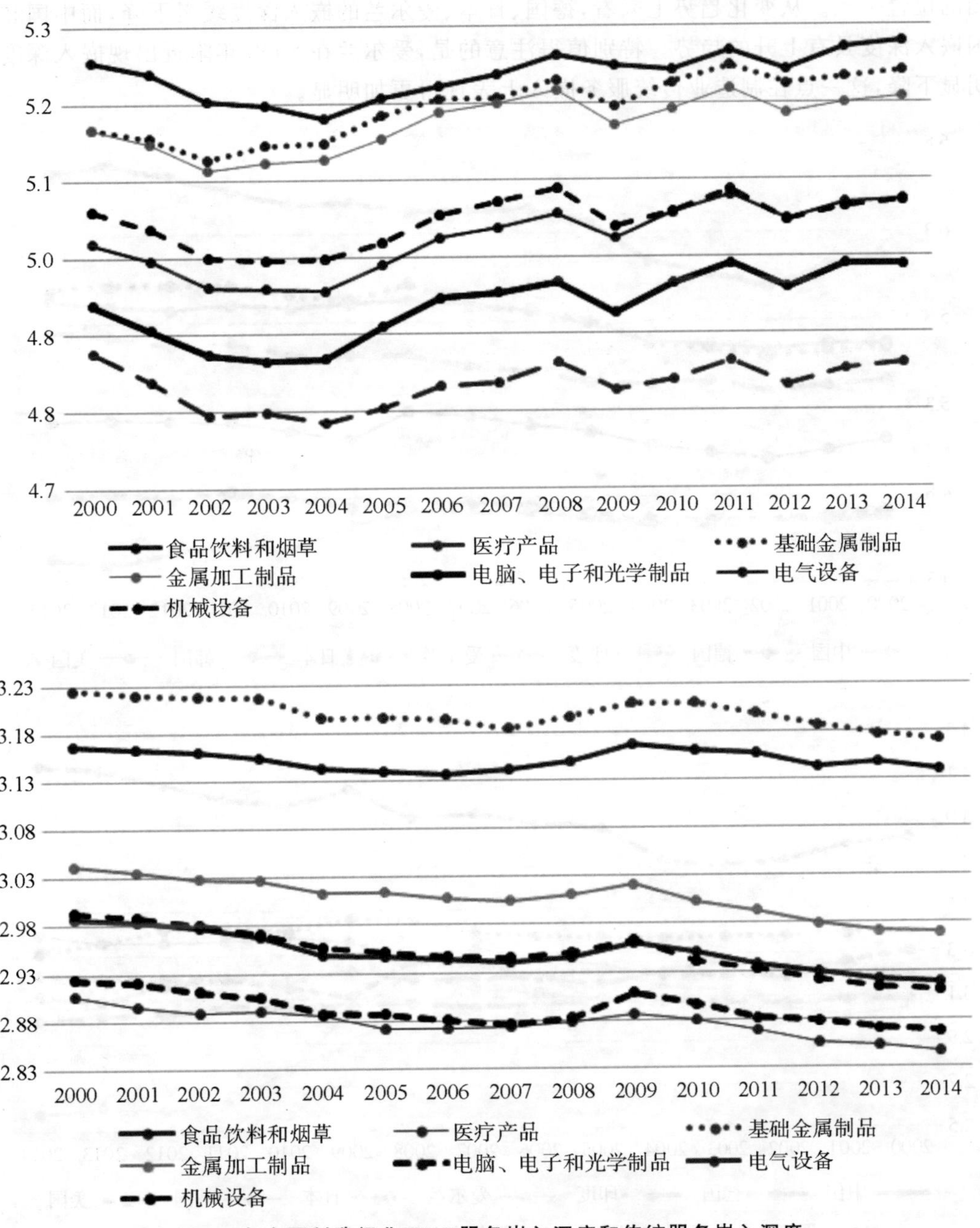

图 1　各主要制造行业 GVC 服务嵌入深度和传统服务嵌入深度

产环节，是经济全球化不断发展的结果。在列示的主要国家中，中国的服务业嵌入深度较高，而以德国和美国为代表的发达国家制造业服务嵌入深度较低。这反映出发达国家制造业服务化程度更高，在服务业全球价值链的利益分配体系中占据了主导位置，而中国等发展中国家在利益分配体系中位置较低，在全球价值链上依然处于边缘位置（Antras，2017）。从上图来看，各主要样本国家在制造业传统服务嵌入深度上所处的位置基本与下图的位置一致。从变化趋势上来看,德国、日本、爱尔兰的嵌入深度缓慢下降,而中国和韩国嵌入深度具有上升的趋势。特别值得注意的是,爱尔兰在 2008 年附近出现嵌入深度的明显下降,这一点在制造业传统服务嵌入上表现得更加明显。

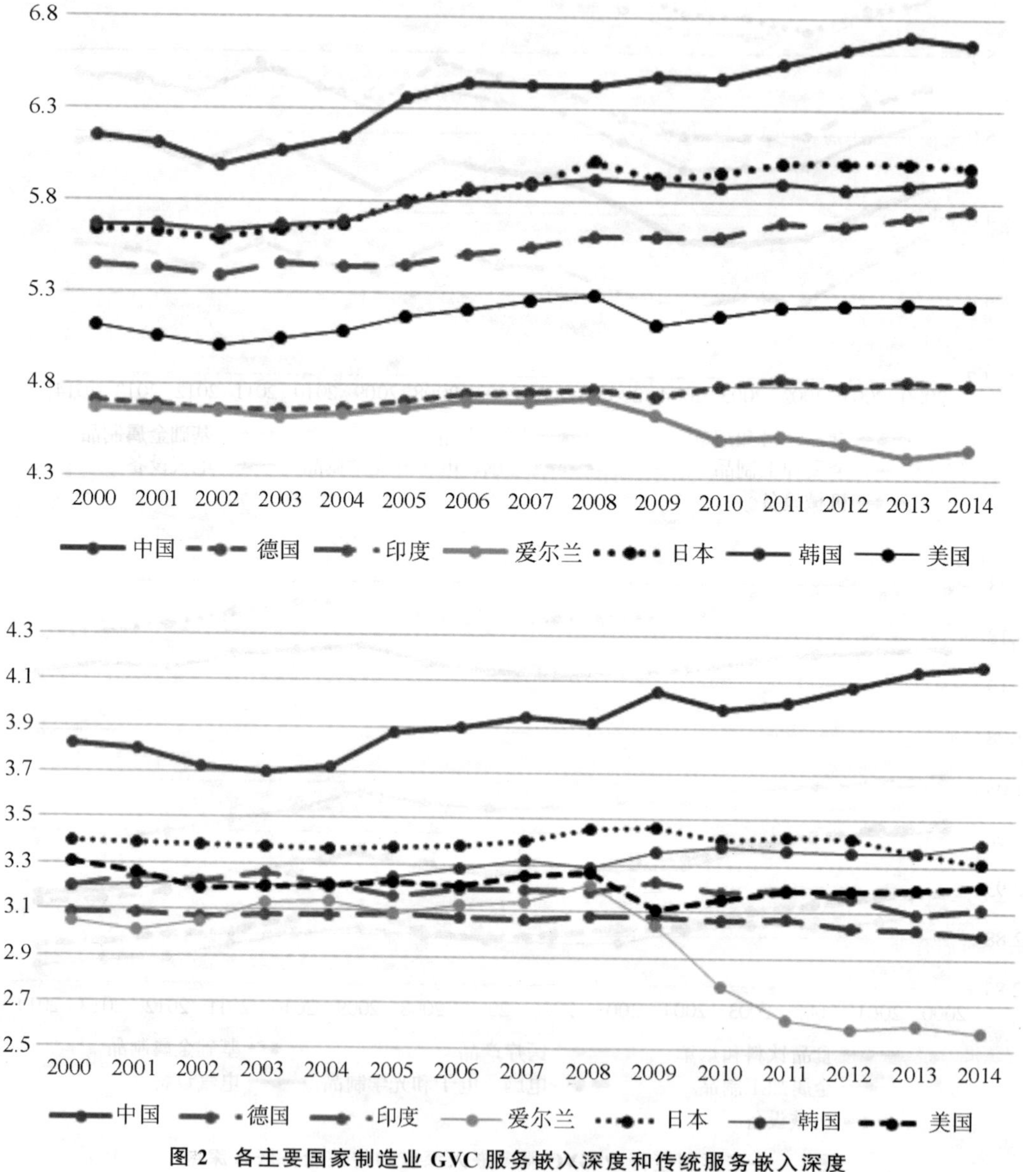

图 2 各主要国家制造业 GVC 服务嵌入深度和传统服务嵌入深度

四、实证分析

（一）模型设计

本节基于 Abadie 等（2010）提出的合成控制法，模拟负面清单实施国不实施该项措施的情况，以对比研究政策的有效性。给定 $J+1$ 个国家或行业在 $t\in[1,T]$ 期内的制造业服务嵌入深度数据，Y_{it}^{N} 表示第 $i\in[1,J+1]$ 个国家在时点 t 上如果不施行负面清单管理制度的制造业服务嵌入深度；Y_{it}^{I} 表示第 i 个国家或行业在时点 t 上施行负面清单管理制度的制造业服务嵌入深度。假定第 i 个国家在时点 $t=t_0$ 宣布施行负面清单管理制度，则在 $[1,t_0]$ 期内，没有国家受到负面清单管理制度改变的影响，也就是 $Y_{it}^{N}=Y_{it}^{I}$。负面清单制度在 i 国实施后，即 $[t_0+1,T]$ 期内，给 i 国带来的影响可以表示为 $\eta_{it}=Y_{it}^{I}-Y_{it}^{N}$。现实中，$i$ 国在 $[t_0+1,T]$ 期内施行了负面清单，因此我们可以观察到 Y_{it}^{I}。但是，Y_{it}^{N} 是假设这个国家没有施行负面清单的制造业服务嵌入深度，在现实中无法观测到。我们采用 Abadie 等（2010）提出的模型来估计 Y_{it}^{N}：

$$Y_{it}^{N}=\delta_t+\boldsymbol{\theta}_t\boldsymbol{Z}_i+\boldsymbol{\lambda}_t\boldsymbol{\mu}_i+\boldsymbol{\varepsilon}_{\mathrm{it}} \tag{14}$$

式（14）中，δ_t 是对所有国家服务嵌入深度产生影响的因素的时间固定效应；$\boldsymbol{\theta}_t$ 是 $(1\times\nu)$ 维未知参数向量，$\boldsymbol{Z}_i$ 是一个不受负面清单影响的 $(\nu\times1)$ 维控制变量；$\boldsymbol{\lambda}_t$ 是 $(1\times\zeta)$ 维无法观测的公共因子向量，μ_i 是国家或者行业层面的 $(\zeta\times1)$ 维固定效应；$\boldsymbol{\varepsilon}_{it}$ 是无法观测的短期随机扰动项。

（二）数据来源及说明

本文的数据主要来自 WIOD2000—2014 年的世界投入产出表、对外经济贸易大学全球价值链研究院、世界银行、WTO 和国际货币基金组织。源数据包括 42 个世界投入产出表中的国家，其中有 12 个国家在样本区间内通过加入区域贸易协定的方式开始实行负面清单管理制度。这 12 个国家实行负面清单的时间和具体的区域贸易协定如表 1 所示。澳大利亚虽然在 2003 年同新加坡签订区域贸易协定，并在协定中采用负面清单管理制度，但由于该协定仅是双边的，没有形成一个区域性的覆盖，所以我们没有将澳大利亚放入处理组中。由于同样的原因，没有进入处理组的国家还包括巴拿马和日本。基于世界投入产出表对行业的分类方法，每个国家都选取食品饮料及烟草等 18 个制造行业来自建筑、贸易等 28 个服务行业的嵌入深度数据。

控制变量 $\boldsymbol{Z}_{it}$ 主要包括 FDI、GDP、GDPO 等宏观变量。其中，各国人均收入水平 GDP 主要反映经济发展水平的差异，而不同经济发展阶段，特别是国民收入水平对服务业发展和贸易竞争力具有重要影响（Francois 和 Hoekman，2010；裴长洪等，2014）。作为一国技术水平的代表变量，一国研发投入占 GDP 的比重对一国在全球价值链上的位置有正向作用（Duernecker 和 Vega-Redondo，2017）。服务业在国民经济中的占比 GDPO 则控制了经济发展水平相似的国家之间服务业发展的不同路径,即各国产业结构差异对服务嵌入能力可能的影响(Jeffrey,2006)。FDI 和贸易进出口 OPEN 用以反映各国不同的市场开放程度和已有的双边投资水平(Rasmus 和 Mortensen,2008)。政府支出水平 GOVEXP 对服务业,特别是公共服务业具有重要的影响(Francois 和 Hoekman,2010)。人口密集度 HUMAN 与服务业发展水平密切相关,大量前期研究提出两者之间呈正相关关系(陈宪,2010)。产业聚集度 CONCENT 反映产业的集聚程度。企业的聚集将会影响到企业之间运输、贸易等成本,从而对企业生产率有重要影响(范剑勇等,2014)。关于产业聚集指数的测度方法主要有产业集中度、区位熵、赫芬达尔—赫希曼指数、空间基尼系数指数、EG 指数、DO 指数等。本文选择使用的是区位熵,数据来源是 WTO。

表 1 控制组各国实行负面清单管理制度情况

国家	RTA 生效时间	RTA 协定	合成控制年份
塞浦路斯	2003.4.16	EC Treaty	2004
捷克共和国	2003.4.16	EC Treaty	2004
爱沙尼亚	2003.4.16	EC Treaty	2004
匈牙利	2003.4.16	EC Treaty	2004
拉脱维亚	2003.4.16	EC Treaty	2004
立陶宛	2003.4.16	EC Treaty	2004
马耳他	2003.4.16	EC Treaty	2004
波兰	2003.4.16	EC Treaty	2004
斯洛伐克共和国	2003.4.16	EC Treaty	2004
斯洛文尼亚	2003.4.16	EC Treaty	2004
保加利亚	2005.4.25	EC Treaty	2006
罗马尼亚	2005.4.25	EC Treaty	2006

数据来源:作者根据 WTO 官方 RTA 数据库整理。

处理组与控制组 2003 年至 2014 年的年均制造业服务嵌入深度如图 3 所示,上图是国家均值,下图是行业均值。我们可以发现:第一,总体而言,处理组的制造业服务嵌入深度比控制组的嵌入深度低,而且差距在样本区间内逐渐放大。第二,处理组制造业服务嵌入深度在实行负面清单以后出现明显下降的趋势。

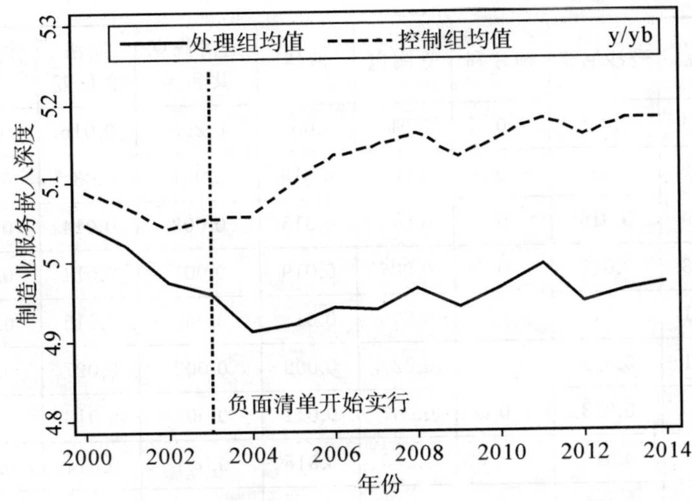

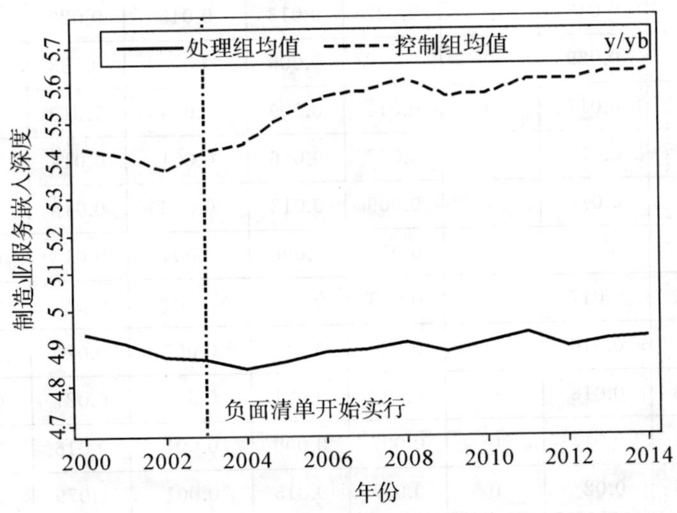

图 3　处理组与控制组平均制造业服务嵌入深度对比

表 2　控制组各国对处理组的合成权重

国家	捷克	爱沙尼亚	匈牙利	立陶宛	波兰	斯洛伐克共和国	斯洛文尼亚	保加利亚	罗马尼亚
澳大利亚	0.012	0.021	0	0.005	0.007	0.002	0.022	0.039	0.019
奥地利	0.01	0.017	0	0.007	0.016	0.001	0.014	0.01	0.013
比利时	0.011	0.016	0	0.007	0.015	0.001	0.016	0.01	0.011
巴西	0.016	0.018	0	0.007	0.008	0.003	0.018	0.03	0.003
加拿大	0.021	0.016	0	0.008	0.014	0.003	0.016	0.017	0.007
瑞士	0.01	0.019	0	0.006	0.009	0.002	0.021	0.02	0.017

续表

国家	捷克	爱沙尼亚	匈牙利	立陶宛	波兰	斯洛伐克共和国	斯洛文尼亚	保加利亚	罗马尼亚
中国	0.104	0.015	0	0.012	0.009	0.209	0.016	0.081	0.002
塞浦路斯	0.012	0.033	0	0.007	0.016	0.001	0.03	0.027	0.011
德国	0.009	0.016	0	0.014	0.015	0.003	0.014	0.009	0.019
丹麦	0.013	0.017	0	0.006	0.019	0.001	0.014	0.011	0.011
西班牙	0.011	0.018	0	0.006	0.01	0.002	0.019	0.019	0.014
芬兰	0.011	0.019	0	0.02	0.009	0.002	0.027	0.018	0.014
法国	0.01	0.018	0	0.007	0.011	0.002	0.018	0.016	0.014
英国	0	0.016	0.446	0.006	0.315	0.001	0.014	0.01	0.009
希腊	0.005	0.023	0	0.003	0.006	0.001	0.096	0.126	0.061
克罗地亚	0.012	0.013	0	0.032	0.013	0.015	0.022	0.013	0.009
印度尼西亚	0.01	0.039	0	0.148	0.006	0	0.133	0.148	0.252
印度	0.018	0.017	0	0.011	0.009	0.004	0.019	0.025	0.007
爱尔兰	0.008	0.018	0	0.007	0.016	0.001	0.014	0.01	0.015
意大利	0.013	0.017	0	0.009	0.013	0.002	0.018	0.015	0.011
日本	0.02	0.017	0	0.01	0.008	0.004	0.018	0.031	0.004
韩国	0.021	0.017	0	0.008	0.008	0.004	0.017	0.032	0
卢森堡	0.01	0.016	0.414	0.026	0.011	0.005	0.026	0.013	0.012
墨西哥	0.013	0.018	0	0.037	0.021	0.639	0.027	0.022	0.011
马耳他	0.011	0.017	0	0.007	0.009	0.001	0.016	0.012	0.012
荷兰	0.005	0.02	0	0.037	0.015	0.001	0.079	0.01	0.052
挪威	0.01	0.015	0	0.263	0.02	0.019	0.029	0.014	0.011
波兰	0.017	0.017	0	0.007	0.011	0.002	0.015	0.014	0.009
葡萄牙	0.015	0.017	0	0.008	0.01	0.002	0.018	0.021	0.009
俄罗斯	0.195	0.014	0.14	0.004	0.194	0.002	0.01	0.016	0.271
瑞典	0.009	0.016	0	0.007	0.01	0.001	0.016	0.01	0.011
土耳其	0.024	0.015	0	0.008	0.016	0.003	0.016	0.017	0.006
美国	0.015	0.015	0	0.014	0.013	0.005	0.02	0.015	0.008

(三)实证结果分析

所有处理组国家实行负面清单管理制度的起始年份都是其加入 RTA 当年滞后一

期，罗马尼亚和保加利亚的控制年份为2006年，其余处理组国家的控制年份为2004年。如果按照双重差分的分析框架，我们可以把两组国家混合进行研究，但这里我们构建每一个处理组国家的“合成控制国”，用“合成控制国”的制造业服务嵌入深度与每个处理组国家真实的制造业服务嵌入深度的差值来衡量负面清单的政策效果。以捷克为例，捷克在2003年6月加入EC Treaty，并开始实行负面清单管理制度。除了控制变量，本文还使用2000年、2001年、2003年的制造业服务嵌入深度，以及2000—2003四年的平均嵌入深度，作为预测控制变量来拟合出一个“合成捷克”，而捷克实行负面清单管理制度的效果就可以通过2004年之后真实捷克与“合成捷克”在制造业服务嵌入深度上的差值来体现。控制组各国的权重选择的标准是最小化负面清单实行前真实捷克与“合成捷克”制造业服务嵌入深度的均方误差。控制组各国对处理组的合成权重如表2所示。各个处理组国家和对应的合成控制国2000至2014年的制造业服务嵌入深度如图4所示，垂直虚线所在的位置代表该国实行负面清单管理制度的控制年份，从虚线左侧我们可以发现大多数国家与其对应的合成控制国的制造业服务嵌入深度比较接近，而在虚线右侧，二者无论是在偏离程度还是在变化趋势上都出现较大差异。

我们发现几个值得注意的现象：第一，已有研究发现制造业服务化对于制造业技术进步(许和连等，2017)和竞争力提升(程大中等，2017)具有促进作用。在9个样本国家中，区域化的负面清单管理制度改革会降低制造业服务嵌入的深度。这表现出负面清单的实施促进了服务要素和制造业的融合，但在一定程度上不利于制造业全球分工的深化。可能的原因是：区域性的负面清单制度安排对国际分工体系产生了一定的转移效应，使区域外的分工被转移到区域内，而区域内的服务要素流动壁垒较低，有利于服务要素与制造业融合，而欧盟本身在资本和人员流动性上是所有区域一体化组织中最高的。理论分析的结论指出，当负面清单$\pi_{l(.)}$降低了服务贸易壁垒时，则将i中间环节外包到$l(j)$国的生产效率更高。显然，对于这些新成员国来说，欧盟区域内的生产效率要高于区外的效率。加入欧盟对处理组国家产生的贸易转移效应实际上非常明显，爱沙尼亚与欧盟国家的货物贸易占其总货物贸易的比重在2002年时为11.9%，而2005年时达到72.9%①；匈牙利与欧盟国家的服务贸易占其总服务贸易的比重在2002年时为30.9%，而2005年时达到64.9%②。第二，并不是所有的处理组国家都能找到合适的合成控制对象，就拟合效果而言，塞浦路斯、拉脱维亚和马耳他三个国家的合成效果较差，其他控制组国家的拟合效果较好。马耳他拟合效果不好的原因可能是由于欧盟对其没有产生显著的贸易和投资转移效应，马耳他作为英联邦国家，一直与英国保持着较为密切的经济联系，与欧盟国家的货物贸易占其总货物贸易的比重在2002年时为47.6%，而2005年时仅为50.6%③。塞浦路斯为传统的农业国，多年来着重推动旅游业发展，形成了以旅游服务业为主导的“空心”国民经济结构，因此实行负面清单对制造业的影响很有限。拉脱维亚作为苏联加盟共和国，经济结构比较单一，1995年开始爆发严重的金融危机，国民经济发展较为缓慢，始于

① 作者根据WTO数据库计算。

② 作者根据WTO数据库计算。

③ 作者根据WTO数据库计算。

2003 年的负面清单改革可能没有充分发挥作用。在后续的研究中,我们将这 3 国从处理组国家中剔除。

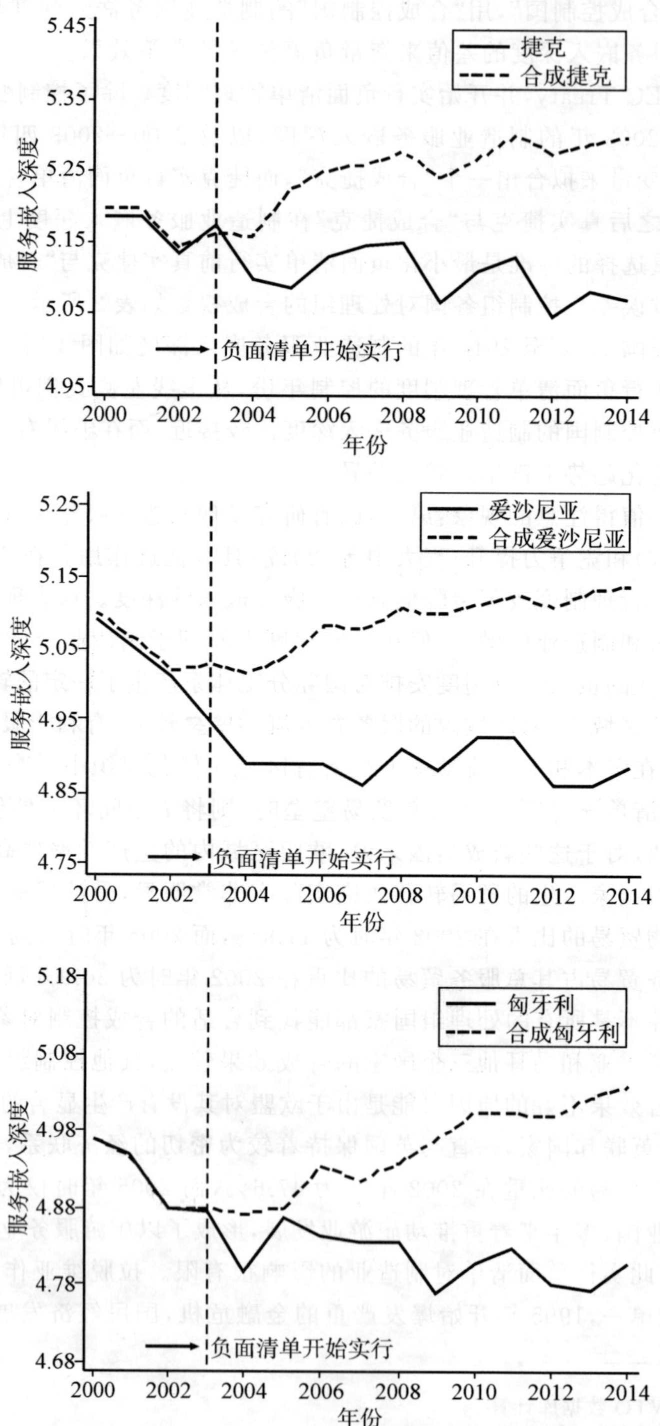

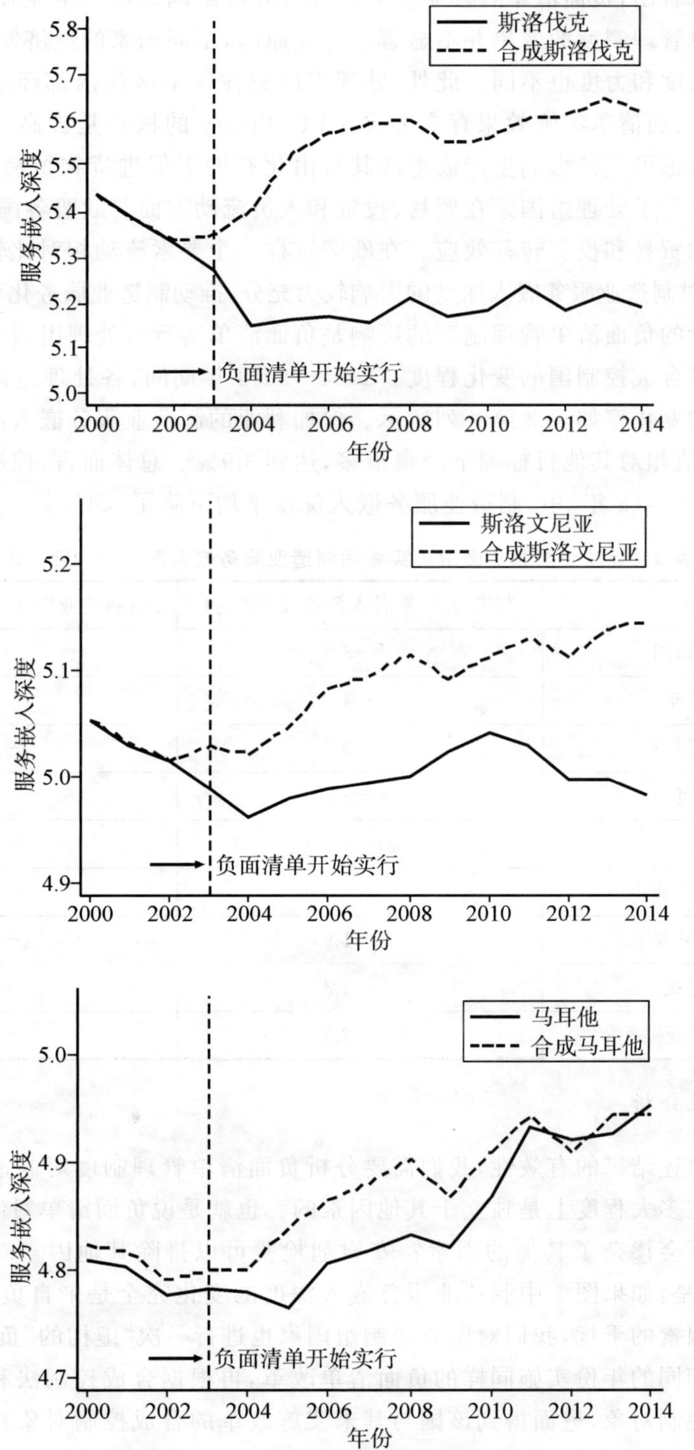

图 4　处理组国家和对应的合成控制国的制造业服务嵌入深度（2000—2014）

由图4可以看出,负面清单管理制度对大部分处理组国家都产生显著影响,但部分国家实行负面清单管理制度的效果并不显著。究其原因,不同国家的经济发展背景不同,相关经济政策的强度和力度也不同。此外,处理组国家在样本区间内都经历了不同程度的外部冲击,导致负面清单实施效果存在差异。EC Treaty的核心是提高成员国间自由化程度,"应优先考虑可直接影响生产成本或其自由化有助于促进货物贸易的服务"等条款在很大程度上推动了处理组国家在贸易、投资和人员流动方面与欧盟各国的密切联系,相应产生了较强的贸易和投资转移效应。在欧盟这样一个要素流动相对比较自由的区域平台上,负面清单对制造业服务嵌入深度的影响较为充分,推动制造业服务化程度不断提升。

本文所估计的负面清单管理制度的影响是负面清单实行后处理组国家制造业服务嵌入深度相对于其合成控制国的变化程度。2004—2014年期间,各处理组国家制造业服务嵌入深度的平均变化率如表3第一列所示。保加利亚的制造业服务嵌入深度在政策实行后的10年中均值相对其他目标国下降得最多,达到3.9%。总体而言,控制组国家在负面清单实施后的10年(8年)中,制造业服务嵌入深度平均下降了3.4%。

表3 处理组国家负面清单实施后制造业服务嵌入深度平均变化率

处理组	制造业服务嵌入深度变化(%)	高端制造业服务嵌入深度变化(%)
捷克共和国	−3	−3.1
爱沙尼亚	−4	−4.9
匈牙利	−3	−3.3
立陶宛	−3	−3.1
波兰	−1.9	−2
斯洛伐克共和国	−6.9	−6.8
斯洛文尼亚	−1.9	−2
保加利亚	−4.3	−4.7
罗马尼亚	−2.3	−2.6

(四)有效性分析

为了证实上述结果的有效性,我们需要分析负面清单管理制度对制造业服务嵌入深度的影响究竟在多大程度上是独立于其他因素的。也就是说负面清单对制造业服务嵌入深度的影响会不会掺杂了其他的因素?安慰剂检验可以排除其他因素对负面清单的干扰,其核心思想是:如果图4中制造业服务嵌入深度的变化完全是来自负面清单的影响,为了防止其他因素的干扰,我们对所有控制组国家也进行一次"虚构的"负面清单改革,与处理组国家在相同的年份实施同样的负面清单改革,再根据合成控制法利用其他控制组国家构造合成控制对象,进而得到该国与其未实施改革的合成控制对象在服务嵌入深度上的差异。对比处理组国家和控制组国家,如果两组国家的差异很大,就说明"虚构的"负面清单改革并没有发挥作用;如果两组国家差异不大,则我们有理由怀疑制造业服务嵌入深度的变化有可能不是负面清单作用的结果。

首先，由控制组所有国家去经历一次“虚构的”负面清单改革。我们假设每个国家都在2003年底和2005年底开始实行负面清单管理制度，通过合成控制法对每个国家进行负面清单影响效应的分离。在这个过程当中，无论将切点放在2003年还是2006年都没有发现制造业服务嵌入真实值与合成值之间出现显著的差异。

进而，我们通过检测平均预测方差来进一步进行安慰剂检验。平均预测方差(MSPE)指的是合成变量与真实变量在拟合程度上的差距①。对于个体国家或行业来说，负面清单改革之前的平均预测方差越小越好，它表明通过合成控制进行的拟合比较精确；而在负面清单改革之后，平均预测方差越大越好，它表明负面清单改革对处理组产生了显著影响。如果平均预测方差在改革之后依然很小，则表明负面清单政策对制造业服务嵌入深度的影响并不显著。表4列出了所有样本国家在负面清单改革前的平均预测方差、改革后的平均预测方差和改革前后的平均预测方差比。综合三个指标的比较，匈牙利、斯洛文尼亚和斯洛伐克的改革效果最为显著，这与第一步的检测结果一致。

表4　样本国家平均预测方差统计表

国家编号	负面清单改革前MSPE	负面清单改革后MSPE	负面清单改革前后MSPE比值	国家编号	负面清单改革前MSPE	负面清单改革后MSPE	负面清单改革前后MSPE比值
1	0.0002	0.0295	159.3053	22	0.0006	0.0026	4.3592
2	0.0005	0.0290	64.1859	23	0.0004	0.0594	141.0768
3	0.0002	0.0206	123.4733	24	0.0001	0.0061	73.6294
4	0.0008	0.0530	69.6472	25	0.0001	0.0039	64.8464
5	0.0002	0.0387	183.6971	26	0.0001	0.0016	13.3355
6	0.0002	0.0018	7.9774	27	0.0001	0.0278	300.6053
7	0.0000	0.0018	45.5915	28	0.0010	0.0250	25.5883
8	0.1814	0.3889	2.1443	29	0.0003	0.0044	15.8102
9	0.0000	0.0017	36.7173	30	0.0002	0.0499	329.9746
10	0.0001	0.0252	385.3732	31	0.0004	0.0024	5.9755
11	0.0001	0.0217	201.2838	32	0.0148	0.0332	2.2521
12	0.0000	0.0120	409.4450	33	0.0002	0.0021	9.5170
13	0.0001	0.0115	151.2727	34	0.0007	0.0090	12.2408
14	0.0017	0.0429	25.4223	35	0.0001	0.0042	34.3926
15	0.0002	0.0300	161.6181	36	0.0004	0.0155	40.1687
16	0.0001	0.0014	18.7111	37	0.0019	0.0446	23.0420
17	0.0002	0.0027	14.4460	38	0.0015	0.1496	97.3668

① 具体推导见 Abadie 等(2010)

续表

国家编号	负面清单改革前MSPE	负面清单改革后MSPE	负面清单改革前后MSPE比值	国家编号	负面清单改革前MSPE	负面清单改革后MSPE	负面清单改革前后MSPE比值
18	0.0003	0.0208	64.2495	39	0.0004	0.0108	29.6790
19	0.0012	0.0024	1.9361	40	0.0001	0.0085	99.7743
20	0.0000	0.0278	3 173.6497	41	0.0000	0.0208	1 173.6497
21	0.0014	0.0415	28.8921	42	0.0008	0.0206	26.7421

最后,我们将各国负面清单改革前后的平均预测方差比进行比较,这一比值越大在一定程度上说明负面清单改革的效果越显著。通过图5可以看出这一比值最大的是匈牙利,而绝大多数国家的这一比值都在1附近,这表明负面清单管理模式对这些国家没有产生显著的影响。这再次证明前文估计的负面清单对制造业服务嵌入深度的影响效果是有效的。

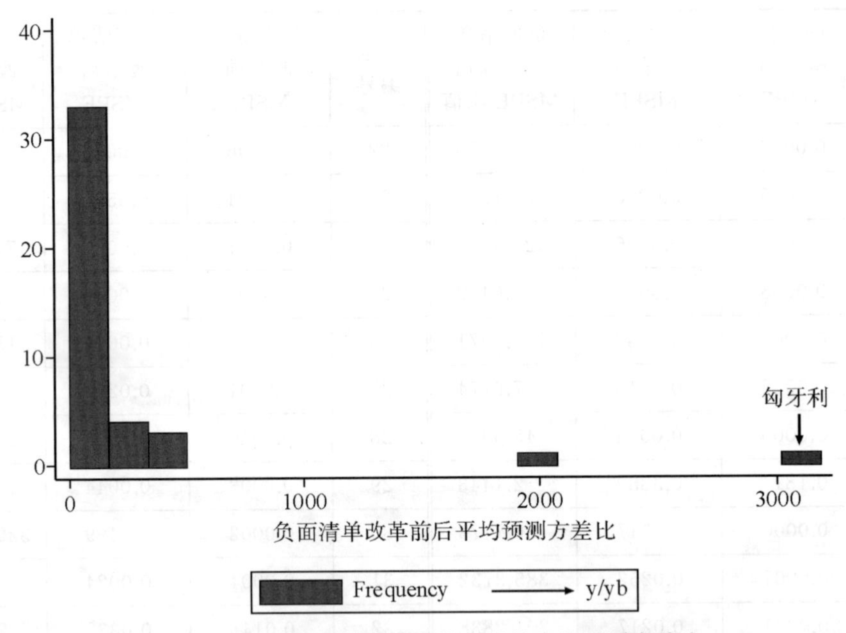

图5　样本国家负面清单改革前后的平均预测方差比

(五)稳健性分析

负面清单对某一国家或行业的影响会不会通过某种渠道与其他国家或行业产生交互影响,进而使得估计结果产生偏离?为了验证实证结果的稳健性,我们进行了如下稳健性分析:首先计算每个国家实际制造业服务嵌入深度与合成嵌入深度之差,该差值在负面清单实施之前应该越接近于0越好,在负面清单实行之后应该越远离0越好;然后将处理组国家的该差额逐一与其他国家进行比较,并以MSPE为评价标准,通过迭代方式多次评估构建的基础合成模型。还是以匈牙利为例,我们在每一次迭代过程中删去控制组国家中负面清单实施前的 MSPE 大于匈牙利 80 倍、40 倍和 5 倍的国家，以此检验合成匈牙利是否为最适合的拟合结果。图 6 的上图和下图分别展示了删去控制组中 MSPE 大于匈牙利 80 倍和 5 倍的国家实际制造业服务嵌入深度与合成嵌入深度之差。图中，黑色实线代表的是匈牙利，灰线代表的是其他国家，无论是在负面清单实行之前，还是在负面清单实行之后，都可以发现合成匈牙利较好地实现了对真实匈牙利的拟合，这证明了实证结果的稳健性。我们重复同样的方法，对其他 6 个处理组国家进行了稳健性检验，同样证明了实证结果的稳健性①。

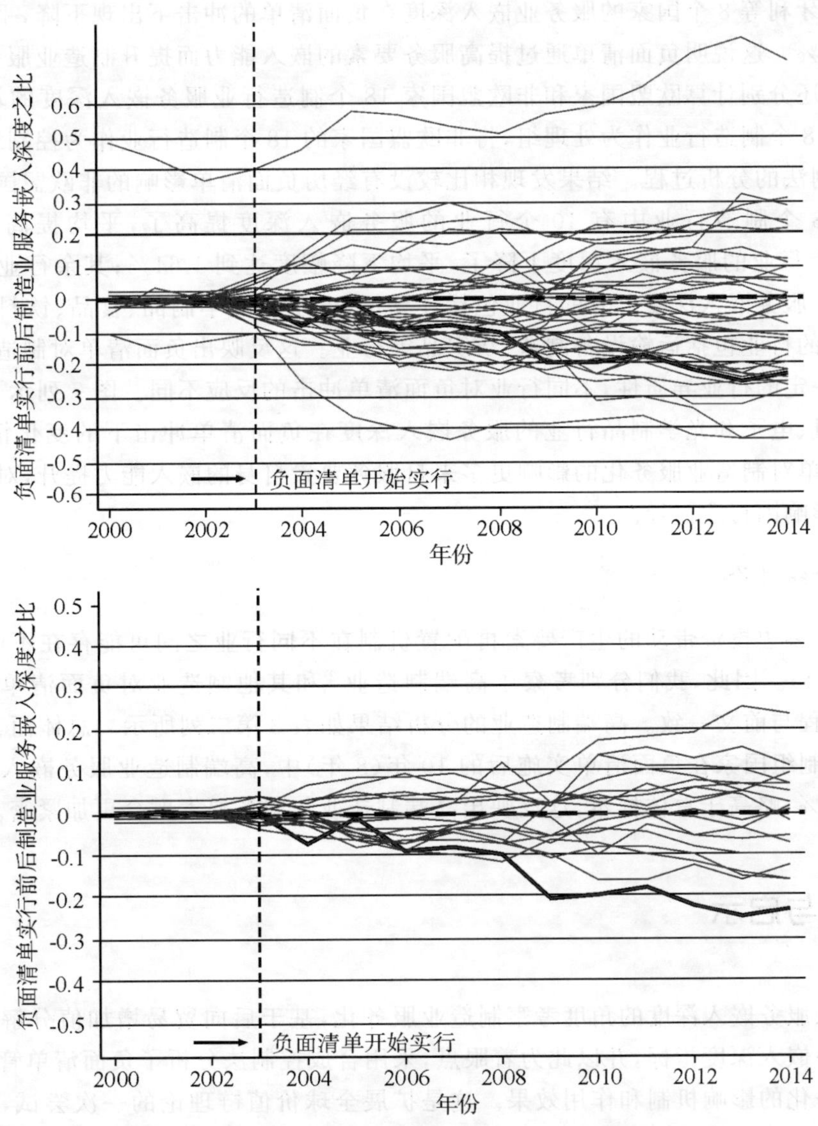

图 6　合成匈牙利制造业服务嵌入深度稳健性检验

---

① 限于篇幅，检验结果不再列出。

(六)负面清单对制造业服务化影响的传递渠道

本文采用的制造业服务嵌入深度指标是建立在制造业产出中所包含的服务增加值基础之上,而该指标下降的直接原因可能来自两个方面:制造业国际分工模式改变而导致的吸收能力发生变化,以及服务要素嵌入能力发生变化。为了进一步探讨负面清单对制造业服务化影响的传递渠道,有必要对制造业服务嵌入深度下降的直接原因进行识别。首先,我们采用前向分解法,对所有处理组国家的服务行业对制造业的嵌入深度重复上述方法,发现匈牙利等8个国家的服务业嵌入深度在负面清单的冲击下出现下降,平均下降幅度达到0.8%。这说明负面清单通过提高服务要素的嵌入能力而提升制造业服务化水平。随后,我们还分别计算欧盟国家和非欧盟国家18个制造行业服务嵌入深度的均值,将欧盟国家的18个制造行业作为处理组,将非欧盟国家的18个制造行业作为控制组,进而重复合成控制法的分析过程。结果发现相比较没有经历负面清单影响的非欧盟国家制造行业,欧盟18个制造行业中有10个行业的服务嵌入深度提高了,平均提高幅度达到1.87%;4个行业的服务嵌入深度下降了,平均下降幅度达到1.64%;其余行业没有发生显著变化。服务嵌入深度上升的行业包括计算机、电子和光学制品、食品、饮料和烟草等行业,下降的行业包括运输设备制造、纺织品等行业。这反映出负面清单对制造业本身的影响具有一定的行业异质性,不同行业对负面清单冲击的反应不同。图7列示了匈牙利,以及计算机、电子和光学制品行业的服务嵌入深度在负面清单冲击下的变化情况[①]。因此,负面清单对制造业服务化的影响更多来自服务要素自身的嵌入能力提升,对制造业吸收能力的影响因行业而异。

(七)分组讨论

双边和多边投资带动的生产要素再配置机制在不同行业之间可能存在不同(Alexopoulos,2011)。因此,我们分别考察了高端制造业[②]和其他制造业对负面清单的反应程度,分析过程与前文一致。高端制造业的分析结果如表3第二列所示。总体而言,除了斯洛伐克,控制组国家在负面清单实施后的10年(8年)中,高端制造业服务嵌入深度平均下降了3.6%,略高于总体样本,这反映出高端制造业与服务要素融合更加紧密。

五、结论与启示

本文从服务嵌入深度的角度考察制造业服务化,基于后向贸易增加值分解技术构建制造业服务嵌入深度指标,并以此为着眼点,采用合成控制法分析了负面清单管理制度对制造业服务化的影响机制和作用效果。这是扩展全球价值链理论的一次尝试,对于我国实现制造强国,迈向全球价值链中高端也具有一定的现实意义。研究发现:第一,在理论

① 限于篇幅,其他国家和行业不再列出。

② 包括电脑、电子和光学制品、电子设备、机械设备、运输装备制造、其他运输装备等5个行业。

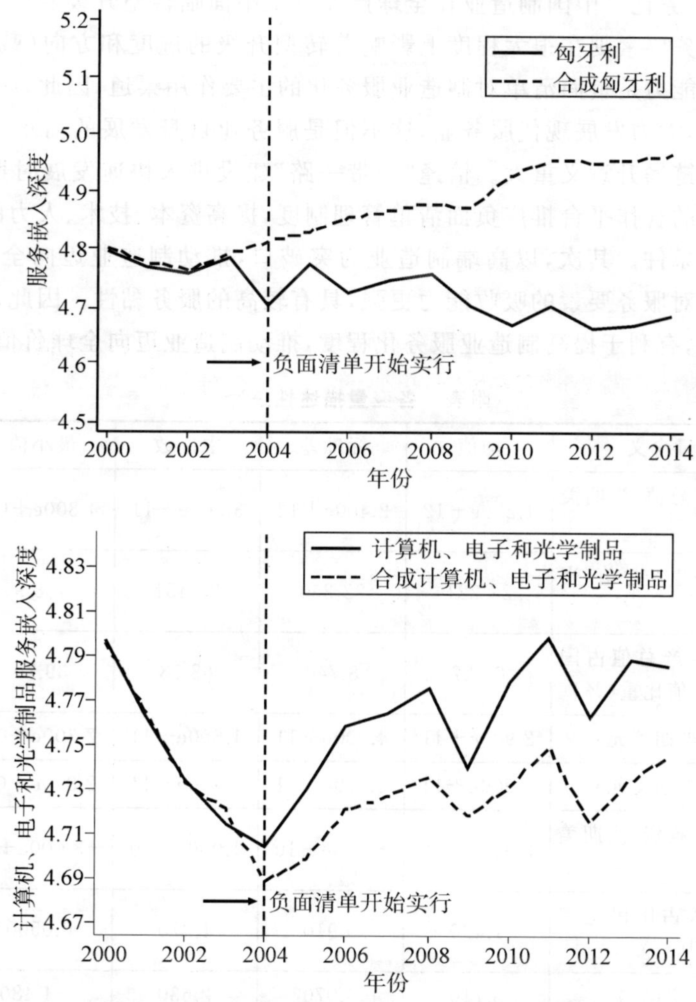

图 7　代表性制造业服务嵌入深度的合成控制

机制上,负面清单管理制度通过灯塔效应降低服务贸易壁垒,一方面促进了服务要素跨国流动,另一方面推动生产环节外包,为制造业服务化提供了必要条件。第二,从全球视角来看,制造业服务嵌入深度越高,表明制造业国际分工更加专业化,符合经济全球化发展的大方向。但是从行业角度来看,服务作为初始投入要素,到达最终制成品所经历的生产环节越少,嵌入深度越低,表明服务要素与制造业的融合越直接,反映出制造业的服务黏性更高,具有较强的服务吸收能力。第三,负面清单管理制度会降低单一国家的制造业服务嵌入深度,促进服务业更直接的与制造业融合,提升制造业服务化程度。在区域性的贸易投资协定框架内,要素保持充分流动性,负面清单可以充分发挥作用。第四,从负面清单发挥作用的渠道来看,服务要素自身的嵌入能力对负面清单反应更加充分,制造业对服务要素的吸收能力则在负面清单冲击下出现异质性的行业特征。最后,在分组讨论中,负面清单管理制度对高端制造业服务化具有更大的促进作用。

本文的结论具有重要现实意义。首先,通过扩大服务业对外开放大力发展现代服务业,促进制造业服务化。中国制造业在全球产业分工中面临转型升级的迫切需求,而作为制造业投入的服务要素则在很大程度上影响着转型升级的进度和方向(戴翔,2016)。服务业自身的嵌入能力是负面清单对制造业服务化的主要作用渠道,因此,应该着力推动服务业供给侧改革,大力发展现代服务业,这不但是服务业自身发展的需求,而且对于制造业实现全球价值链攀升意义重大。恰逢"一带一路"建设进入快速发展时期,我国可以利用这样一个广阔的合作平台推广负面清单管理制度,提高资本、技术、人力的流动性,为制造业服务化创造条件。其次,以高端制造业为突破口,推动制造业迈向全球价值链中高端。高端制造业对服务要素的吸收能力更强,具有较高的服务黏性。因此,战略性地推动高端制造业发展,有利于提高制造业服务化程度,推动制造业迈向全球价值链中高端。

附表　各变量描述性统计

变量	变量含义	均值	标准差	中位数	最小值	最大值
gdp	国民生产总值(当期美元)	1.200e+12	2.400e+12	3.500e+11	4.300e+09	1.700e+13
gdpavg	人均国民生产总值(当期美元)	28 221	22 250	23 451	438.9	120 000
sershare	服务业生产总值占国民生产总值比重(%)	67.27	8.740	68.08	39.79	87.65
texp	总出口(当期美元)	2.900e+11	4.000e+11	1.600e+11	2.300e+09	2.500e+12
timp	总进口(当期美元)	2.900e+11	4.300e+11	1.400e+11	2.800e+09	2.900e+12
fdi	外商直接投资(当期美元)	3.300e+10	6.500e+10	1.000e+10	−3.000e+10	7.300e+11
rnd	研发投入占国民生产总值比例(%)	1.490	0.910	1.270	0.0500	4.280
inflation	通货膨胀率(%)	3.710	5.070	2.630	−4.480	54.92
concent	区位熵(%)	1.110	0.150	1.120	0.650	1.480
govpay	政府支出水平(% of GDP)	33.06	13.92	34.65	1.880	97.80
human	人口密集度(人/平方公里)	809.7	4 179	108.8	3.090	30 500

数据来源:作者根据WTO、OECD和世界银行数据库整理。

参考文献:

陈宪等(2010):《服务经济与贸易》,清华大学出版社。

程大中(2015):《中国参与全球价值链分工的程度及演变趋势——基于跨国投入—产出分析》,《经济研究》第9期。

程大中、魏如青、郑乐凯(2017):《中国服务贸易出口复杂度的动态变化及国际比较——基于贸易增加值的视角》,《国际贸易问题》第5期。

程大中、郑乐凯、魏如青(2017):《全球价值链视角下的中国服务贸易竞争力再评估》,《世界经济研究》第 5 期。

戴翔(2016):《中国制造业出口内涵服务价值演进及因素决定》,《经济研究》2016 年第 9 期。

何德旭等(2009):《服务经济学》,中国社会科学出版社。

黄建忠(2017):《福建自贸试验区深化两岸经济合作的成效与政策创新方向》,《国际贸易》第 6 期。

黄建忠(2017):《经济服务化:逆全球化的持续性及其结构动因》,《世界知识》第 16 期。

江小涓(2008):《服务全球化的发展趋势和理论分析》,《经济研究》第 2 期。

林桂军(2016):《夯实外贸发展的产业基础 向全球价值链高端攀升》,《国际贸易问题》第 11 期。

林僖、鲍晓华(2018):《区域服务贸易协定如何影响服务贸易流量?——基于增加值贸易的研究视角》,《经济研究》第 1 期。

林毅夫、余淼杰(2009):《我国价格剪刀差的政治经济学分析:理论模型与计量实证》,《经济研究》第 1 期。

刘斌、魏倩、吕越、祝坤福(2016):《制造业服务化与价值链升级》,《经济研究》第 3 期。

刘春生、王泽宁(2017):《全球价值链视角下我国服务外包的定位与路径选择——基于北京市服务外包升级发展的分析》,《管理世界》第 5 期。

刘志彪(2018):《攀升全球价值链与培育世界级先进制造业集群——学习十九大报告关于加快建设制造强国的体会》,《南京社会科学》第 1 期。

裴长洪、杨志远(2012):《2000 年以来服务贸易与服务业增长的比较分析》,《财贸经济》第 11 期。

彭水军、袁凯华、韦韬(2017):《贸易增加值视角下中国制造业服务化转型的事实与解释》,《数量经济技术经济研究》第 9 期。

乔小勇、王耕、李泽怡(2017):《中国制造业、服务业及其细分行业在全球生产网络中的价值增值获取能力研究:基于"地位-参与度-显性比较优势"视角》,《国际贸易问题》第 3 期。

盛斌、陈帅(2015):《全球价值链如何改变了贸易政策:对产业升级的影响和启示》,《国际经济评论》第 1 期。

盛斌、毛其淋(2017):《进口贸易自由化是否影响了中国制造业出口技术复杂度》,《世界经济》第 12 期。

苏庆义(2016):《中国省级出口的增加值分解及其应用》,《经济研究》第 1 期。

王恕立、胡宗彪(2012):《中国服务业分行业生产率变迁及异质性考察》,《经济研究》第 4 期。

夏杰长、倪红福(2017):《服务贸易作用的重新评估:全球价值链视角》,《财贸经济》第 11 期。

许和连、成丽红、孙天阳(2017):《制造业投入服务化对企业出口国内增加值的提升效应——基于中国制造业微观企业的经验研究》,《中国工业经济》第10期。

易纲(2017):《全面实施市场准入负面清单制度》,《经济日报》,11月20日,第5版。

张二震、戴翔:《全球价值链下的贸易应对之策》,《中国国情国力》第2期。

Alberto, A.; Alexis, D. and Jens, H. "Synthetic Control Methods for Comparative Case Studies: Estimating the Effect of California's Tobacco Control Program." *Journal of the American Statistical Association*, 2010, 105, pp.493—505.

Amit, M. and Wei, S. "Service Off-Shoring, Productivity, and Employment: Evidence from the United States." IMF Working Paper, No.238, 2005.

Antonio, L.; Ortigueira, S. and Santos, M. "A Two-Sector Model of Endogenous Growth with Leisure." *Review of Economic Studies*, 1999, 66(3), pp.609—631.

Antràs, P. and Helpman, E. "Global Sourcing." *Journal of Political Economy*, 2004, 112, pp.552—580.

Baltagi, H.; P.Egger, and M.Pfaffermayr, "A Generalized Design for Bilateral Trade Flow Models." *Economics Letters*, 2003, 80(3), pp.391—397.

Blumand Bernardo, S. "Trade, Technology, and the Rise of the Service Sector: The Effects on US Wage Inequality." *Journal of International Economics*, 2008, 74(2), pp. 441—58.

Cassette, A.; N.Fleury and S.Petit "Income Inequalities and International Trade in Goods and Services: Short-and Long-Run Evidence." *International Trade Journal*, 2012, 26(3), pp.223—254.

Cosimo Beverelli; Matteo Fiorini and Bernard Hoekman "Services Trade Policy and Manufacturing Productivity: The Role of Institutions." *Journal of International Economics*, 2017, 104, pp.166—182.

Eaton, J. and Kortum, S. "Technology, Geography, and Trade." *Econometrica*, 2002, 70(5), pp.1741—1779.

Emily, J. Blanchard; Chad, P. Bown, and Robert C. Johnson "Global Supply Chains and Trade Policy." NBER Working Paper, No.21883, 2016.

Francois, J. and Hoekman, B. "Service Trade and Policy." *Journal of Economic Literature*, 2010, 48(3), pp.642—692.

Georg Duerneckerand Fernando Vega-Redondo "Social Networks and the Process of Globalization." *The Review of Economic* Studies, Forthcoming, Posted on September 12, 2017.

Gremer, J.; L.Garicano and A.Prat "Language and the Theory of the Firm." *The Quarterly Journal of Economics*, 2007, 122(1), pp.373—407.

Grossman, Gene M. and E. Rossi-Hansberg "A Simple Theory of Offshoring." *American Economic Review*, 2008, 98(5), pp.1978—1997.

James Markusen "Modeling The Offshoring of White-collar Services: From Comparative Advantage to The New Theories of Trade and FDI." NBER Working Paper, No.

11827,2005.

Jeffrey,R "Global Production Sharing and Trade in the Services of Factors." *Journal of Political Economy*,2006,97(5),pp.1180—1196.

Koopman,Robert;Zhi Wang and Shang-Jin Wei "Tracing Value-Added and Double Counting in Gross Exports." *American Economic Review*,2014,104(.2),pp.459—94.

Kotwal,A.;Bharat,R.and Wilima,W."Economic Liberalization and Indian Economic Growth: What's the Evidence?" *Journal of Economic Literature*, 2011, 49(4), pp. 1152—1199.

Kyle Bagwell; Robert, W. Staiger and Ali Yurukoglu "Quantitative Analysis of Multi—party Tariff Negotiations." NBER Working Paper,No.24273,2018.

Lucas,E."Why Doesn't Capital Flow from Rich to Poor Countries?" *American Economic Review*,1990,80,(2),pp.92—96.

Markusen,J.and Strand,B."Adapting the Knowledge-capital Model of the Multinational Enterprise to Trade and Investment in Business Services." *The World Economy*, 2009,32,pp.6—29.

Markusen,J.;Rutherford,F.and Tarr,D."Trade and Direct Investment in Producer Services and the Domestic Market for Expertise." *Canadian Journal of Economics*, 2005,38,pp.758—777.

Nicholas,B.;Sadun,K.and Van,J."Americans Do IT Better: US Multinationals and the Productivity Miracle." *American Economic Review*,2012,102,pp.167—201.

Pol Antràs and Alonso de Gortari "On The Geography of Global Value Chains." NBER Working Paper,No.23456,2017.

Rasmus,L.and Mortensen,D."An Empirical Model of Growth through Product Innovation." *Econometrica*,2008,76(6),pp.1317—1373.

Robert C.Johnson and Guillermo Noguera "A Portrait of Trade in Value Added over Four Decades." NBER Working Paper,No.22974,2016.

Triplett,J.and Bosworth,P."Productivity Measurement Issues in Services Industries: 'Baumol's Disease' Has Been Cured." *Federal Reserve Bank of New York Economic Policy Review*,2003,9(3),pp.23—33.

Zhi Wang;Shang-Jin Wei;Xinding Yu and Kunfu Zhu "Characterizing Global Value Chains: Production Length and Upstreamness." NBER Working Paper,No.23261,2017.

Zhi Wang;Shang-Jin Wei;Xinding Yu and Kunfu Zhu "Measures of Participation in Global Value Chains and Global Business Cycles." NBER Working Paper, No.23222, 2017.

Zhi Wang; Shang-Jin Wei and Kunfu Zhu "Quantifying International Production Sharing at the Bilateral and Sector Level".NBER Working Paper,No.19677,2013.

市场规制、文化距离对中国服务贸易出口的影响研究
——基于扩展引力模型的分析

孙玉红　牟逸飞　王一鸣[①]

摘　要:自2013年中国成为世界第一贸易大国以来,中国的服务贸易出口也在不断提升,然而服务贸易逆差居高不下、快速增长的现实给我们带来疑虑。本文依据OECD最新发布的市场规制数据、霍夫斯泰德的最新文化距离数据,构建了扩展的引力模型,选取2000年—2015年期间中国对26个OECD国家的服务贸易出口数据,分析了市场规制、文化距离对中国服务贸易出口的影响。研究结果显示:市场规制和文化距离对中国服务出口均具有显著的负面影响;进一步分析市场规制的三个维度可以发现其作用强度有所不同,其中"国家控制政策"比"贸易和投资壁垒"对服务贸易出口限制的程度更强,前者是后者的5倍。尽管自由贸易协定有助于促进中国服务出口,但其作用远不能抵销市场规制和文化距离的负面影响。因此中国在推进多边和区域服务贸易自由化同时,应注重利用多边和区域规则约束进口国家的政府控制政策,注意弥合文化差异,才能更高程度促进中国的服务贸易出口。

关键词:市场规制;文化距离;FTA;中国服务贸易出口

一、引言和文献综述

(一)引言

自2013年中国成为世界第一贸易大国以来,我国的服务贸易出口也在不断提升,但中国服务贸易逆差的情况一直延续着,呈现出货物贸易巨额顺差和服务贸易巨额逆差并存的局面。中国外汇管理局的国际收支平衡表显示[②],2013年,服务贸易逆差首次突破1 000亿美元,其中出口为2 070亿美元,进口为3 306亿美元,实际逆差为1 236亿美元;2016年,服务贸易逆差已经几乎增长了一倍,达到2 442亿美元,其中出口为2 084亿美元,进口为4 526亿美元。此外,在全球和区域自由化的推进进程中,存在着货物和服务

① 作者简介:孙玉红、牟逸飞、王一鸣,东北财经大学国际经济贸易学院。通讯作者:孙玉红,电子邮箱:syh04@163.com。

② 国家外汇管理局新版国际互联网站 http://www.safe.gov.cn/wps/portal/sy/tjsj_szphb

自由化发展的不平衡。无论是 WTO 还是区域贸易协定,服务贸易自由化拉开序幕,但自由化程度参差不齐,从广度和深度来看都远远低于货物贸易自由化。

中国服务贸易逆差、服务出口增长缓慢的问题早已经引起学术界的重视,大多数文献从提高中国服务业竞争力(程大中,2003[①],2017[②])或者改变服务业的结构等服务供给的角度进行的研究(程南洋、杨红强、聂影,2006[③])。从现有研究看,针对中国服务出口发展滞后问题,从进口国的服务贸易限制以及文化壁垒的视角进行研究的文献还很缺乏。

与货物贸易壁垒不同,国际服务贸易的流动常常会受到国内政策的限制,然而国内政策限制对服务贸易的影响一直难以量化。2014 年国际经济合作组织开发了服务贸易限制指数数据库,该数据库涵盖了占全球服务贸易额 80%以上的 44 个国家的 22 个服务部门的服务贸易限制[④],该数据库提供给全球政策制定者和学术研究人员的首个最综合的、具有可比性的服务限制信息[⑤],为研究国内政策管制对服务贸易影响奠定了基础。此外,两国的文化差异必然会影响生产要素在国际的流动进而影响服务贸易,以往的研究中往往忽视两国文化距离对服务贸易带来的负面影响。鉴于我国服务贸易逆差居高不下、不断增长的现实使我们产生疑问,中国服务贸易出口的增长速度为什么远远低于进口的增长,除了中国服务业本身的竞争力原因以外,进口国的国内管制、两国的文化距离对中国服务贸易出口阻碍程度有多大?

本文依据 OECD 最新发布的市场规制数据、霍夫斯泰德的最新文化距离数据,运用扩展的引力模型,选取 2000—2015 年期间中国对 26 个 OECD 国家的服务贸易出口数据,分析进口国服务贸易管制、文化距离壁垒多大程度上对中国服务贸易出口带来阻碍,中国自由贸易协定是否会产生抵销作用,以及中国未来采取哪些具有针对性措施以应对上述壁垒。

(二)文献综述

1.从国内外的现有研究来看,利用引力模型来研究服务贸易流量已经比较普遍

Tinbergen(1962)[⑥]、Poyhonen(1963)[⑦]借鉴牛顿的万有引力定律,首次将引力模型应

---

① 程大中.上海经济研究.中国服务贸易显性比较优势的定量分析[J].2003(05).

② 程大中,郑乐凯,魏如青.全球价值链视角下的中国服务贸易竞争力再评估[J].世界经济研究.2017(05).

③ 程南洋,杨红强,聂影.中国服务贸易出口结构变动的实证分析[J].国际贸易问题.2006(08).

④ http://www.oecd.org/tad/services-trade/services-trade-restrictiveness-index.htm.

⑤ 对于每个部门,它涵盖 5 个政策领域:限制外国入境、限制人员流动、其他歧视措施、竞争壁垒和监管透明度壁垒。这些信息的搜集来源于各个国家现有效力的法律和条例,再由经合组织的官员对其进行审查和同行评议。上述定性信息被折算成量化指标,其范围为 0—1。0 代表该部门无限制,完全自由;1 代表该部门完全封闭。

⑥ Hasson J A,Tinbergen J.Shaping the World Economy:Suggestions for an International Economic Policy[J].Economica,1962,31(123):327.

⑦ Pöyhönen P.A Tentative Model for the Volume of Trade between Countries[J].Weltwirtschaftliches Archiv,1963,90:93-100.

用于贸易领域,他们指出两国的双边贸易额度的大小正比于各自的经济发展规模,反比于两国间的地理距离。盛斌等(2004)[①]认为引力模型对服务贸易各个领域来说都是极有利的计量工具。此后引力模型在西方学术界进行了重大修改和扩展,引力方程中纳入了多边摩擦阻力等因素。从国内外各国学者的研究中可以发现,使用引力方程来研究服务贸易流量已经比较普遍。最初采用引力方程来研究服务贸易流量的外文文献是 Francois(2001)[②]所著,他将进口国人均国内生产总值和人口总数作为自变量,进口需求作为因变量并探讨上述主要影响因素的关系。Fukunari 和 Hoon Lee(2004)[③]在原始的引力方程中加入语言和空间间距这两个影响因子以此对比分析不同因素对服务贸易和货物商品贸易的影响力度,结果表明空间距离对服务贸易的阻碍作用更大。上述文献大多采用引力方程来评估一国的服务贸易,即作为被解释变量的服务贸易流量主要依赖于引力方程中的变量包括两国 GDP、距离、共同语言、共同边界、殖民关系、地理特征、区域贸易协定、进口国限制等等。一些学者使用扩展的引力模型对服务贸易相关问题进行更深层次的探索。Grunfeld 和 Moxnes(2003)[④]把进口方的非关税壁垒的指标即服务贸易限制指数作为解释变量,并利用引力模型测度以上变量对双边服务贸易流量的影响。Shingal(2009)[⑤]将区域贸易安排进行分类,结果表明只有涵盖服务贸易的双边贸易协定能对双边服务贸易流量产生显著影响。Guillin(2011)[⑥]也做了相似的研究。

黄建锋,陈宪(2005)[⑦]将信息通信技术作为因变量,选取美国 2000 年服务贸易截面数据分析美国的服务贸易伙伴国的通信技术水平对美国与该国双边跨境服务贸易额的影响以及对商业存在模式服务贸易的影响。黄繁华,许世刚(2009)[⑧]将市场开放度(FTI)、产权保护程度变量(PPR)、市场经营难易程度变量(EDBI)、进出口国人力资源状况(SESG)等变量纳入扩展的引力模型当中,以此探讨上述变量是否会对服务贸易流量造成

① 盛斌,廖明中.中国的贸易流量与出口潜力:引力模型的研究[J].世界经济,2004(2):3—12.

② Dr.Joseph F Francois.Explaining The Pattern of Trade in Producer Services[J].International Economic Journal,1993,7(3):23—31.

③ Fukunari Kimura,Hyun-Hoon Lee.The Gravity Equation in International Trade in Services.The European Trade Study Group Conference,University of Nottingham,September9-ll,2004,and at the International Economics Forum,the Bank of Korea.

④ Grüfeld L,Moxnes A.The intangible globalization:Explaining the patterns of international trade in services[R].Norwegian Institute of International Affairs Paper,No.657,2003.

⑤ Shingal A.How Much do Agreements Matter for Services Trade? [J].Ssrn Electronic Journal,2009.

⑥ Guillin,A."Trade in Services and Regional Trade Agreements:Do Negotiations on Services Have to Be Specific?" Paris School of Economics of Johannes Kepler University Linz working paper,Sep.30,2011.

⑦ 黄建锋,陈宪.信息通讯技术对服务贸易发展的促进作用——基于贸易引力模型的经验研究[J].世界经济研究,2005,(11):58—64.

⑧ 黄繁华.国际服务贸易流量决定因素:基于引力模型的研究[A].北京第二外国语学院国际经济贸易学院、《国际贸易》杂志社.国际服务贸易评论(总第3辑)[C].北京第二外国语学院国际经济贸易学院、《国际贸易》杂志社:,2009:11.

影响。实证结果说明以上因变量都是双边服务贸易流量的决定性因素。王英(2010)[①]将货物贸易引进到解释变量中,以此研究货物贸易的发展是否会作用于服务贸易水平。此外,还有很多学者利用实证得到的引力模型研究了服务贸易的出口潜力。许统生等(2010)[②]将实际的服务贸易出口额和用引力模型预测的出口额进行比较,分不同部门测度了服务贸易的出口潜力,结果表明,不同类型的服务贸易的出口潜力不同,其中既有贸易过度,也有贸易不足。周念利(2010)[③]在引力模型中加入发生服务贸易的经济体之间是否拥有共同边界,是否使用共同语言以及经济体之间是否缔结区域贸易安排作为解释变量。周念利(2012)[④]为了更进一步地研究自由贸易协定对服务贸易的影响,将自由贸易协定具体化,分为自由服务贸易协定以及自由货物贸易协定,然后根据研究对象的发展程度把区域贸易安排分为"南南型"与"南北型"两类。肖文(2012)[⑤]将中国与 26 个国家的进出口服务贸易总量、中国的进口贸易量、出口贸易量分别作为被解释变量,除正常的变量之外还纳入了中国和其贸易国之间的国家规模差异性指数,论证了两国的经济规模差异和双边的服务贸易流量成反比。

舒燕等(2013)[⑥]将伙伴经济体对中国进行的直接投资与中国的服务贸易流量结合在一起进行研究,论证了 FDI 对服务贸易进口的正向作用大于出口的正向影响,FDI 存量和服务贸易进出口成正比。上述研究为我们利用引力模型分析中国的服务贸易出口奠定了基础,但上述研究中没有将进口国的政府限制因素和两国的文化距离因素、PMR 因素纳入到分析中。

2.关于进口国的政府限制因素对服务贸易影响的文献

贸易双方的服务贸易政策会对服务贸易产生影响。关于如何度量服务贸易壁垒,不同的学者有不同的见解。Kimuraetal(2003)[⑦]将俄罗斯的国内战略限制政策分为三类,并根据每类所占的权重进行加总得到总限制指标,以此来研究外商对俄罗斯金融行业直接投资的关系。蒋冰冰等(2012)[⑧]利用以上的测度方式研究服务贸易壁垒对我国出口的影

---

① 王英.中国货物贸易对于服务贸易的促进作用——基于服务贸易引力模型的实证分析[J].世界经济研究,2010,(07):45—48+88.

② 许统生,黄静.中国服务贸易的出口潜力估计及国际比较——基于截面数据引力模型的实证分析[J].南开经济研究,2010,(06):123—136.

③ 周念利.基于引力模型的中国双边服务贸易流量与出口潜力研究[J].数量经济技术经济研究,2010,(12):67—79.

④ 周念利.缔结"区域贸易安排"能否有效促进发展中经济体的服务出口[J].世界经济 2012,(11):88—111.

⑤ 肖文.基于引力模型的服务贸易决定因素分析[J].企业经济,2012,31(04):5—9.

⑥ 舒燕,林龙新.外商直接投资对中国双边服务贸易流量的影响研究——基于服务贸易引力模型的实证分析[J].经济经纬,2013,(04):71—75.

⑦ Kimura,Fukunari,Ando,Mitsuyo,Fujii,Takamune,Estimating the Ad Valorem Equivalent of Barriers to Foreign Direct Investmentin Financial Services Sectors in Russia[R].World Bank Working Paper,2004(1).

⑧ 蒋冰冰,张建华.服务贸易壁垒:度量及其对我国出口的影响[J].当代经济,2012,(02):76—79.

响,论证了服务贸易壁垒对运输、金融、通信的影响有所差别。Nordas 和 Rouzet(2015)①研究了 STRI 指数和跨境服务贸易流量之间的关系,得出 STRI 指数与行业表现指数之间的负向关系可能解释了服务贸易限制指数与服务贸易的进出口呈现的负相关关系。Rouzet 和 Spinelli(2016)②将贸易政策限制和贸易竞争指标量化,利用产业层面的利润率和企业层面的边际成本来衡量服务贸易的竞争,以服务贸易限制指数来代表服务贸易的限制,并利用回归分析研究二者之间的关系。Lejour 和 Verheijden(2004)③曾尝试用产品市场规制指标来衡量市场规制对加拿大和欧盟内部贸易的阻碍;Kox 和 Lejour(2005)④则引入了产品规制以及产品市场管制相似度两类指标来研究是否会对欧盟内部双边服务贸易产生重大影响。国内学者利用贸易管制指标的研究比较少,蒙英华(2007)⑤分析了服务贸易政策与服务贸易竞争存在着相互作用。周念利(2012)⑥对 PMR 指标进行结构分解,找出与服务贸易相关的 6 项分指标反映经济体对服务部门的管制力度;分别是:反映国家控制政策方面的政府对网络部门(包括能源运输通信等)的介入指标、价格管制指标、用命令和控制规则介入企业经营指标;反映创业壁垒方面的网络部门壁垒指标、服务壁垒指标;反映贸易和投资壁垒方面的外国直接投资壁垒指标。依据相对重要性,对指标进行加权求和获得反映经济体对服务部门管制力度的服务管制指标,并将其作为多边阻力因子的代理变量分析区域贸易安排对双边服务出口的影响。李杨等(2015)⑦从中国服务贸易进口以及中国产品市场规制的角度出发来研究我国的服务贸易现状。上述涉及服务贸易规则的研究要么是针对中国服务进口的研究,或者是对服务竞争力的研究,或者是研究区域贸易安排对发展中国家服务出口影响中作为多边贸易阻力的研究,对中国服务贸易出口遭受进口国市场规制壁垒限制的研究比较少。

3.关于文化距离对贸易的影响的研究在国内外越来越多,尤其是探讨文化距离对贸易和投资的影响研究正在兴起

Hofstede(1983)⑧最早便提出各国文化间存在差异,进而通过影响交易成本来影响

---

① Nordas H K,Rouzet D.The Impact of Services Trade Restrictiveness on Trade Flows[J].World Economy,2015,40.

② Rouzet D,Spinelli F.Services Trade Restrictiveness,Mark-Ups and Competition[J].Oecd Trade Policy Papers,2016.

③ Lejour A,Verheijden J W D P.Services trade within Canada and the European Union:what do they have in common? [J].Cpb Discussion Paper,2004.

④ Kox H,Lejour A.Regulatory heterogeneity as obstacle for international services trade[J].Cpb Discussion Paper,2005,49(12):2931－2931.

⑤ 蒙英华,蔡洁.服务业对外开放与服务贸易政策体系构筑[J].国际贸易问题,2007,(02):84－89.

⑥ 周念利.缔结"区域贸易安排"能否有效促进发展中经济体的服务出口[J].世界经济 2012,(11):88－111.

⑦ 李杨,张宏敏.中国国内规制对服务进口的影响——基于调整后 OECD 产品市场规制指标的分析[J].内蒙古社会科学(汉文版),2015,(04):121－125.

⑧ Hofstede G,Bond M H.The Confucius connection:From cultural roots to economic growth[J].Organizational Dynamics,1988,16(4):5－21.

贸易流量。Paul D.Ellis(2007)[①]曾指出距离这一概念可以从地理距离中延伸出精神文明距离,而文化距离也会影响企业的决策。Eichengreen 和 Irwin(1996)[②]通过历史演绎等方法定性证明了文化距离会对出口贸易流量产生负面效应。张望,徐成江(2013)[③]的研究对象是中国的文化产品,论证了国家间的文化距离会对我国的文化产品的出口产生显著的负面效应。田晖,蒋辰春(2012)[④]研究了中国和贸易伙伴国之间的文化距离对中国货物贸易出口的影响,论证了文化距离对中国贸易的进口和出口均会产生明显的负面效应。陈昊,陈小明(2011)[⑤]利用引力模型研究文化距离以及 FDI 对贸易的影响,并检验了变量之间是否存在内生性,结果表明 FDI 存在较显著的内生性,通过工具变量处理回归结果后发现文化距离会对贸易产生负向影响。文化距离每多 1%,出口额会显著降低 0.185%左右。曲如晓,韩丽丽(2011)[⑥]也做了相似的研究。然而,将服务贸易和文化距离相结合进行研究的文献寥寥无几。柏露露等(2014)[⑦]将文化要素分为文化距离、语言和文化源向,并用引力模型研究文化要素对服务贸易的影响。其中不确定性规避、个人主义差异对服务贸易的出口具有显著的负作用。

He 和 Lyles(2008)[⑧]通过研究我国对美国对外直接投资的典型案例,发现中国和美国在五个文化维度上的差异已经对我国在美国的跨国公司形成巨大的挑战。余官胜等[⑨]在研究东道国的风险,以及东道国与作为母国的中国的文化距离对中国公司对外投资的影响时,将东道国风险进行量化,并且和文化距离相乘作为解释变量,实证结果表明东道国的经济政治风险的提高是否会加速中国企业的对外直接投资行为完全取决于两国文化距离的大小,文化距离越大,东道国的政治风险的提高越不利于 FDI 的发生。綦建红等

---

① Paul D.Ellis,(2007)"Paths to Foreign Markets:Does Distance to Market Affect firm Internationalisation?"International Business Review 16,573-593.

② Eichengreen B,Irwin D A.The Role of History in Bilateral Trade Flows[J].NBER Working Papers,1996.

③ 张望,徐成江.影响中国文化产品出口因素的实证研究——使用引力模型测度文化距离对文化贸易影响的实证检验[J].北方经济,2013,(02):11-12.

④ 田晖,蒋辰春.国家文化距离对中国对外贸易的影响——基于 31 个国家和地区贸易数据的引力模型分析[J].国际贸易问题,2012,(03):45-52.

⑤ 陈昊,陈小明.文化距离对出口贸易的影响——基于修正引力模型的实证检验[J].中国经济问题,2011,(06):76-82.

⑥ 曲如晓,韩丽丽.文化距离对中国文化产品贸易影响的实证研究[J].黑龙江社会科学,2011,(04):34-39.

⑦ 柏露露,祁嘉敏.文化要素对中国服务贸易影响的实证研究——基于 24 个国家和地区 12 年对中国双边贸易数据的引力模型[J/OL].中国商贸,2014,(25):158-161.

⑧ He W,Lyles M A.China's outward foreign direct investment[J].Business Horizons,2008,51(6):485-491.

⑨ 余官胜,范朋真.东道国风险、文化距离与中国企业对外直接投资[J].统计与信息论坛,2017,32(06):86-91.

(2012)[①]在先前研究的基础上,对文化距离的测度进行了改进,论证了在中国进行对外直接投资时,选择区位不仅考虑东道国的地理位置等先天的因素和经济政治等后天决定因素,更重要的是分析两国间的文化距离。

上述研究表明,人们越来越关注文化距离对贸易和投资的影响,但对文化距离对服务贸易的影响的研究还比较罕见。

综上所述,利用引力模型来分析服务贸易流量在国内外都已经相当普遍,但是从变量选择来看,还没有相关研究选择文化距离和进口国产品市场规制作为解释变量,系统分析其对中国服务贸易出口的影响。本文以下的结构安排为:首先测算中国服务贸易的主要进口国家采取的产品市场规制情况和测度;其次测算中国与这些国家的文化距离;然后构建扩展的引力模型并对进口国产品市场规制和文化距离对中国服务贸易出口进行实证分析;最后根据回归结果提出相应政策建议。

二、产品市场规制指标构成及 OECD 国家的政策变动

产品市场规制(product market regulation,PMR)主要指从政府的角度出发来干预市场,具体表现为国家机关通过对市场的直接控制从而调整市场结构、规范市场秩序以及保护并促进公平竞争。经合组织的各个成员国都非常重视改革,为了将政府的这一规制性指标量化,1998 年起,OECD 就构建了 PMR 指标,通过对竞争产生影响的定性指标进行评分量化,以便从定量数据的角度更直观地检测各国规制的数量变化。

产品市场规制指标可以通过降低产品市场、技术市场的竞争的激烈程度从而对市场形成一定的管制。此外,由于 PMR 指标主要基于明确的市场政策环境,并且只是衡量政府的正式监管,记录有关规则和条例的“客观”数据,而不是基于意见调查问卷的指标对市场参与者的“主观”评估,这将指标从具体情况评估中分离出来,并使得 PMR 指标在各个国家间具有可比性,从而使得 PMR 指标可以用于对经合组织成员国的市场规制战略分析,以便量化各个成员国规制改革的程度。由于 PMR 指标是通过其下级指标加权后获得的,每个具体的政策层面都有相应的得分,而 PMR 下属的各级指标背后的数据均来自 OECD 的调查结果,发给经合组织成员国政府的调查问卷是该指标使用的数据的主要来源。问卷的 2003 版本共包含了六个部分,涵盖了整体和部门监管政策和产业结构的重要方面,每一部分都由相关的行政部门的公务人员回答。PMR 指标由下属的一级指标(其中包括国家管制、创业壁垒以及贸易和投资壁垒)、二级指标、三级指标构成,低级指标涵盖了总体监管措施的主要方面和产业管制政策的某些方面(PMR 具体构成如图 1 所示)

PMR 指标的范围在 0 到 6 之间,越高则反映了对竞争监管规定的限制越大。问卷中的问题经过处理并加权后得到三级指标,三级指标通过加权得到二级指标,最后用同样的方法得到一级指标和最终的 PMR 指标。OECD 数据库中记载了经合组织成员国在 1998

① 綦建红,李丽,杨丽.中国 OFDI 的区位选择:基于文化距离的门槛效应与检验[J].国际贸易题,2012,(12):137-147.

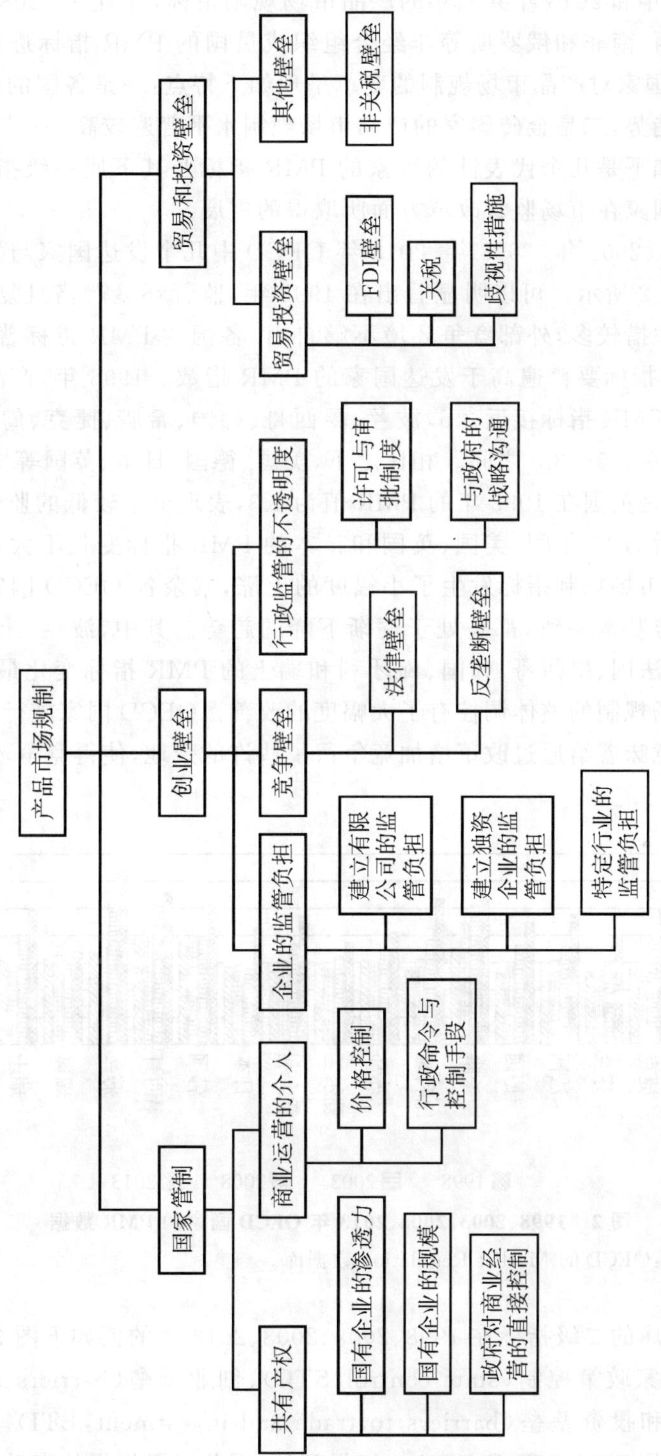

图 1　产品市场规制指标的构成

年、2003年、2008年和2013年共四年的产品市场规制指标,并且在2008和2013年两次对中国、印度、巴西、南非和俄罗斯等非经合组织成员国的PMR指标进行评估。通过整理后发现OECD国家对产品市场规制的变革呈现如下特点:一是各国的产品市场规制改革呈现出降低的趋势,二是金砖国家的产品市场规制水平普遍较高,三是各国的产品市场规制逐渐趋同。如下是几个代表性的国家的PMR指标及其下属一级指标的变动趋势,可说明经合组织国家在市场监管改革方面所取得的进展。

首先,1998年、2003年、2008年、2013年OECD中几个发达国家与发展中国家的总体PMR指标如图2所示。可以明显看出在1998年,监管环境严格且复杂,各国政府对产品市场的监管举措较多,外部竞争环境不够自由,各国的PMR指标普遍较高,其中发展中国家的PMR指标要普遍高于发达国家的PMR指数。1998年,产品市场规制指数最高的是土耳其,PMR指标接近3.5,波兰、墨西哥、韩国、希腊、捷克、匈牙利的PMR值紧随其后,基本都在2.5～3.0之间。相比之下,美国、德国、日本、英国等发达国家的PMR值普遍较低,尤其是英国在1998年的PMR值为1.3,表现出了较低的监管及较为开放的竞争环境。在随后的15年间,美国、英国和日本的PMR指标变化不大,甚至在2003年到2008年间产品市场规制指标发生了小幅度的上涨,其余各OECD国家的产品市场规制指标的变动趋势基本一致,都是处于逐渐下降的趋势。其中,波兰、土耳其、捷克共和国、希腊、意大利、法国、墨西哥、韩国、匈牙利和瑞士的PMR指标变化最为显著,说明以上国家对产品市场规制的整体调控有了大幅度的改善。OECD国家施行相对宽松的产品市场规制政策也意味着给通过改革增加竞争留了些许的余地,使得竞争环境更为开放,有利于各国的竞争。

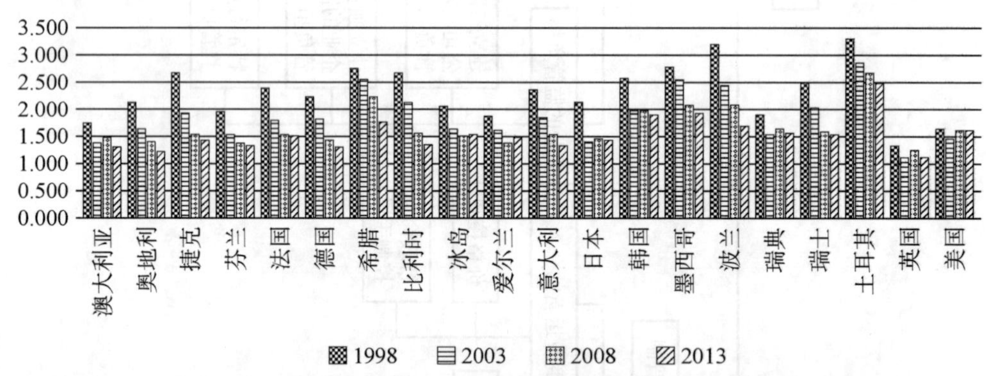

图2 1998、2003、2008、2013年OECD国家的PMR数据

数据来源:OECD的Market Regulation数据库。

PMR几个下属的二级指标在1998、2003、2008、2013年的值如下图3、图4和图5所示,它们分别是国家政策控制(state control,STC)、创业壁垒(barriers to entrepreneurship,BTE)、贸易和投资壁垒(barriers to trade and investment,BTI)。由于一级指标PMR是由二级指标STC、BTI和BTE加权得到的,因此二级指标的变动与产品市场规制指标的变动基本趋同。图3展示了OECD国家四年的STC指标,在1998年各国的STC指标都比较高,随后的几年之中已经大大减少。从1998年到2013年间,大部分国家的反映国家政策控制的指标是逐年递减的，只有小部分国家不满足这个变动趋势，例如美国与波兰2013年的STC指标要高于1998年的STC指标；澳大利亚、日本、韩国、瑞士和英国2008年的STC指标要高于2003年的STC指标，此外，发展中国家的反映国家政策控制指标的水平要普遍高于发达国家。

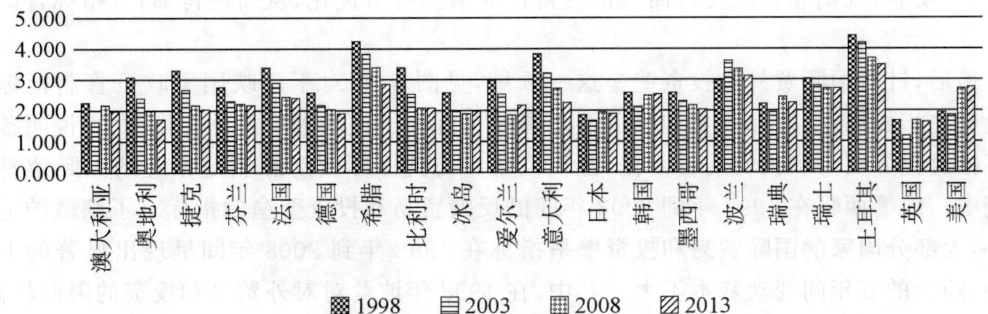

图3 1998、2003、2008、2013年OECD国家STC指标

数据来源：OECD的Market Regulation数据库。

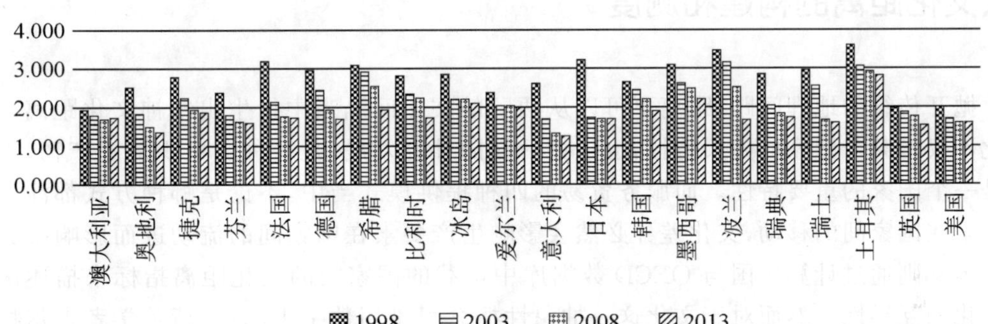

图4 1998、2003、2008、2013年OECD国家的BTE指标

数据来源：OECD的Market Regulation数据库。

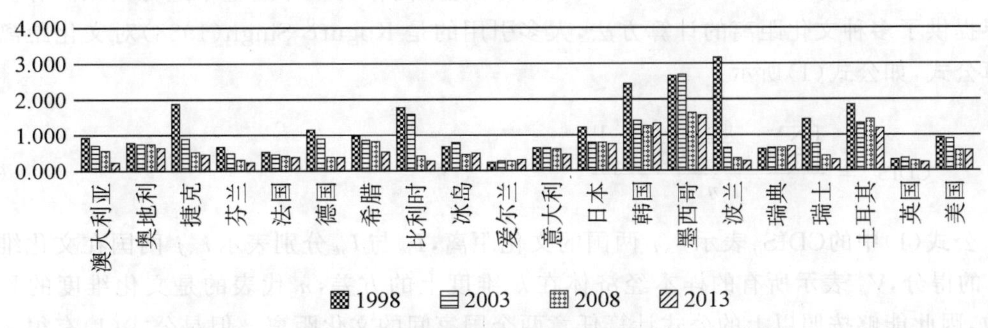

图5 1998、2003、2008、2013年OECD国家的BTI指标

数据来源：OECD的Market Regulation数据库。

其次，对于BTE指标来说，见图4，减少创业壁垒方面取得的进展更加趋同，各国都很重视对创业壁垒的减少。除了澳大利亚和日本在2008年到2013年间，反映创业壁垒的指标出现了小幅的上升,各 OECD 国家的反映创业壁垒的指标都在逐年下降。其中,波兰、土耳其、法国和日本在 1998 年的创业障碍最为严重,在尔后的几年之中,也都取得了实质性的改善。这主要源自创业公司的行政负担大幅度减少,主要措施有取消进入某些部门的法律障碍,优化执照和许可证制度,改善公共治理。因此创业初期的行政负担变小,交流便利,规则和程序变得简单都使得创业壁垒有所优化,从而使得 BTE 指标普遍下滑。

最后,针对国际贸易和投资壁垒这一领域,见图 5,相对于反映国家政策管制指标和创业壁垒指标来说,国际贸易和投资壁垒指标一直处于较低水平并且变化不大,说明各国为了推进世界贸易和投资的自由化,都积极地参与到国际贸易和制定相应的国际贸易规则当中。除墨西哥在 1998 年到 2003 年间的反映贸易和投资壁垒的指标有了细微的上升之外,大部分国家的国际贸易和投资壁垒指标在 1998 年到 2008 年间呈现出显著的下降趋势,随后的五年间变动基本不大。其中,在 1998 年波兰对对外贸易和投资的限制较高,超过了 3.0,但是在 2003 年波兰的 BTI 指标迅速下降,还不到 0.6。

三、文化距离的构建和测度

抛开传统的地理间距,距离更可以从两国的文化间隔当中衍生出精神文化距离。而文化不仅指某个国家的先天特性,也包括后期的社会发展,是一种历史积淀的产物,也同样是一个国家的重要特性。而服务贸易的四种提供模式当中,不论是哪种方式都涉及生产要素在国家间的移动,文化差异必然会影响生产要素在国家间的流动进而影响服务贸易。本文则通过计算中国与 OECD 数据库中记载的国家间的文化距离指标来描述国家间文化的互异性。然而对于文化这一抽象性概念很难用数字去测量,荷兰学者吉尔特·霍夫斯泰德经过研究并总结出一套度量各国价值取向的文化维度理论,他将文化共分为六个维度:权力距离、不确定性的规避、个人主义/集体主义、男性化与女性化、长期取向与短期取向以及自身的放纵与约束。本文仅将文化距离作为整体变量来进行回归测算。学术界提供了多种文化距离的计算方法,大多引用的是 Kogut&Singh(1988)对文化距离的测算公式,如公式(1)所示:

$$\mathrm{CDIS}_{ij} = \frac{\left[\sum_{k=1}^{n} \frac{(I_{jk} - I_{ik})^2}{V_k}\right]}{n} \tag{1}$$

公式(1)中的CDIS_{ij}表示 i、j 两国的文化距离,I_{ik} 与 I_{jk} 分别表示 i、j 两国在文化维度 k 上的得分,V_k 表示所有的样本经济体在 k 维度上的方差,n 代表的是文化维度的具体个数,因此能够按照以上的公式计算任意两个国家间的文化距离。但是公式(1)有很大的缺陷,即通过计算得到的文化距离结果是一个不随时间变化的固定数值。而实际情况下,与地理距离不同,两国之间的文化距离会随着两国之间的不断交流而发生改变,因此在各文化距离的维度不变化时,笔者借鉴建红(2012)在 Kogut&Singh(1988)的基础之上对文化距离的测算予以完善,如公式(2)所示:

$$\mathrm{CDIS}_{ij}=\frac{\left[\sum_{k=1}^{n}\frac{(I_{jk}-I_{ik})^2}{V_k}\right]}{n}+\frac{1}{T_{jk}} \tag{2}$$

其中 T_{jk} 代表中国和其贸易伙伴之间的建交年数①，其意为两国之间的文化距离会随着两国建交时间的增加而缩短。由于香港与内地不存在建交的说法，因此将 1997 年香港回归当作标准年。公式(2)与公式(1)相比体现了文化距离的动态变化，使得计量结果更加准确。

表 1　OECD 的 26 个国家各文化维度的得分

国家(地区)	权力距离	个人/集体主义	男性/女性度	不确定性规避	长短期导向	自身放纵/约束	国家和地区	权力距离	个人/集体主义	男性/女性度	不确定性规避	长短期导向	自身放纵/约束
澳大利亚	38	90	61	51	21	71	瑞典	31	71	5	29	53	78
日本	54	46	95	92	88	42	卢森堡	40	60	50	70	64	56
美国	40	91	62	46	26	68	比利时	65	75	54	94	82	57
加拿大	39	80	52	48	36	68	葡萄牙	63	27	31	104	28	33
丹麦	18	74	16	23	35	70	挪威	31	69	8	50	35	55
荷兰	38	80	14	53	67	68	爱尔兰	28	70	68	35	24	65
奥地利	11	55	79	70	60	63	捷克	57	58	57	74	70	29
西班牙	57	51	42	86	48	44	韩国	60	18	39	85	100	29
法国	68	71	43	86	63	48	波兰	68	60	64	93	38	29
芬兰	33	63	26	59	38	57	匈牙利	46	80	88	82	58	31
意大利	50	76	70	75	61	30	中国香港	68	25	57	29	61	17
英国	35	89	66	35	51	69	俄罗斯	93	39	36	95	81	20
新西兰	22	79	58	49	33	75	冰岛	20	70	32	25	28	67

数据来源：根据 GEERT HOFSTEDE 数据库整理得到。

四、模型的构建和假设的提出

借鉴前面的将引力模型用于分析服务贸易流量的文献，我们构建了扩展的引力方程。除了两国经济规模(lnGDP_it、lnGDP_jt)、两国人均经济规模(lnPGDP_it、lnPGDP_jt)及两国地理距离(lnDiscap_ij)这些常用的控制变量以外，我们构建了扩展的引力方程(3)，

① 中国与其贸易伙伴之间的建交起始年可以从中国外交部官方网站(http://www.fmprc.gov.cn)获得

将产品市场规制(PMR)、两国文化距离(CDIS)、服务贸易协定(RTA)[①]纳入引力模型中作为研究的解释变量。

$$\ln X_{ijt} = \beta_1 \ln GDP_{it} + \beta_2 \ln GDP_{jt} + \beta_3 \ln PGDP_{it} + \beta_4 \ln PGDP_{jt} + \ln Discap_{ij} + \ln PMR_{jt} + \ln CDIS_{ij} + FTA_{ij} + \eta_{ij} + \delta_t + \varepsilon_{ijt} \quad (3)$$

其中“产品市场规制”(PMR)指标,是OECD构建的用于衡量国内政策对竞争抑制程度并具有国际可比性的综合指标。目前经合组织的数据库中记载了PMR指标及其三项分指标,分为“政府的政策控制”(STC,state control)指标、“创业壁垒”(BTE,barriers to entrepreneurship)及“贸易和投资壁垒”(BTI,barriers to trade and investment)指标,得分越高反映规制水平越高,反之越低(具体说明得分的区间)。本文将市场规制分别从总体规制(由PMR总量代理)和市场规制的三个维度进行测度,探寻市场规制对中国服务贸易出口的影响,得出市场规制与服务贸易出口之间的关系。市场规制三维度下扩展的引力方程(4):

$$\ln X_{ijt} = \beta_1 \ln GDP_{it} + \beta_2 \ln GDP_{jt} + \beta_3 \ln PGDP_{it} + \beta_4 \ln PGDP_{jt} + \ln Discap_{ij} + \ln STC_{jt} + \ln BTE_{jt} + \ln BTI_{jt} + \ln CDIS_{ij} + FTA_{ij} + \eta_{ij} + \delta_t + \varepsilon_{ijt} \quad (4)$$

命题1:进口国市场规制对中国服务贸易出口具有显著的限制作用。进口国PMR的三项指标对中国服务出口均有限制作用,但作用强度不同。

命题2:两国文化距离对中国服务贸易出口有着显著影响,文化距离越大,对服务贸易出口越不利。

经合组织仅仅发布了1998年、2003年、2008年及2013年的市场规制(PMR)数值和分项指标。通过对PMR指标进行统计时可以发现以下两个特点:第一,各国的市场规制指标呈现下降的趋势;第二,发展中国家的市场规制水平较高。为了保持数据的连续性,本文采用两种方法补齐数据并相互印证。首先基于“市场管制是随时间匀速变化”的基本假设,推算出其他年份的数据为PMR1,STC1,BTE1与BTI2;此外,基于“五年采取同一数值”这一假设推算出缺少的15年数值为PMR2,STC2,BTE2与BTI2,并将两次回归结果进行比较。

五、产品市场规制对服务贸易出口影响的实证分析

(一)样本的选取

本文选取2000—2015年期间中国对26个经济体的服务贸易出口为被解释变量。这26个样本经济体包括24个OECD成员和2个非OECD成员。其中,OECD成员包括澳

① 由于中国与OECD国家的FTA可能促进中国服务贸易出口,但中国与伙伴国不具有共同语言,并且没有殖民附属关系,且中国与OECD成员国都没有共同边界,因此引力模型中一些常见的虚拟变量如:是否具有共同语言、是否存在殖民关系、是否具有相邻边界变量都不包括在我们的模型中。

大利亚、日本、美国、加拿大、丹麦、荷兰、奥地利、西班牙、法国、芬兰、意大利、英国、瑞典、卢森堡、比利时、葡萄牙、挪威、爱尔兰、捷克、韩国、波兰、匈牙利、冰岛、新西兰；2 个非 OECD 成员分别为中国香港、俄罗斯，另外，智利、爱沙尼亚、希腊、以色列、拉脱维亚、墨西哥、斯洛伐克、斯洛文尼亚、瑞士以及土耳其的双边服务贸易额都在 OECD 数据库中有所体现，但是与中国的服务贸易往来较少或者数据不全，因此本文并没有选取以上几个国家的数据。

（二）变量描述和数据来源

综上所述，我们得出扩展引力模型各变量的预期符号表（见表 2）。

表 2 解释变量与被解释变量说明

变量名称	变量含义及单位	预期符号	数据来源	说明
$\ln X_{ijt}$	中国第 t 年向 j 国的服务贸易出口额		OECD 数据库	被解释变量
$\ln GDP_{it}$	中国第 t 年的 GDP	+	IMF 的 WEO 数据库	
$\ln GDP_{jt}$	进口国第 t 年 GDP	+	IMF 的 WEO 数据库	
$\ln PGDP_{it}$	中国第 t 年人均 GDP	+	IMF 的 WEO 数据库	
$\ln PGDP_{jt}$	进口国第 t 年人均 GDP	+	IMF 的 WEO 数据库	
$\ln Discap_{ij}$	中国到进口国的地理距离	−	CEPII 数据库	
$\ln PMR1_{jt}$	进口国总体市场规制 1	−	OECD 的 PMR 数据库	每五年随时间匀速变化推算法
$\ln STC1_{jt}$	进口国政府政策控制 1	−	OECD 的 PMR 数据库	
$\ln BTE1_{jt}$	进口国创业壁垒 1	−	OECD 的 PMR 数据库	
$\ln BTI1_{jt}$	进口国贸易和投资壁垒 1	−	OECD 的 PMR 数据库	
$\ln PMR2_{jt}$	进口国总体市场规制 2	−	OECD 的 PMR 数据库	每五年取同一数值推算法
$\ln STC2_{jt}$	进口国政府政策控制 2	−	OECD 的 PMR 数据库	
$\ln BTE2_{jt}$	进口国创业壁垒 2	−	OECD 的 PMR 数据库	
$\ln BTI2_{jt}$	进口国贸易和投资壁垒 2	−	OECD 的 PMR 数据库	
$\ln CDIS_{ij}$	中国和进口国文化距离	−	GEERT HOFSTEDE 数据库	文化距离的计算详见前文中的解释
FTA_{ij}	中国和进口国签署服务贸易协定	+	WTO 中的 RTA 数据库	协定签署之年后取值 1，否则取 0

（三）变量描述性统计和相关性检验

表 3 和表 4 分别是本文所选的变量的描述性统计及变量相关矩阵。统计数据显示，样本国家的平均 PMR 是 1.649，STC 是 2.332，BTE 是 1.957，BTI 是 0.653，中国与贸易伙伴国间的文化距离的平均数为 3.718，从中可以看出贸易伙伴国的国家管制的平均水

平。从变量相关矩阵中可以看出，相关系数基本上小于0.75，因此主要的解释变量和控制变量之间基本上不存在多重共线性问题。但是其中PMR和STC、BTE、BTI之间的相关系数较大，分别为0.818、0.793、0.669，而STC、BTE和BTI两两之间不存在相关性，因此本文将PMR与STC、BTE、BTI分开进行回归。

表3 变量描述性统计

变量	观察数	平均值	标准差	最小值	最大值
X_{ijt}	370	9 265.663	42 683.33	0.978	291 550
GDP_{it}	415	4 976.448	3 416.901	1 214.91	11 226.19
GDP_{jt}	416	1 372.011	2 805.257	8.144	18 036.65
$PGDP_{it}$	416	3 702.349	2 471.134	958.564	8 166.76
$PGDP_{jt}$	416	37 416.69	20 816.48	1 905.95	119 116.1
$Discap_{ij}$	416	7 399.02	2 446.093	955.651 1	11 159.25
$PMR1_{jt}$	389	1.648933	0.3942988	0.915	3.19
$STC1_{jt}$	389	2.332183	0.5891794	1.153	4.045
$BTE1_{jt}$	389	1.957463	0.4732717	1.092	3.448
$BTI1_{jt}$	392	0.6530842	0.4852939	0.118	3.148
$PMR2_{jt}$	389	1.558481	0.3529978	0.722	2.9844
$STC2_{jt}$	389	2.238005	0.5310968	1.031	3.84
$BTE2_{jt}$	389	1.840479	0.4383963	0.858	3.2424
$BTI2_{jt}$	392	0.5905583	0.4442141	−0.44812	2.76094
$CDIS_{ij}$	416	3.71838	1.47595	0.436395	5.943755
FTA_{ij}	416	0.0625	0.2423529	0	1

表4 变量相关矩阵

变量	(1)	(2)	(3)	(4)	(5)	(6)	(7)	(8)	(9)	(10)	(11)	(12)
X_{ijt}	1.00											
GDP_{it}	0.0695	1.00										
GDP_{jt}	−0.0236	0.0825	1.00									
$PGDP_{it}$	0.0702	0.653	0.083	1.00								
$PGDP_{jt}$	−0.0393	0.313	0.0899	0.3147	1.00							
$Discap_{ij}$	−0.4101	−0.0001	0.1743	0.00	0.1349	1.00						

续表

变量	(1)	(2)	(3)	(4)	(5)	(6)	(7)	(8)	(9)	(10)	(11)	(12)
PMR_{jt}	−0.0689	−0.4401	−0.0968	−0.441	−0.5351	−0.2104	1.00					
STC_{jt}	−0.1262	−0.2241	−0.0688	−0.2248	−0.369	−0.0246	0.8183	1.00				
BTE_{jt}	−0.1696	−0.5454	−0.1867	−0.5465	−0.443	−0.2341	0.7932	0.5277	1.00			
BTI_{jt}	0.168	−0.2601	0.0316	−0.2606	−0.4244	−0.2553	0.6686	0.2621	0.3185	1.00		
$CDIS_{ij}$	−0.4061	−0.0038	0.1271	−0.0039	0.3658	0.6254	−0.4479	−0.4264	−0.3087	−0.2637	1.00	
RTA_{ij}	0.6581	0.1845	−0.1019	0.1842	−0.0145	−0.1817	−0.1407	−0.1016	−0.2017	−0.021	−0.1502	1.00

(四)实证结果与分析

表5对模型(1)和模型(2)的回归结果进行了汇总。每种模型下都进行了两次回归分析,第一次是在PMR及其下属的STC、BTE和BTI指标的值每年匀速变化假设下进行数据补全后的回归分析,第二次是在以上指标每五年取同一值的赋值假设下补全数据后进行回归分析。回归结果如表5所示。

(1)进口国产品市场规制对中国服务贸易出口的影响

对公式(1)在两种赋值假设下进行回归后的结果如下:首先调整后的R_2分别为0.8693和0.8694,说明回归直线对解释变量的拟合程度较好。两次回归相应的估计系数分别为−1.388和−1.346,并且中国服务贸易出口额和产品市场规制都在1%的显著水平下呈现负相关关系。可以发现进口国的产品市场规制从总体上看对中国服务出口具有显著的负面影响,产品市场规制程度越高越不利于中国将服务出口到贸易伙伴国。

(2)产品市场规制下属指标对中国服务贸易出口的影响

实证结果表明产品市场规制下属的三个维度对中国服务出口的作用有所不同,但调整后的R_2都在0.85以上,说明回归结果具有可靠性。其中中国服务贸易的出口额和反映国家政策控制指标(STC)、反映创业壁垒指标(BTE)在1%的水平下呈现显著的负相关关系;反映投资壁垒(BTI)方面的指标在5%的水平上呈现显著的负相关关系。

表5 总体回归结果

变量	中国服务贸易出口(1)PMR每五年取同一值					(2))PMR每五年匀速变化				
$lnGDP_{it}$	−2.124 (−0.18)	2.500 (0.22)	4.871 (0.41)	9.951 (0.85)	−2.074 (−0.18)	1.141 (0.1)	6.250 (0.54)	7.203 (0.61)	9.027 0.76	1.617 (0.14)
$lnGDP_{jt}$	0.937 *** (36.52)	0.935 *** (36.05)	0.928 *** (33.74)	0.967 *** (35.83)	0.934 *** (34.37)	0.942 *** (36.83)	0.945 *** (36.32)	0.928 *** (33.83)	0.965 *** (35.58)	0.939 *** (34.24)
$lnPGDP_{it}$	2.493 (0.21)	−2.179 (−0.18)	−4.674 (−0.38)	−9.849 (−0.81)	2.450 (0.20)	−0.882 (−0.07)	−6.04 (−0.50)	−7.085 (−0.58)	−8.88 (−0.72)	−1.366 (−0.11)

续表

变量	中国服务贸易出口(1)PMR每五年取同一值					(2))PMR每五年匀速变化				
$lnPGDP_{jt}$	0.472*** (5.77)	0.569*** (7.37)	0.608*** (7.70)	0.589*** (7.20)	0.482*** (5.78)	0.508*** (6.41)	0.594*** (7.68)	0.624*** (8.04)	0.605*** (7.48)	0.536*** (6.60)
$lnDiscap_{ij}$	−0.843*** (−10.20)	−0.718*** (−8.16)	−0.886*** (−10.35)	−0.921*** (−10.35)	−0.819*** (−8.59)	−0.860*** (−10.42)	−0.766*** (−8.8)	−0.881*** (−10.31)	−0.910*** (−10.24)	−0.853*** (−9.2)
$lnPMR_{jt}$	−1.388*** (−5.54)					−1.346*** (−5.5)				
$lnSTC_{jt}$		−0.909*** (−4.96)			−0.735*** (−3.8)		−0.769*** (−4.2)			−0.601*** (−3.1)
$lnBTE_{jt}$			−0.668*** (−2.90)		−0.506** (−2.11)			−0.634*** (−2.9)		−0.559** (−2.4)
$lnBTI_{jt}$				−0.163** (−2.31)	−0.150** (−2.12)				−0.124** (−2.08)	−0.124** (−2.06)
$lnCDIS_{ij}$	−0.491*** (−3.66)	−0.517*** (−3.73)	−0.327** (−2.45)	−0.238* (−1.81)	−0.501*** (−3.62)	−0.458*** (−3.46)	−0.450*** (−3.28)	−0.329** (−2.46)	−0.233* (−1.75)	−0.449*** (−3.23)
FTA_{ij}	0.361* (1.84)	0.382* (1.93)	0.267* (1.29)	0.471** (2.30)	0.356* (1.76)	0.424** (2.16)	0.439** (2.20)	0.285* (1.39)	0.442** (2.14)	0.385* (1.89)
CONS	1.810 (1.42)	−1.073 (−1.01)	−0.178 (−0.13)	−1.251 (−1.06)	1.624 (1.11)	1.380 (1.12)	−1.36 (−1.28)	−0.492 (−0.39)	−1.549 (−1.36)	1.097 (0.81)
调整后 R^2	0.866	0.864	0.858	0.861	0.866	0.866	0.865	0.861	0.858	0.863
N	377	377	377	378	377	377	377	377	373	372

注：***、**、*分别表示在1%、5%以及10%的水平上显著，表中的数字为相应的估计系数；括号内为对应解释变量的t统计值。

回归结果表明：贸易伙伴国国内的“国家政策控制”“贸易和投资壁垒”“创业壁垒”均不利于中国服务的出口。从实证结果中的估计系数来看，相关系数分别为−0.909、−0.668、−0.613，说明国家政策管制对中国服务贸易出口的影响最大，大于贸易和投资壁垒及创业壁垒带来的影响。此外，由于STC、BTE和BTI指标不具有相关性，本文还将它们一起纳入到引力模型之中，结果表明尽管STC的作用强度有所下降，但依然是PMR指标中对我国服务贸易出口影响强度最大的指标。因此，PMR下三个指标的影响反映出进口国政府不同类型的管制措施对服务贸易进口的抑制作用强度不同，最有力的限制进口措施未必是贸易和投资壁垒，而是国家政府控制。其原因主要在于政府是实行服务贸易管制的主体，面临着对国家经济及商业经营介入的控制。对于GATS所提及的四种服务贸易提供模式来说，商业存在则是尤为重要的一种，而国家政策控制会通过禁止其他国家的服务提供者在其本国建立商业机构来直接管制商业存在。其次，显性壁垒和其他壁垒组成了贸易与投资壁垒，其中显性壁垒包含了FDI壁垒、关税和歧视性措施；其他壁垒主要由非关税壁垒组成。服务贸易壁垒主要是非关税壁垒，FDI壁垒也会对中国的服务类企业在伙伴国的国内设立分公司为进口国的企业或个人提供服务产生抑制作用。上述的研究结果具有较强的政策含义。

(3)文化距离对中国服务贸易出口的影响

通过观察回归结果可以发现贸易双方之间的文化距离对中国的服务出口也有显著的负面影响,其结果在5%以及10%的水平上显著。具体来看,对所有方程进行回归时发现相应的相关系数均为负,且在1%的水平上显著,因此实证结果表示文化距离反比于两国间的服务贸易流量。即两国间的文化差异越小越会促进服务贸易的产生,两国间文化差异越大越会抑制国际贸易,这是因为两国的文化背景差异会影响跨国活动,文化不同的两个国家会加交流的困难程度。这是因为文化距离较近的两国有比较相近的价值观及需求,对彼此的服务业会产生较高的认同。相反,文化距离较远的两国在进行服务贸易时会增加沟通等的无形成本,使得贸易更加困难。从作用强度来看,文化距离对出口的负面影响程度大概是地理距离对出口负面影响的一半。

(4)自由贸易协定对中国服务贸易出口的影响

通过观察回归结果可以发现中国与伙伴国的自由贸易协定对中国服务贸易出口也同样有显著影响。具体来看,所有回归结果中自由贸易协定的系数为正,且结果均显著,说明缔结自由贸易协定将会促进中国与其贸易伙伴国的服务贸易流量的增长。因此自由贸易协定是一项与进口国贸易规制和文化距离相冲抵的正向影响因素。显著水平和影响程度较其他影响因素来说比较有限。鉴于数据的可获得性,本研究的样本有限,仅包括中国内地与样本中的韩国、澳大利亚、中国香港、新西兰和冰岛签订的自由贸易协定。这种数据获得的限制,使得样本数据没有将中国与发展中国家的贸易协定纳入其中,因此结果的显著性5%和10%的水平上显著。

六、结论

本文依据OECD最新发布的市场规制数据、霍夫斯泰德的最新文化距离数据,构建了扩展的引力模型,选取2000—2015年期间中国对26个OECD国家的服务出口数据,分析了市场规制、文化距离对中国服务出口的影响。研究结果显示:市场规制和文化距离对中国服务出口均具有显著的负面影响;进一步分析市场规制的三个维度可以发现其作用强度有所不同,其中“国家控制政策”比“贸易和投资壁垒”对服务出口限制的程度更强,前者是后者的5倍。尽管自由贸易协定有助于促进中国服务出口,但其作用远不能抵消市场规制和文化距离的负面影响。因此中国在推进多边和区域服务贸易自由化同时,应注重利用多边和区域规则约束进口国家的政府控制政策,注意弥合文化差异,才能更大程度促进中国的服务出口。

虽然发达国家的“国家控制政策”和“贸易和投资壁垒”呈现出逐年下降的趋势,然而近两年来美国特朗普政府的“本国优先”政策和“国家安全审查”等政策的实行势必会助长新一轮产品市场规制壁垒的回潮,这些因素对中国服务出口的影响不容忽视,中国政府应利用各种多边、区域和双边平台,促进全球贸易自由化,减少政府的控制政策。与此同时,中国政府要大力推进自由贸易区战略的快速实施。

企业资源演化与航运企业海外子公司控制权配置

——海丰集运胡志明公司的案例研究

周 英 陈吕梅 黑学双[①]

摘 要:跨国合资企业的控制权问题是实践和理论中的重要议题。现有研究针对服务业领域,特别是航运企业不同阶段资源演化与企业控制权配置的关系研究很少。本文采用探索性单案例研究方法,以海丰航运集团收回在越南合资子公司实际控制权的案例为样本,探讨了合资企业实际控制权与资源演化的互动过程,从而得出结论:对于服务业而言,技术资源和资本资源的分配是跨国公司掌握合资子公司实际控制权的基础性要素,而航运企业的技术形式与资本形式不同于制造业;关键性人力资源的调整对于母公司实际管理和控制合资公司具有重要作用;相比制造业企业,市场资源在航运合资企业控制权转移中发挥的作用体现得更多,市场资源为母公司取得合资子公司的实际控制权提供了强有力的支持。

关键词:航运企业;资源演化;企业控制权

一、引言

航运业是中国服务业的主力军之一,目前面临着运力过剩、债务增加、环境问题严峻等诸多困境,实施"走出去"战略是应对国内产业结构升级、国有企业体制改革、世界经济环境变化的重要举措,海丰集运公司是中国航运企业中积极谋划"走出去"的一员。越南具有发展海运得天独厚的地理位置,拥有超过3 000公里的海岸线,并且中国与越南之间往来的海运航线潜藏着巨大的商机,使得越南成为中国航运企业投资的热土。

改革开放以来,企业跨国经营作为一个新兴领域受到了学者的广泛关注。大多数学者就如何进入国际市场、企业在海外的发展战略等几个层面展开研究。聚焦到中国的服务业层面,并说明中国服务业企业进军海外进程中企业资源调整和企业控制权的研究则数量较少。控制权是一组排他性地使用和处置企业稀缺的财务和人力等资源的权利束,是排他性地利用企业资源从事投资和市场营运的决策权(周其仁,2002)。在企业跨国投资中,投资者都非常重视企业的控制权问题。跨国公司控制权的研究引起了理论界的普遍关注(Berle和Means,2009),但是有关研究主要侧重于制造业,对服务业的研究则几乎没有。由于航运业是传统服务业的支柱行业,本文选取航运业中的代表性企业——中国

① 作者简介:周英、陈吕梅、黑学双,中央民族大学经济学院,通讯作者:周英,电子邮箱:zhouying@muc.edu.cn。

海丰航运集团为研究对象，采用探索性单案例研究的方法，研究服务业跨国企业内部资源演化与企业控制权的动态关系，从而为合资企业控制权的有关理论提供新的经验材料。本文的研究表明对于服务业而言，技术资源和资本资源的分配是跨国公司掌握合资子公司实际控制权的基础性要素，而航运企业的技术形式与资本形式不同于制造业；关键性人力资源的调整对于母公司实际管理和控制合资公司具有重要作用；相比制造业企业，市场资源在航运合资企业控制权转移中发挥的作用体现得更多，市场资源为母公司取得合资子公司的实际控制权提供了强有力的支持。

二、文献综述

(一)国内外关于航运合资企业研究

国内外学者针对航运合资企业的研究，主要集中于如何提高本国企业的竞争力。范厚明、王延章(2001)较深入研究了中国航运业跨国投资区域选择与组织形式决策，分析认为中国航运业跨国经营应当绕开东道国的航运政策壁垒，更多的获取国际市场信息。订氏垂云(2010)以一家香港的国际海运公司(OOCL)为例，通过定量与定性的方法，对服务质量、缩短运输时间、运费、营销活动与公司形象等指标进行分析，寻找影响企业竞争力的因素。皇文财(2012)研究了越南海洋航运公司(VINASHIP)的跨国经营战略。停福(2016)认为80％登记经营国际路线的越南船队只在近洋区域运营，越南集装箱船队大部分在内陆地区和东南亚，前往中国的运输数额和频率都很少。

(二)中国企业开拓海外市场治理结构与资源分配

21世纪初期，国内部分学者关注了中国企业海外子公司治理结构与资源分配的问题。李维安、李宝权(2003)认为跨国公司在股权结构战略选择方面，存在一个以合作、合资为主逐步转变为以独资经营为主的发展趋势。汪浩等(2005)认为对于中国的汽车行业而言，发展之路总是离不开中外合资企业，无论在何种情况下，汽车企业只有不断提高自己的资源地位和能力才能在控制权竞争中处于优势地位，掌握控制权，中国的汽车产业才能走向自立和自强。付雷鸣等(2009)通过实证研究，以14家创业投资公司(VE)、119家接受创业投资的创业企业(VC)作为研究对象，研究得出创业企业与创业投资之间的控制权配置问题是投资双方签订的投资契约的主要内容。崔淼、欧阳桃花、徐志(2013)研究了跨国公司在华合资企业控制权的动态配置，结果表明跨国公司在华合资企业控制权的配置是由合资双方资源的转变博弈来决定的。刘素、陈志军、蔡地(2014)以海信日立合资公司为例，发现公司治理制度设计有利于维护双方利益，降低股权及运营风险。

(三)文献评价

综上，国内外学者对于航运服务业企业的研究，主要针对如何提高本国航运企业的竞争力,很少涉及企业的资源配置与控制权转移的关系研究;而对于企业资源与控制权转移问题的研究也主要集中于制造业领域,对于服务业企业研究的比较少,我们的研究试图在这个方面进行探索,填补这一领域研究的空白,针对海运服务业领域的企业资源与控制权转移问题进行分析,探究服务业企业资源演化与企业实际控制权转移之间的内在关系。

三、支持性理论及案例分析框架

(一)支持性理论回顾

1.企业资源基础理论

企业资源基础理论认为,"资源"是企业决策的出发点和中心点(黄旭和程林林,2015),企业可以从拥有的独特的资源中获取持续的竞争优势,这也是造成企业发展差异的原因(Barney,1991;Peteraf,1993;Wernerfelt,1984),维持竞争优势所依靠的资源必须是有价值的(Barney,1986)。资源不仅包括有形资源,也包括其他无形资源(Barney等,2001)。

2.企业演化理论

企业演化的理论来自拉马克的生物遗传理论和达尔文的生物进化理论。国外学者凡勃伦(1898)首次将进化思想引入经济学的研究。Nelson和Winter(1982)《经济变迁的演化理论》一书的出版标志着企业演化理论的形成。该书通过将"遗传—变异—自然选择"的思想对应到企业演化分析的框架中,认为企业的演化过程主要是决定企业如何做和做什么,以及不断地学习适应,寻找与自身资源能力相一致的活动。

(二)案例分析框架

本文的案例分析框架如图1所示。

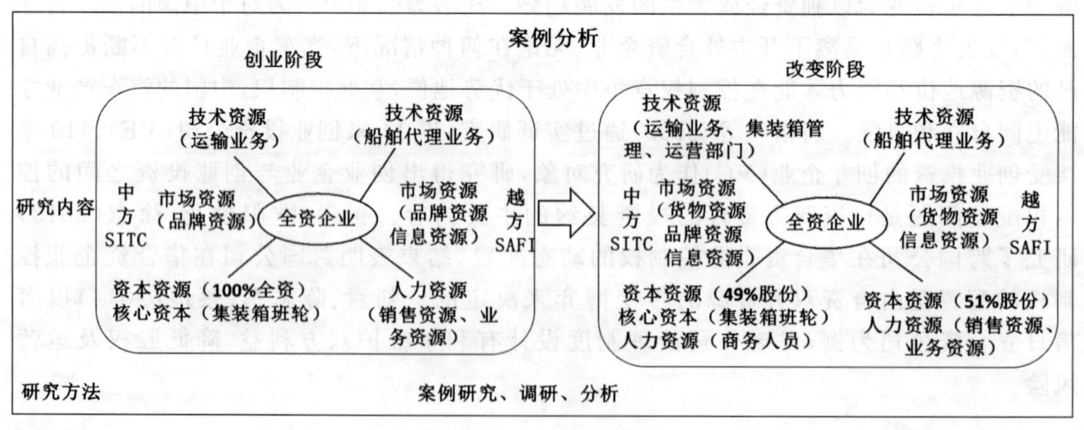

图1 案例分析框架

本文将企业资源分为技术资源、资本资源、人力资源，分析企业创立阶段和经营发展阶段，企业内部资源的演变与实际控制权转移的过程，为中国航运企业获取海外子公司实际控制权提供思路与指导。

四、研究设计

（一）研究方法与案例选取

本章采取探索性单案例研究方法。首先，由于本文主要目的在于回答服务业跨国企业是“如何”收回合资企业的实际控制权，属于“怎么样”一类的问题，适宜于采取案例研究的方法。其次，本研究需要分析企业资源的演变与企业实际控制权之间的关系，属于已有文献中没有深入解答和涉及的内容，因此需要采用探索性的案例研究方法。再次，由于本研究系统和深入探索的特性，要求有丰富的案例数据作为支撑，因此以单案例为基础进行分析。

本研究遵循典型性原则选取海丰集运胡志明公司(SITC)为样本，分析中方与越方控制权演化的现象作为案例研究的分析单位。首先，就企业本身而言，海丰集运胡志明公司(SITC)是典型的跨国公司；其次，中国航运企业在越收回合资企业实际控制权的实践具有代表性，与众多中国企业在海外的跨国公司中收回实际控制权的起因、历程和实践相一致。该案例能够代表一些具有相似特征的企业和这类企业收回控制权的相关措施。

（二）数据收集与分析

在数据收集阶段以访谈和参与者观察为主，以文件档案为辅收集数据。首先，团队中的留学生同学于 2013 年 3 月到 2015 年 8 月在海丰集运胡志明公司出口部门工作，能够基于参与者观察为本研究提供丰富详实的事实和企业内部资料。其次，2017 年先后与 18 名工作人员进行访谈，访谈人员身份见表 1，通过不同时期的多轮访谈收集实时数据及回顾性数据。在访谈中采取“事件追踪”“非指导性提问”的方法，以获得更为客观和准确的数据，在研究期间针对补充问题，采取电话、zalo、facebook 等方式回访，所有访谈内容都形成书面文字。此外，还通过海丰集团胡志明公司的网站和各类媒体收集相关数据。

表 1 访谈对象明细

越方			中方		
对象	人数	时间(分钟)	对象	人数	时间(分钟)
SAFI 销售部主管	1	30	越南公司总经理	1	15
SAFI 销售部人员	2	30	胡志明分公司经理	1	30
客服部门主管	1	30	财务部门主管	1	30
客服部门员工	3	60	EQC 部门主管	1	60
出口部门主管	1	60	销售部员工	1	60
出口部门员工	2	60	财务部门员工	1	60
商务部门员工	1	120	会计部门主管	1	60

在分析案例过程中,首先对访谈录音进行文字整理,对数据进行三角验证,选用其中能够得到多重来源支持的数据进行分析。数据分析包括三轮迭代:

(1)根据文献综述的构念维度透视案例数据,对数据进行匹配,发现数据中的不充分之处,继续搜集数据。

(2)对案例进行白描,发现数据中浮现出的有价值的新特征,并提供证据链。

(3)归纳数据中浮现的模式,提出明确的命题,与理论相连接,指出对理论的贡献。团队成员独立地对数据进行编码,然后进行对比,让构念从数据中浮现。通过对数据的迭代分析,逐渐消除误解和困惑(Voss 等,2002;Miles 和 & Huberman,2008)。

五、案例描述

越南靠近南海,在世界海洋交通中作为一个特别重要的桥梁,是多条国际航线的交叉地带。中国航运企业为了获取海外市场,纷纷选择进入越南设立合资企业。截至 2016 年,中国四家规模最大的集装箱班轮企业在越南分别成立了合资公司、全资公司或者办事处等,详细情况见表 2。本文所选取的海丰航运集团,正是国内航运企业的先锋。

表 2 中国海运企业在越投资情况

序号	公司名称	母公司注册地	越南本地注册地	分公司数
1	COSCO 中国远洋海运集团有限公司	北京	胡志明市	三家合资公司,两家办事处
2	SINOTRANS 中外运集装箱运输有限公司	北京	海防市	两家全资公司
3	SITC 海丰国际航运集团有限公司	山东	胡志明市	两家合资公司,两家办事处
4	CHINA SHIPPING 中海集装箱运输股份有限公司	上海	胡志明市	两家合资公司,两家办事处

注:资料截至 2015 年 10 月,CHINA SHIPPING 和 COSCO 尚未合并。

(一)海丰集运胡志明公司创立阶段

2007 年 3 月,海丰航运集团(简称 SITC)正式进入越南市场设立胡志明子公司,开展集装箱班轮运输船代理、物流等业务。由于外国企业对越南港口的情况、风俗习惯、法律条文等都不太熟悉,并且根据越南海事法律规定,国外的企业不能从事本地船舶代理业务。因此,本地的越南海空货运公司(简称 SAFI)成为海丰航运公司的长期代理商,根据海丰航运集团的委托办理船舶有关营运业务和进出港口手续的工作,海丰集运胡志明公司一半的业务由SAFI公司来负责。中方主要负责本公司的核心技术、运输业务和部分人力资源安排。该公司的业务负责调配如表3和图2所示。

表3 海丰集运胡志明公司企业资源分配的创立阶段

企业资源		业务范围	负责单位
资本资源	投资资金	购买固定资产、设备	中方
	核心资本	集装箱、班轮	中方
技术资源	运输业务	班轮运输货物从装港到卸港	中方
	船舶代理业务	货物装卸、集装箱管理、船舶、船员服务	越方
人力资源	销售人员	制订市场营销计划、客户推广、签运输合同等	越方
	业务人员	代办接受订舱业务、代签提单	越方
市场资源	销售渠道	销售产品、获取信息	中方

数据来源：海丰集运胡志明公司提供资料。

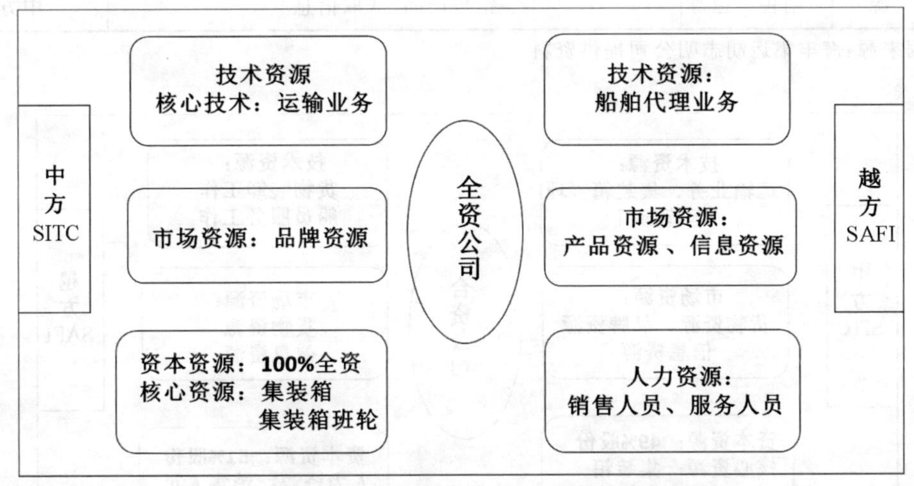

图2 海丰集运胡志明公司在越南市场创立阶段

（二）海丰集运胡志明公司经营发展阶段

随着中国企业对越南市场的了解加深，在经营中付给SAFI的成本高昂，委托给SAFI公司的业务存在调配空箱不合理的情况。2009年初，海丰集团总部向SAFI发出要约，联名建立合资公司。2009年6月1日中方和越方正式缔结合作协议，建立海丰集运胡志明有限公司（简称SITC HCM），其中，中方投资343亿越南盾，占49%的股本，越方投资357亿越南盾，占51%股本。这是因为越南海事法律规定，外国企业在越南经营海运合资企业，注资最多不能超过49%；另外，越南法律上也规定外国企业在越南经营海运辅助业务要有“船舶代理的员工必是越南人并拥有船务代理的专业证书”。这意味着

SITC现在虽然可以挖掘本公司的船舶代理业务，但是还要依赖SAFI公司。

海丰集运胡志明公司建立之后，公司开始内部资源的调整进程，中越两方之前的业务和资源分配有所变化(见表4和图3)。

表4　经营发展阶段海丰集运胡志明公司的企业资源分配状况

企业资源		业务范围	负责单位
资本资源	投资资金	合资企业;中方49%资股，越方51%资股	中方和越方
	固定资产	集装箱、班轮	中方
技术资源	运输业务	班轮运输货物从装港到卸港	中方
	船舶代理业务	集装箱管理，运营部门	中方
		货物装卸、船员服务	越方
人力资源	销售人员	制定营销计划、客户推广、签运输合同	越方
	业务人员	代办接受订舱业务、代签提单	越方
	商务人员	统计、检查及核对成本和收入向总部	中方
市场资源	销售渠道	销售产品、获取信息	中方

数据来源:海丰集运胡志明公司提供资料。

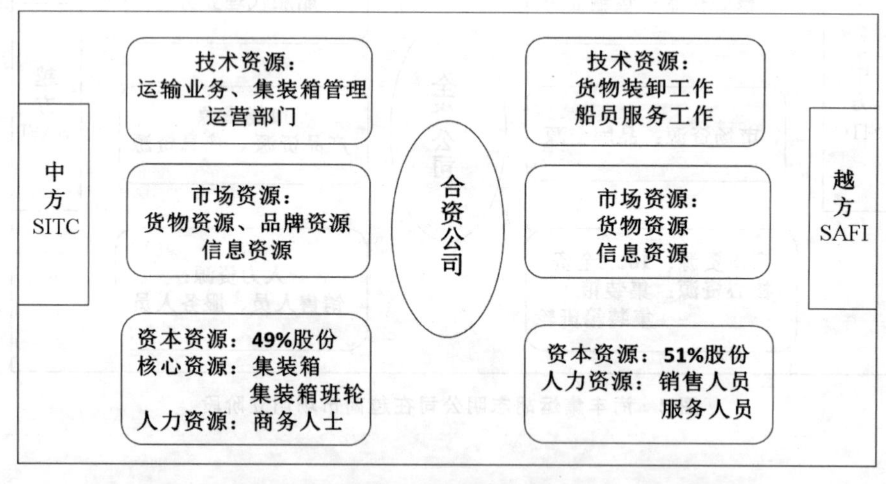

图3　变革阶段海丰集运胡志明公司的资源分配示意图

在技术资源方面，因为中方已成为合法的船舶代理，所以承担了一部分船舶代理的业务。另外，为了管理公司的各种集装箱业务，公司设立了集装箱管理部门，负责有关冷箱、干货箱等的管理工作。

在人力资源配置方面，建立合资企业后，SITC调集了一部分有经验的管理员工来胡志明工作，同时一部分员工从SAFI公司来到新公司，所以公司的员工规模增长明显。并且，SITC公司设立了商务部门以监督营业状况。

在合资企业中，SAFI占51%的股份，因而拥有公司名义上的控制权，在公司重大决策上拥有一票否决权，对公司决策起到决定性的作用。而中国方面的SITC公司只占49%的股份，名义上在公司重大决策表决权方面无法占据优势。

但实际上，SITC掌握着合资企业中的核心资源：运输技术和资本资源。另外，SITC的一部分人力资源转移到了子公司，带来了母公司的管理经验和管理工具（海丰航运集团管理系统：MISS）。因此，虽然SITC仅占49%的股权，但是在决策中，SAFI公司为了合资公司的整体发展需要作出妥协。最为关键的是，SAFI公司自身管理经验薄弱，缺乏相应的技术资源能力，对合资公司的控制权掌握并不稳固。而海丰航运集团通过在核心技术、业务分配与协调、人力资源配置、管理等四个方面的实际控制，掌握了海丰集运胡志明有限公司的实际控制权。

六、案例讨论

通过对海丰集运胡志明公司的创立和经营发展两个阶段的分析，可以看出合资企业中资源演变与实际控制权的动态关系，本文探讨了促使中方能够成功收回海丰集运胡志明公司实际控制权的机理。

（一）企业名义和实际控制权分离在服务业中更为普遍

1.服务业海外经营的初期阶段更需要依赖合资经营

海丰航运集团拥有先进的技术、充足的资本，但缺乏对东道国的基本了解。SITC跟SAFI联手，不仅获得了本地的信息资源及社会资源，还减少了集装箱翻倒费、电费和其他付费等，降低了成本。被访问的财务部门主管阮氏福女士确定的回答："跟以前相比从建立合资企业之后每个月SITC最少省了1万～1.5万美元翻倒费、800到1 200美元电费"。

2.服务业企业名义控制权与实质控制权的分离更为普遍

航运业属于服务业，航运企业的海外经营通常面临着很多东道国限制，特别是股权比例限制，外资股权比例往往被控制在50%以下。东道国合作伙伴股权比例占据更高份额，享有更多的名义控制权，但是外资企业可以通过掌握重要的企业资源，进而实质性地控制企业，从而使得航运企业名义控制权与实质控制权分离。航运企业作为中国服务业的一个行业缩影，通过研究看出，相比较制造业，服务业企业的名义控制权与实际控制权分离可能更为普遍。

（二）技术与资本资源是跨国企业取得实际控制权的基础

跨国公司之所以能够收回在越南合资企业的控制权主要是因为其依托母公司的技术支持和资本输血。

1.航运企业技术资源的特征及其对企业实质控制权的基础作用

航运企业中技术资源特征与制造业企业有所不同，航运企业的船舶技术状况、安全管理、人员资质都有一定的准入要求，航运业的技术、管理标准要求要高于其他一般行业。这就要求从事航运业的企业有较为成熟的业务技术体系及一批数量充足、质量过硬的技术、管理人员。在船舶技术状况方面主要表现为码头装卸专用工具、运输船只、集装箱、管理系统应用技术水平等。与中国方面相比,越南本身的技术资源有限,船队的载货能力小、船龄高、速度慢,只擅长在内地线路运行。据越南海事局统计,截至2016年,越南货运船队共有船只1 849艘,在从事国际航线的集装箱队伍中,越南的集装箱船只数量为64艘,占全球集装箱船只总量的3.5%,远低于世界平均水平的13%。因此,合资企业中集装箱管理和船舶代理业务主要由中方来负责,这成为海丰航运企业获得合资企业实际控制权的重要筹码。在服务业企业的跨国经营中,技术资源可以为企业获取实际控制权提供更为有力的支持。

2.航运企业资本资源的特征及其对企业实质控制权的基础作用

航运业是一个资本密集型、投资回报周期长的行业。与制造业的厂房、机器设备等固定资本不同,航运业的主要资产是船舶,船舶造价高,航运企业需要投入大量资金才能实现并保持规模优势。SITC集团目前拥有世界集装箱运输量的5%,拥有强大的船队,包括72艘集装箱船舶,其中自有集装箱船舶47艘,载货量都在8 000标准箱以上。到目前为止,该公司已经购买了3 000多个集装箱,并租用了大约1 000个集装箱,集装箱类型丰富,符合ISO标准和市场需求。相比之下,SAFI投资航运业务的设施非常薄弱。因此,中方的物资设施为其掌握实质控制权发挥了基础作用。

图4 海丰集团的标准箱

形成合资企业之后,中方提出开启物流业务并进行大量投资,用于投资仓库、海关、散杂货拼箱等,确保能够最大限度地提供运输服务。这为中方在合资企业获得实际控制权起到了促进作用。从表4可以看出公司的船舶数量和进出口货运量始终处于增长态势。

表4 2007—2016年海丰集运胡志明公司总产量

年度	船量/产量	进口	出口	总额
2007	船班数量(艘)	17	14	31
	产量(标准箱)	9 799	4 693	14 492
2008	船班数量(艘)	25	25	50
	产量(标准箱)	15 379	5 739	21 118

续表

年度	船量/产量	进口	出口	总额
2009	船班数量(艘)	37	33	70
	产量(标准箱)	18 320	6 977	25 297
2010	船班数量(艘)	53	53	106
	产量(标准箱)	28 121	7 404	35 525
2011	船班数量(艘)	142	142	284
	产量(标准箱)	43 869	18 771	62 640
2012	船班数量(艘)	346	346	692
	产量(标准箱)	68 473	16 560	85 033
2013	船班数量(艘)	436	448	884
	产量(标准箱)	100 304	82 636	182 940
2014	船班数量(艘)	476	503	979
	产量(标准箱)	99 943	78 341	178 284
2015	船班数量(艘)	543	544	1 087
	产量(标准箱)	123 379	86 520	209 899
2016	船班数量(艘)	544	546	1 090
	产量(标准箱)	130 693	90 282	220 975

数据来源:海丰集运越南胡志明公司的销售部门提供。

(三)关键性人力资源的转变是跨国企业取得实际控制权的优势

关键性人力资源的转变为海丰集团收回实际控制权起到了极大的促进作用。

首先,建立合资企业后,中方从总部调入多名具有丰富经验的销售人员进入合资企业,极大地促进了业务的提升。同时,中方跨国公司注重提升越方销售人员的能力。销售部主管阮国平回忆到:"当时我们SAFI公司有一定的客户量,但客户维护技巧较弱,导致回头客比率不高。"因此,海丰集团安排总部有经验的销售部副经理马宁来培养合资公司的销售员。

其次,海丰集运胡志明公司设立了运营部门,由一位通晓中、英、越南语三个语种的中方员工负责。并且,海丰集运胡志明公司设置了商务部门,由海丰集团总部指导,负责合资企业的财务状况。

海丰集运胡志明公司的总经理王利波表示:"我们海丰集运胡志明公司会在每个关键的部门至少得配置30%中国人或者会说中文的员工。"

(四)市场资源是服务业跨国企业取得实际控制权的有力支持

在调研之前的研究框架中,我们根据通常的企业内部资源的类别重点分析了技术、资本和人力资源。然而经过案例研究,我们发现了市场资源也是SITC获取实际控制权的有力支持。相比制造业企业,市场资源在服务业合资企业控制权转移中发挥的作用体现得更多。市场资源在服务业企业和制造业企业中的体现形式也有所不同,对于运输服务的需求与对于制造业企业产品的需求有诸多不同,运输服务的需求直接与东道国和母国之间的贸易联系有关,受两国贸易气候和两国政策、制度的影响。

1.货源资源

由于越南出口潜力较大、与东南亚国际货物往来增多等原因,SITC于2007年进入越南市场后,便开始在货物出口上崭露头角。例如,中国每年对越南的农产品有大量的进口需求,公司便大力从事满足中国市场需求的货物运输,制定价格优惠政策,抢占市场份额。通过把大量的越南产品运回中国,为SITC在股权谈判中增加了话语权。

2.市场信息资源

市场信息对于市场的顺畅运作至关重要。海丰集运胡志明公司的治理结构中明确了市场信息主要由中国公司负责,这就从制度层面确保了中国方面拥有市场信息这一关键资源,中国公司对市场信息的掌握有力地支持了其对海外公司股权的控制。

海丰集运胡志明公司在中国和全球有比较强大的经营网络,它在中国国内多个城市以及海外众多地区都建立了全资或合资公司,发展了全方位的综合业务,是名副其实的跨国集团,形成了自己的品牌。中国方面可以很好地利用SITC具有的品牌效应及其在中国市场及东南亚市场经营网络的重要影响力,为自己争取控制权增加筹码。

七、研究结论与启示

(一)结论

本文以海丰集运胡志明公司为对象,以案例研究的方法,分析了在航运合资企业中,虽然越方企业占据51%股权,拥有名义控制权,但是由于中方在技术、资本、人力、市场资源等方面更具优势,从而获得了合资企业实际控制权。航运业作为服务业的代表,通过本文对航运企业的案例分析,本文认为:对于服务业而言,技术资源和资本资源的分配是跨国公司掌握合资子公司实际控制权的基础性要素,而航运企业的技术形式与资本形式不同于制造业;关键性人力资源的调整对于母公司实际管理和控制合资公司具有重要作用;相比制造业企业,市场资源在航运合资企业控制权转移中发挥的作用体现得更多,市场资源为母公司取得合资子公司的实际控制权提供了强有力的支持。

(二)理论启示

1.跨国企业的整体利益决定了合资企业的控制权配置

跨国企业的海外投资是基于企业自身的发展战略而来,在开拓海外市场的进程中,企业利用占有的特殊资源取得一定的控制或管理优势,从而为保持其整体利益服务。海外合资公司的控制权结构是母公司与东道国公司之间博弈的结果,利用已有资源争夺企业利益是博弈的出发点和关键,因此,博弈产生的结果也与优势一方的整体利益相一致。

2.海外投资企业应注重内部控制权配置与企业资源的协调

本文的分析表明,跨国企业通过充分利用已有的资源优势,并优化资源的配置,可以在海外扩张中占据实际的控制权。因此,对于积极寻求海外市场的大型跨国企业来说,在进军海外的进程中,既要充分发挥自身的资源优势,又要将企业调整控制权和资源分配结合起来,掌握核心的技术资源、人力资本等。重要的资本资源对于掌控海外子公司的控制权十分关键。

3.企业所依托的母国大市场有力地支撑了跨国企业对海外经营企业实际控制权的掌控

企业内部资源往往注意的是技术、资本、人力等有形资源,无形资源具有抽象性,因而往往为人们所忽视,但是资源基础理论强调了无形资源的重要性。本文研究发现市场资源兼具无形性和有形性两方面特质,常常为企业带来独特的竞争优势,有力地支撑了跨国企业取得实际控制权。

(三)管理启示

1.海外投资企业应注重内部控制权配置与企业资源的协调

本文的分析结果表明,跨国企业通过海外合资经营有利于补齐自身资源短板,优化资源的配置。在海外扩张中,跨国企业如果能够充分发挥自身的资源优势,是有可能掌握企业的实际控制权的。在合资经营的过程中,跨国企业应该借此契机,注意补齐自身资源短板,避免由于市场和政策波动带来的受制于人的局面,并且在机会合适的时候收回海外企业的控制权。

2.东道国企业应优化核心技术资源和人力资源

东道国企业往往缺乏内部资源,东道国企业想要保持自身的竞争力,在与外来投资企业进行合作和竞争的过程中充分获得利益,就需要不断优化企业的核心技术资源和人力资源。相比于资本资源和市场资源,在合资经营中技术资源和人力资源也是最有可能获取的资源类型。

3.东道国企业在控制权博弈中的战略定位与收获

东道国企业在控制权博弈中虽然经常处于劣势,但是可以通过恰当的战略定位使自己获得战略性成长。东道国企业应该明确自主创新能力和竞争能力的提高是取得企业控制权的本质要求。企业对众多资源的掌握也是基于竞争能力的提高。东道国企业拥有一些海外投资者没有的战略优势,这就是打开本地市场的便利,熟悉本国制度与政策的便利。因此,东道国企业还应该立足国内市场,积极增强在国内市场的影响力。利用本国的法律法规,既充分保障自身权益,又为自己争取更多的发展机会,从而在后续的企业运营中掌握更多的主动权。

参考文献:

[1]周其仁.产权与制度变迁:中国改革的经验研究[M].社会科学文献出版社,2002年.

[2]李维安,李宝权.跨国公司在华独资倾向成因分析:基于股权结构战略的视角[J].中国工商管理研究前沿,2007(3):57—62.

[3]崔淼,欧阳桃花,徐志.基于资源演化的跨国公司在华合资企业控制权的动态配置——科隆公司的案例研究[J].管理世界,2013(6):153—169.

[4]刘素,陈志军,蔡地.对等股权下股东控制关系的动态变化——基于海信日立合资公司的案例研究[J].中国工业经济,2014(6):135—146.

[5]黄旭,程林林.西方资源基础理论评析[J].财经科学,2005(3):94—99.

[6]范厚明,王延章.海运业跨国经营投资区域选择研究[J].中国航海,2001(1):84—88.

[7]汪浩,宣国良,朱国玮.跨国合资企业控制机制研究[J].经济与管理研究,2005(1):41—44.

[8]付雷鸣,万迪昉,张雅慧.创业企业控制权配置与创业投资退出问题探讨[J].外国经济与管理,2009,31(2):8—14.

[9]Berle, A.A.and G.C.Means.The Modern Corporation & Private Property(10th Edition)[M].2009,New Jersey:Transaction Publishers.

[10]J B Barney.Firm Resource and Sustained Competition Advantage[J].Journal of Management,1991,17(1):99—120.

[11]J B Barney.Types of Competition and Theory of Strategy:Toward an Integrative Framework[J].Academy of Management Review,1986,11(4):791—800.

[12]J B Barney.International Operations of National Firms[J].Journal of International Business Studies,2001,13(6):853—864.

监管异质性对金融服务贸易的影响及其对我国的政策启示

——基于 OECD 国家面板数据的实证研究

赵 玲 李雪峰[①]

摘 要:在贸易自由化的大趋势下,服务贸易正逐渐成为国际贸易新的增长点,金融服务贸易作为其重要的组成也越来越受关注。服务贸易一直以来都是贸易壁垒最为森严的领域,金融服务作为国家高度敏感的行业监管更为严苛。随着区域经济合作的发展,贸易的监管壁垒正成为服务贸易协定一个重要的关注点。以往的研究主要集中在各国监管政策本身对服务贸易的影响,而很少有人关注监管政策的差异对服务贸易会产生怎样的影响。本文实证结果表明,监管政策异质性对金融服务贸易有显著的负向影响,且对银行部门的边际效应大于对保险部门的,对发达国家之间的影响大于对发达国家与发展中国家之间金融服务贸易的影响。

关键词:监管政策异质性;金融服务贸易;固定成本;贸易壁垒

21 世纪以来,信息技术的快速进步和现代科技革命推动着全球化进程不断发展,世界各经济体联系日益频繁,国际贸易也日益扩大。服务贸易作为国际贸易的重要组成部分,正在逐渐成为国际贸易新的增长点。根据联合国贸发组织发布的《2016 年贸易与发展报告》显示,服务业在全球 GDP 的比重已经超过了 2/3,并且在所有国家组织中,服务业占 GDP 的比重随着稳定时间增长,尤其是在中等收入国家,增长速度达到最快。在发达经济体中,服务业吸引了 3/4 的对外投资,创造了大量新增就业岗位。OECD 组织发布的《服务贸易政策和全球经济报告》显示,科学技术在服务业方面的发展远远快于制造业,并且随着人们生活水平的提高,人们的需求开始从工业制造品转为对服务的需求。随着国际产业结构升级和世界范围内的产业转移,国际市场竞争的重点从货物贸易向服务贸易转化,服务贸易竞争力也已经成为衡量一个经济体经济发展和现代化水平的重要标志之一。2016 年世界服务贸易出口总额达到 48 792.97 亿美元,占世界贸易比重为 23.64%,进口达到 47 974.10 亿美元,占比 23.78%。

近些年来,我国改革和对外开放的力度不断加大,服务贸易保持较好的发展势头,中国服务贸易在对外贸易(货物和服务进出口额之和)中的比重持续攀升,由 2011 年的 10.3%上升到 2015 年的 15.3%。2016 年中国服务进出口规模持续扩大,服务进出口总

---

① 作者简介:赵玲、李雪峰,上海对外经贸大学国际经贸学院。通讯作者:赵玲,电子邮箱:18018514968@163.com。

基金项目:国家社科基金项目(16BJY135)。

额53 484亿元人民币,同比增长14.2%,远高于国内生产总值6.7%的实际增速和8%的名义增速,服务出口18 194亿元,增长2.3%,服务进口35 291亿元,增长21.5%。[①] 服务贸易为中国外贸平稳发展及经济增长做出了重要贡献,其快速发展得益于中国服务产业日益成长壮大,服务业进一步扩大开放,以及国家支持服务贸易创新发展的政策效应不断显现。2016年中国新兴服务贸易快速增长,信息服务、广告服务、保险服务和金融服务等所占份额均有所上升,服务行业结构持续优化,运输、旅游、建筑等传统领域保持较快增长,技术、计算机和信息服务、咨询服务、保险、金融服务等新兴领域优势逐步积累、发展加快。其中,金融服务进出口额为329亿元,增长率为6.4%,保险服务进出口额为1 044亿元,增长率为17.1%。

根据商务部出台的《服务贸易发展"十三五"规划》,我国在未来要不断优化服务行业结构,积极扩大新兴服务出口。利用互联网等现代信息技术,推进服务贸易数字化和交易模式创新,并重点培育通信、金融、保险、计算机和信息服务等资本、技术和知识密集型服务出口,推动通信、计算机和信息服务、金融等领域企业积极参加国际标准和规范制定和修订。同时我国要积极推进对外开放,提升服务市场国际化新水平。进一步推进金融、电信、教育、文化等服务业领域开放,积极与主要服务贸易合作伙伴签订服务贸易合作协议,深化服务贸易合作,并在服务市场准入、人员出入境管理、服务提供人员资质互认等方面建立和完善与边境服务贸易相配套的服务贸易自由化、便利化政策体系[②]。

由于服务行业特殊性,国际服务贸易也成为国际贸易中一个壁垒最为森严的领域。由于部分核心服务产品具有关系到国计民生的"准公共产品"的性质,各国纷纷设立服务贸易壁垒以限制服务产品在国家间的流动。在贸易自由化趋势下,这势必影响国家间的贸易往来。一方面,各国在服务贸易领域的监管政策会对双边服务贸易产生影响,另一方面,各国监管政策的不同也可能会在服务贸易领域构建新的贸易壁垒。近些年来,随着服务贸易显性壁垒的下降,区域间合作增多,服务贸易协定越来越关注贸易和投资的边境后壁垒和监管合作。相比过去降低关税和其他边境壁垒的协定而言,要测量边境后壁垒的影响则更具有挑战性。金融服务是服务贸易发展的重要领域,对我国经济有深刻的影响。贸易伙伴国之间对于金融服务领域的监管政策存在差异,如何量化这种差异?这种差异会如何影响双边金融服务贸易流量,其影响机制是什么?本文希望通过对OECD国家在金融服务贸易领域监管政策异质性的贸易效应进行研究,以期能够发现这两者之间的关系和作用机制,为我国在金融服务贸易领域监管政策的制定和进行贸易协定谈判时提供参考依据。

---

① 数据来源:商务部网站

② 商务部:《服务贸易发展"十三五"规划》

一、文献综述

(一)对金融服务贸易自由化的研究

金融服务自由化对本国经济的影响是决策者关注的焦点,国内外学者围绕金融服务贸易自由化与经济增长的关系、对本国金融体系和金融稳定的影响等方面展开了一系列的研究。

Claessens et al.(2001)、Claessens and Laeven(2004)、Cull and Martínez Pería(2010)研究发现外资银行加大了东道国银行市场的竞争程度,因为它迫使国内银行变得更有效率,提高贷款技术的质量,降低净息差,成本比率和租金。García Herrero and Martínez Pería(2007)研究表明:在开放的贸易制度,透明和有效的监督框架及适当的竞争政策和执法的情况下,金融自由化更有效地降低金融体系的波动,同时金融发展水平及外国银行进入的规模和类型也在不同程度上产生影响。刘能华(2008)的研究表明,金融体系开放要经历一个从高潮期进入敏感期的过程,我国的金融服务开放正处于一个敏感期,需要通过一系列恰当的政策组合保持足够的成本优势,才能避免国外竞争者对我国金融体系造成巨大冲击,使我国金融服务业长期稳定发展。

对金融服务贸易开放程度的测定一定程度上可以用来量化贸易政策的宽松程度。Mattoo.A(1998)在1998年WTO报告中通过赋值权重的方法建立了一个量化金融服务对外开放承诺水平的模型,并实证测评了100多个WTO成员的承诺开放水平。Valckx(2002)认为一国的承诺水平与其宏观经济指标和制度因素有关,具有较高的经济增长率、较低银行业增长率和较严格的金融政策的国家自由化承诺水平低。宋耀等(2003)从贸易、FDI、金融服务贸易的提供方式和贸易政策四个角度评估我国金融服务贸易开放度,发现我国金融服务贸易开放程度不高,与发达国家相比有很大的差距,我国银行服务业的开放度偏低,保险服务业的开放程度要大于银行业。

对开放政策路径选择的研究很多是基于前两个方面的研究事实。Tamirisa T.等(2000)的研究表明:金融服务贸易政策的设计应依据不同的贸易提供方式。跨境交付开放政策主要考虑由此引起额度资本波动问题;而商业存在开放政策需要与金融监管政策的强化等措施相协调。薛伟贤等(2000)在GATS框架下的研究表明许多发展中国家都不同程度地实施了自由化承诺,促进了这些国家的金融改革、投资环境改善。郭根龙(2002)构建了一个动态博弈模型来探索我国金融业在入市过渡期内的政策取向,研究表明:当一国对外贸易和对外投资活跃时,金融服务贸易政策就应相对宽松;当本国金融体系还不完善、竞争力较弱时,应着重进行国内相关领域的改革。林文顺、曲诗源(2014)通过将我国金融服务业的实际开放水平与其他金砖五国进行横向相比发现,我国金融业尤其是银行业关于外资持股比例的限制较为严格,在当前中国金融业发展势头良好,金融业存在进一步开放的空间。

(二)监管政策及政策差异对服务贸易的影响研究

对于监管政策异质性与服务贸易之间的相关关系,国内学术界鲜有研究。Nicoletti 等(2003)最先利用引力模型来研究服务贸易,他们在模型中加入监管变量,并通过研究发现进口国如果有更高的监管水平,会对双边服务贸易产生负向影响,但他们只考虑了单方国家的监管强度,并没有比较双边国家监管水平的不同。Kox 和 Lejour(2005)最先研究并构造了监管异质性指数,研究欧盟服务贸易指令对欧盟国家服务贸易的影响。研究发现由于监管合作,尤其是在有竞争壁垒和投资壁垒的地方的监管合作,使欧盟内部的服务贸易额提高了 30%～62%,服务贸易 FDI 提高了 18%～32%。Kox 和 Hildegunn K. Nordås(2006)发现监管政策影响服务贸易市场的市场进入成本,监管政策差异对市场进入和贸易流量同时具有很大的负向影响,而那些旨在矫正市场失灵的监管政策对贸易有正面的影响。Hildegunn K.Nordås[①](2016)通过比较国家之间的监管措施差异构造了一个监管异质性指标,研究表明监管异质性对总体服务贸易流量有一个负向的影响,并且超过了一国监管强度对贸易流量的影响。

(三)本文的创新点

第一,选题和内容具有时效性和现实意义。在服务贸易逐渐成为贸易新的增长点,各国在金融服务领域的开放和合作力度不断加大的时代背景下,各国监管政策的不同越来越成为阻碍企业进入国际市场的一种新型的非关税壁垒,并在当今的区域贸易协定中备受关注。由于政策效果的量化一直没有很好的方法,加之各国监管体系和监管政策的复杂性,国际上对这方面的研究屈指可数,而国内则更是乏善可陈。在此背景下,本文根据 OECD 组织最新研究所提出的衡量监管异质性的方法,利用 OECD 国家和中国的相关数据,研究监管异质性对金融服务贸易的影响,能够为我国制定相关监管政策和金融服务贸易的发展方向提供参考,具有很强的现实意义。

第二,不同于一般的研究把政策对贸易的影响归为对企业可变成本的影响,本文基于一系列的事实和相关研究,把监管政策异质性带来的成本看作是企业进入出口市场的一种“固定成本”,并将其设定为企业在国内市场所面临的固定成本的一个比例,通过基于 CES 消费多样性函数的模型分析,我们从理论上解释了监管政策异质性是如何影响金融服务贸易市场上的企业数量和企业规模,从而对双边金融服务贸易流量造成影响。

第三,本文将金融行业细化到金融和保险两大部门,而不是单一用总量数据进行分析,这在目前来说算是比较深入的,可以在更微观的层面分析监管政策异质性的影响效应,也更加合理。

① H.K. Nordås,“Services Trade Restrictiveness Index (STRI): The Trade Effect of Regulatory Differences”,OECD Trade Policy Papers,No.189,OECD Publishing,Paris,2016.

二、监管异质性对金融服务贸易影响的实证分析

(一)计量模型设定

引力模型是估计双边贸易和贸易壁垒的主流方法,本文在标准的引力模型中加入STRI指标和监管异质性指数来分别衡量服务贸易监管强度和监管异质性,以此来研究它们对双边金融服务贸易的影响。模型设定如下:

$$X_{ijkt}=\alpha_0+\alpha_1 Z_{ijkt}+\alpha_2 \mathrm{Het}_{ijkt}+\alpha_3 \mathrm{STRI}_{ikt}+\alpha_4 \mathrm{STRI}_{jkt}+\varepsilon_{ijkt}$$

其中,X_{ijkt}代表的是在时间t,i国金融行业中k部门向j国的出口。我们的核心解释变量是Het_{ijk},即监管政策异质性指标。STRI_{ik}和STRI_{jk}分别代表出口国和进口国国内的贸易监管强度,是需要重点关注的变量。Z_{ij}是一个双边控制变量的向量集,涵盖了距离,两国GDP总量和人口,共同边境,共同语言,是否同为欧盟成员国,是否具有共同的殖民历史等引力模型基本控制变量。另外,ε_{ijkt}为误差项。本文采用泊松拟最大似然估计(PPML)方法对计量模型进行回归。

(二)样本数据和指标

本文采用的监管异质性指标是OECD组织贸易委员会在其搭建的监管政策数据库的基础上,用科学系统的方法构建的[①]。在金融服务领域,分别针对金融服务和保险服务构建指标。金融服务方面主要关注信贷机构开展的活动,例如:存款、贷款、支付服务、融资租赁和担保等。对于保险服务,则主要关注人寿保险、非人寿保险(财产险和意外险),以及再保险等方面的监管政策措施。其中一些限制也适用于保险中介人和精算师提供的辅助服务。

本文构建的监管政策异质性指数不包含投资银行服务和非银行投资等,一方面,虽然有些银行也参与或者拥有参与这些活动的子公司,这些服务并不是商业银行的核心业务。另一方面,对于投资银行、资产管理基金和货币市场基金等非银行服务提供商的监管与存贷款机构有很大不同。更为重要的是,由于金融危机的影响,对于交易、证券、承销和资产管理的监管在很多国家变化异常迅速和频繁。同样,健康险和养老金服务也未包含在我们针对保险服务构建的监管异质性指数。

金融服务和保险服务受到各种具体部门监管措施的制约,本文选取监管政策的标准如下:①GATS和OECD相关准则中明确提到的壁垒和条例;②在区域服务贸易协定中明确提到的壁垒和条例;③专家学者和相关研究文献确定的相关的壁垒和条例。

(1)双边金融服务贸易流量(X_{ijkt})。OECD国家之间双边金融服务贸易流量的数据获取来自国际收支平衡统计表(EBOPS2010),在金融服务行业层面我们能获取的数据包括25个OECD国家的出口数据,进口国报告了数据的有42个,包括35个OECD国家和

---

① OECD数据库:https://stats.oecd.org/

7 个非 OECD 国家[①]。这里统计的数据主要是对应于 GATS 规定的服务贸易模式 1—跨境交付,而模式 2—境外消费、模式 3—商业存在和模式 4—自然人流动则由于技术原因没法统计在列。为了保证数据的质量同时跟核心解释变量相匹配,我们选取了上述国家 2012—2016 五年的数据进行分析。

(2)监管政策异质性指数(Het)。监管政策异质性指数是我们基于前部分的方法构建而成,为了能更可靠的衡量监管政策异质性的效果,本文采用两种不同的方法来构建指标,即基于回答(Het_answer)和基于评分(Het_score)的监管政策异质性指标,针对一些国家极端的监管政策(如完全限制外资进入),基于回答构建的指标更能反映真实的情况,而基于评分的指标则不能刻画出极端情况下国家监管政策的差别。在不极端的情况下,基于评分构建的指标则效果更好。

(3)出口国和进口国国内监管强度($STRI_i$,$STRI_j$)。这是另外一个重要的变量,监管强度越大,说明国内对金融服务的限制越强,可能会对金融服务贸易产生一定影响。本文选取 OECD 组织构建的 STRI 指数(服务贸易限制指数)来衡量出口国和进口国对本国金融服务贸易的监管强度。

(4)进口国和出口国的 GDP 和人口数据($\ln GDP_i$,$\ln GDP_j$,$\ln POP_i$ 和 $\ln POP_j$)。这部分数据来自于联合国贸发组织经济趋势数据库(Economic trends)和人口与劳动力数据库(Population and labour force)。

(5)其他控制变量。距离(lnDist、共同殖民历史(Comcol)、共同边境(Comborder)、共同语言(Comlang)、以前是否为同一国家(Smctry)和是否为内陆国(Landlocked),这些是引力模型的基本控制变量,数据从法国国际预测研究中心(Centre d' Etudes Prospectives et d'Informations Internationales,CEPII)获得。另外考虑 OECD 国家中很多都同属于欧盟,我们额外加入 BothEU 这个虚拟变量来控制其影响。

(三)实证分析

(1)全样本回归

本部分先将金融服务贸易出口数据对引力模型基本控制变量进行回归,在此基础上加入监管政策异质性指数进行回归,结果如下表所示:

表 1 金融服务贸易全样本数据回归结果

变量	(1)	(2)	(3)	(4)	(5)	(6)
	trade_ex	trade_ex	trade_ex	trade_ex	trade_ex	trade_ex
$\ln Dist_{ij}$	−0.546***	−0.475***	−0.418***	−0.539***	−0.483***	−0.421***
	(0.0384)	(0.0356)	(0.0363)	(0.0355)	(0.0350)	(0.0364)
$\ln GDP_i$	0.239	0.309	0.392	0.306	0.355	0.431
	(0.417)	(0.410)	(0.403)	(0.383)	(0.386)	(0.382)

① 包括:中国、巴西、俄罗斯、印度、印度尼西亚、立陶宛和南非

续表

变量	(1) trade_ex	(2) trade_ex	(3) trade_ex	(4) trade_ex	(5) trade_ex	(6) trade_ex
$lnGDP_j$	0.601** (0.284)	0.667** (0.273)	0.683** (0.265)	0.582** (0.275)	0.639** (0.272)	0.669** (0.266)
$lnPOP_i$	5.361** (2.337)	5.940** (2.327)	6.679*** (2.225)	5.700** (2.268)	6.108*** (2.251)	6.752*** (2.145)
$lnPOP_j$	4.878 (3.073)	5.219 (3.177)	5.530* (3.159)	4.802 (3.100)	4.986 (3.116)	5.186 * (3.042)
$Comcol_{ij}$	1.138** (0.478)	1.237*** (0.480)	1.352*** (0.487)	1.183** (0.475)	1.255*** (0.478)	1.365*** (0.486)
$Comborder_{ij}$	0.195** (0.0865)	0.247*** (0.0846)	0.194** (0.0805)	0.205** (0.0818)	0.248*** (0.0813)	0.212*** (0.0779)
$Comlang_{ij}$	0.259*** (0.0670)	0.194*** (0.0678)	0.279*** (0.0645)	0.223*** (0.0608)	0.168*** (0.0626)	0.241*** (0.0610)
$BothEU_{ij}$	0.684*** (0.110)	0.489*** (0.110)	0.532*** (0.102)	0.716*** (0.0978)	0.547*** (0.0995)	0.553*** (0.0932)
$Smctry_{ij}$	0.186 (0.129)	0.208* (0.125)	0.194 (0.120)	0.162 (0.128)	0.173 (0.124)	0.160 (0.118)
$Landlocked_j$	−0.595*** (0.124)	−0.650*** (0.128)	−0.550*** (0.125)	−0.604*** (0.123)	−0.634*** (0.124)	−0.542*** (0.120)
Het_score_{ij}		−4.087*** (0.521)			−3.292*** (0.490)	
Het_answer_{ij}			−6.111*** (0.554)			−5.643*** (0.599)
$STRI_i$				−7.181*** (0.985)	−5.567*** (0.995)	−3.603*** (1.034)
$STRI_j$				2.040* (1.135)	3.200*** (1.099)	4.427*** (1.124)
I−FE	Yes	Yes	Yes	Yes	Yes	Yes
J−FE	Yes	Yes	Yes	Yes	Yes	Yes
Year−FE	Yes	Yes	Yes	Yes	Yes	Yes
Observations	6 884	6 884	6 884	6 884	6 884	6 884
R-squared	0.879	0.892	0.900	0.894	0.899	0.905

注：*，**，*** 分别表示在 10%、5%、1%水平上的显著性。

从表1的回归结果来看,出口国与进口国距离越大则金融服务贸易出口越少;出口国和进口国若有共同边境、共同的殖民历史和共同语言,则他们之间的贸易量会越大;进口国若为内陆国则也会减少金融服务贸易的出口。这与基本引力模型回归结果(模型(1))一致。另外双方同属欧盟(BothEU)对金融服务贸易量也有显著的正向影响。进口国的GDP和出口国的人口对贸易量有显著的正向影响,而出口国的GDP和进口国的人口则对金融服务贸易出口影响不明显,这可能是由于金融服务贸易的特殊性导致。

模型(2)和模型(3)在基本引力模型上分别加入基于评分的监管政策异质性指标(Het_score)和基于回答的监管政策异质性指标(Het_answer)进行的回归,其结果在1%的水平上显著,并且符号与预期的一致,这说明国家之间金融服务的监管政策差异对金融服务贸易量确实是有显著的负向影响。

模型(4)～(6)中,我们考察了出口国和进口国的国内监管强度。从结果中可以看出,出口国的监管强度对金融服务贸易出口有显著负向影响,而进口国的监管强度对其的影响却为正。可能原因包括:一方面,由于把金融服务和保险服务的数据同时放到一个方程里进行回归,监管强度对不同部门的影响被平均,而事实上监管强度对不同部门的影响可能存在很大差异;另一方面,出口国首先考虑的是克服本国的监管成本,之后才会考虑是否出口,因此本国监管强度越大,对金融服务企业造成的成本也就越大,从而影响其进入出口市场的决策,进而影响整体的出口量。进口国监管强度加大,为什么使出口国出口量增加呢?可能的原因是进口国高强度的监管使其国内本身能达到出口条件的企业就很少,因此其需要从外部市场上进口金融服务从而满足国内的需求。模型(5)和(6)的结果中也表明:即使加入了进口国和出口国的监管强度,也几乎不会对监管异质性指标的结果产生大的影响,其系数依然显著为负,进一步证实了回归结果的稳健性和可靠性。

(2)分行业样本回归

本部分将金融服务贸易分为金融和保险两个部门分别回归,同时控制国家固定效应和时间固定效应,结果如表2和表3所示。

表2 金融部门样本数据回归结果

变量	(1)	(2)	(3)	(4)	(5)	(6)
	trade_ex	trade_ex	trade_ex	trade_ex	trade_ex	trade_ex
$lnGDP_i$	0.0690	0.174	0.299	0.114	0.172	0.239
	(0.369)	(0.372)	(0.367)	(0.449)	(0.450)	(0.446)
$lnGDP_j$	0.354	0.407	0.463*	0.350	0.406	0.467*
	(0.274)	(0.277)	(0.275)	(0.276)	(0.279)	(0.277)
$lnPOP_i$	5.338**	5.650**	6.408***	5.328**	5.659**	6.455***
	(2.361)	(2.323)	(2.209)	(2.383)	(2.342)	(2.225)
$lnPOP_j$	3.740	4.010	4.502*	3.910*	4.064*	4.398*
	(2.451)	(2.460)	(2.438)	(2.367)	(2.385)	(2.389)

续表

变量	(1)	(2)	(3)	(4)	(5)	(6)
	trade_ex	trade_ex	trade_ex	trade_ex	trade_ex	trade_ex
Het_score_{ij}		-3.274^{***} (0.530)			-3.269^{***} (0.526)	
Het_answer_{ij}			-5.697^{***} (0.751)			-5.733^{***} (0.740)
$STRI_i$				−1.768 (6.729)	−0.123 (6.667)	1.971 (6.636)
$STRI_j$				−2.395 (7.694)	−0.791 (7.543)	1.507 (7.122)
I－FE J－FE Year－FE	Yes Yes Yes	Yes Yes Yes	Yes Yes Yes	Yes Yes Yes	Yes Yes Yes	Yes Yes Yes
Observations	3 472	3 472	3 472	3 472	3 472	3 472
R-squared	0.933	0.937	0.941	0.933	0.937	0.941

注：*，**，*** 分别表示在10%、5%、1%水平上的显著性。

其他控制变量：包括距离(lnDist)、共同殖民历史(Comcol)、共同边境(Comborder)、共同语言(Comlang)、以前是否为同一国家(Smctry)、是否为内陆国(Landlocked)和是否同属于欧盟(BothEU)的影响结果在表中省略，在文中说明。

表3　保险部门样本数据回归结果

变量	(1)	(2)	(3)	(4)	(5)	(6)
	trade_ex	trade_ex	trade_ex	trade_ex	trade_ex	trade_ex
$lnGDP_i$	0.291 (0.697)	0.287 (0.698)	0.306 (0.700)	0.735 (0.701)	0.736 (0.703)	0.762 (0.705)
$lnGDP_j$	1.274^{**} (0.585)	1.280^{**} (0.582)	1.258^{**} (0.583)	1.284^{**} (0.596)	1.289^{**} (0.593)	1.273^{**} (0.595)
$lnPOP_i$	2.550 (8.982)	2.807 (8.937)	3.024 (8.897)	−2.917 (10.02)	−2.732 (9.983)	−2.489 (9.933)
$lnPOP_j$	6.378 (7.685)	6.348 (7.746)	6.362 (7.705)	7.072 (7.926)	7.054 (7.988)	6.915 (7.946)
Het_score_{ij}		−1.052 (1.368)			−1.087 (1.360)	

续表

变量	(1)	(2)	(3)	(4)	(5)	(6)
	trade_ex	trade_ex	trade_ex	trade_ex	trade_ex	trade_ex
Het_answer_{ij}			−2.317**			−2.307**
			(1.119)			(1.125)
$STRI_i$				20.31	20.56	20.74
				(14.66)	(14.63)	(14.68)
$STRI_j$				−5.312	−5.453	−4.524
				(10.27)	(10.17)	(10.20)
I−FE	Yes	Yes	Yes	Yes	Yes	Yes
J−FE	Yes	Yes	Yes	Yes	Yes	Yes
Year−FE	Yes	Yes	Yes	Yes	Yes	Yes
Observations	3 412	3 412	3 412	3 412	3 412	3 412
R-squared	0.737	0.739	0.740	0.739	0.741	0.742

注:*,**,*** 分别表示在10%、5%、1%水平上的显著性。

其他控制变量:包括距离(lnDist)、共同殖民历史(Comcol)、共同边境(Comborder)、共同语言(Comlang)、以前是否为同一国家(Smctry)、是否为内陆国(Landlocked)和是否同属于欧盟(BothEU)的影响结果在表中省略,在文中说明。

从结果可以看出,距离、共同殖民历史、共同语言、同属欧盟和进口国是内陆国这些变量对金融部门的影响与全样本中的结果一致且符合预期。共同边境、以前是同一个国家这2个变量则无显著影响。另外,除了出口国的人口对金融部门有显著正向影响外,进口国的人口、出口国的GDP和进口国的GDP均对结果无显著影响。相比之下,保险部门样本回归的结果有些许不同,除了距离、共同殖民历史、同属欧盟和以前是同一个国家这四个变量的回归结果显著且与全样本一致外,其余变量基本上对保险部门无明显影响。另外,进口国的GDP对保险部门有显著正向影响,而出口国的GDP和人口变量均对保险部门无影响。

对于金融部门,回归的核心变量,无论是基于评分的监管政策异质性指标还是基于回答的监管政策异质性指标依然对结果有显著负向影响,且是在1%的水平上显著。而对于保险部门,基于回答的监管政策异质性指标在5%的水平上显著,而基于评分的监管政策异质性指标则无明显影响。这个结果说明监管政策异质性对金融服务贸易的不同部门具有不同的边际效果,相比之下,其对金融部门的影响更大。除此之外,对于保险部门而言,评分指标不显著而回答指标显著,可能的原因是保险服务领域有更多比较极端的措施,监管程度更严格。

从模型(4)~(6)可以发现,无论是在金融部门中还是在保险部门中,出口国和进口国的监管强度均对贸易量无显著影响,这与全样本回归中的结果不一致,可能的原因是金融服务的特殊性。但是,监管强度指标并不影响监管政策异质性指标的回归结果,其与全样本回归结果保持高度一致,说明回归结果是稳健可靠的。同时,也进一步指出,两国之间金融服务贸易监管政策的差异才是影响双边贸易量的重要因素,其相比国内监管强度对贸易量的影响更为重大。

(3)分区域回归

本部分将所有 OECD 国家和 7 个非 OECD 国家按照南北差异(即发达程度)进行分组,考察监管政策异质性对不同发达程度国家的影响。按照联合国开发计划署(UNDP)提出的人类发展指数对所有国家进行分组,人类发展指数达到 0.8 以上的国家为极高人类发展水平的国家,也即发达国家①。本文将所有报告国家分为两个组别:N—N(发达国家—发达国家)和 N—S(发达国家—发展中国家),由于没有发展中国家对 OECD 国家的金融服务贸易出口数据,故 S—N(发展中国家—发达国家)这个组别在本文中不予讨论。另外,由于我们采用的是 PPML 计量方法进行回归,其对样本的要求比较高,而我们的样本国家多数为发达国家,在将全样本分为 N—N 和 N—S 两个组后,明显发现 N—S 这个组别的数据过少,因此该组 PPML 回归后的结果可能会存在一定偏差。因此,将金融部门和保险部门进行分区域回归,其结果(表 4)表明:对于 N—N 组,无论是金融部门还是保险部门,监管异质性都对其有显著的负向影响,且对金融部门的边际影响大于对保险部门的边际影响,这与分行业样本回归中得出的结论一致。而对于 N—S 组,由于样本数量非常少,很多控制变量不显著,甚至有的变量符号与预期完全相反(如共同边境)。基于评分的监管政策异质性指标对金融部门和保险部门的影响均不显著,基于回答的指标对金融部门有显著负向影响,而对于保险部门则无明显影响。证实了之前的观点:国家之间监管政策的异质性会通过增加企业的固定成本构建金融服务贸易壁垒,从而阻碍企业进入出口市场,对金融服务贸易流量产生负向影响。

表 4 金融部门和保险部门分区域回归结果

变量	金融部门				保险部门			
	N—N		N—S		N—N		N—S	
$\ln GDP_i$	0.217 (0.433)	0.440 (0.430)	0.139 (0.520)	0.0990 (0.517)	0.358 (0.775)	0.385 (0.778)	2.905** (1.339)	2.884** (1.337)
$\ln GDP_j$	0.473 (0.356)	0.588* (0.350)	0.699*** (0.220)	0.680*** (0.208)	1.347* (0.691)	1.325* (0.695)	0.157 (0.511)	0.891* (0.513)
$\ln POP_i$	6.029** (2.428)	6.831*** (2.286)	2.727 (4.747)	3.663 (4.942)	3.679 (9.586)	3.902 (9.551)	−6.650 (9.974)	−11.20 (10.70)

① 根据《2015 年人类发展报告》,挪威、澳大利亚、瑞士、丹麦、荷兰、德国、爱尔兰、美国、加拿大、新西兰、瑞典、比利时、英国、冰岛、韩国、以色列、卢森堡、日本、奥地利、法国、芬兰、斯洛文尼亚、西班牙、意大利、捷克、希腊、爱沙尼亚、斯洛伐克、波兰、立陶宛、智利、葡萄牙、匈牙利和拉脱维亚这 34 个国家(除了立陶宛,其他均为 OECD 国家)人类发展指数为 0.8 以上,为发达国家。墨西哥、土耳其、中国、俄罗斯、巴西、印度、印度尼西亚和南非则为发展中国家。

续表

变量	金融部门				保险部门			
	N—N		N—S		N—N		N—S	
$lnPOP_j$	4.621* (2.562)	5.376** (2.529)	−0.179 (3.917)	−0.911 (3.767)	6.854 (8.433)	7.005 (8.333)	−44.95*** (11.26)	−27.27** (10.73)
Het_score_{ij}	−3.487*** (0.590)		−0.904 (0.983)		−1.882 (1.615)		−6.780 (1.476)	
Het_answer_{ij}		−6.494*** (0.895)		−2.622** (1.221)		−3.212** (1.297)		−8.963 (2.087)
I−FE	Yes	Yes	Yes	Yes	Yes	Yes	Yes	Yes
J−FE	Yes	Yes	Yes	Yes	Yes	Yes	Yes	Yes
Year−FE	Yes	Yes	Yes	Yes	Yes	Yes	Yes	Yes
Observations	2 618	2 618	835	835	2 577	2 577	511	511
R-squared	0.938	0.942	0.961	0.964	0.743	0.743	0.829	0.839

注:*,**,*** 分别表示在 10%、5%、1%水平上的显著性。其他控制变量:包括距离(lnDist)、共同殖民历史(Comcol)、共同边境(Comborder)、共同语言(Comlang)、以前是否为同一国家(Smctry)、是否为内陆国(Landlocked)和是否同属于欧盟(BothEU)的影响结果在表中省略,在文中说明。

(4)与中国相关的回归(见表 5)

表 5 监管政策异质性对 OECD 国家向中国出口和进口的影响

变量	金融服务贸易出口		金融服务贸易进口	
	trade_ex	trade_ex	trade_im	trade_im
$lnGDP_i$	0.235 (0.416)	0.241 (0.415)	0.161 (0.539)	0.162 (0.539)
$lnGDP_j$	0.593** (0.281)	0.594** (0.279)	0.547 (0.439)	0.537 (0.439)
$lnPOP_i$	5.370** (2.338)	5.408** (2.345)	5.608** (2.414)	5.631** (2.409)
$lnPOP_j$	4.896 (3.075)	4.908 (3.074)	−4.101 (6.386)	−4.075 (6.387)
$CHN\times Het\_score_{ij}$	−4.652 (3.528)		−1.232 (2.979)	
$CHN\times Het\_answer_{ij}$		−6.587** (2.881)		−7.597*** (2.892)

续表

变量	金融服务贸易出口		金融服务贸易进口	
	trade_ex	trade_ex	trade_im	trade_im
I－FE	Yes	Yes	Yes	Yes
J－FE	Yes	Yes	Yes	Yes
Year－FE	Yes	Yes	Yes	Yes
Observations	6 884	6 884	6 870	6 870
R-squared	0.880	0.880	0.786	0.786

注：*，**，*** 分别表示在 10％、5％、1％水平上的显著性。

其他控制变量：包括距离（lnDist）、共同殖民历史（Comcol）、共同边境（Comborder）、共同语言（Comlang）、以前是否为同一国家（Smctry）、是否为内陆国（Landlocked）和是否同属于欧盟（BothEU）的影响结果在表中省略，在文中说明。

本部分考察监管政策异质性对 OECD 国家向中国出口和进口的影响，由于单独把中国的数据提取出来样本量太小，回归后得出的结果极度有偏，故我们在方程中单独加入一个中国的虚拟变量和监管政策异质性指标的交叉项，即 $CHN\times Het\_score_{ij}$ 和 $CHN\times Het\_answer_{ij}$，并用全样本数据进行回归。$CHN\times Het\_score_{ij}$ 和 $CHN\times Het\_answer_{ij}$ 分别表示在 OECD 国家向中国出口或者进口时，基于评分的监管政策异质性指标和基于回答的监管政策异质性指标对其有何影响。从结果来看，基于评分的指标虽然系数为负，但并无显著影响，而基于回答的指标则非常显著，表明 OECD 国家向中国出口或者进口时，若其监管政策与中国差异较大，则会降低其出口或进口的贸易量。

三、主要结论及政策建议

（一）主要结论

（1）监管政策异质性对金融服务贸易出口有重要的负向影响，且其影响效果比出口国和进口国国内的监管强度更大。这是因为一国的金融服务提供企业若要进入出口市场，除了需要满足本国的合规要求、资质认证和技术标准等一系列监管外，还需要同时满足进口国的合规要求，这种重复的合规成本造成企业巨大的固定成本，影响其进入出口市场的决策，进而影响国家之间双边金融服务贸易流量。

（2）监管政策异质性对金融部门的边际影响大于对保险部门的边际影响。这里说所的金融部门是指除保险外的商业银行和其他金融中介机构，以商业银行为主。从世界范围的数据来看，金融部门的出口占比远大于保险，在整个金融行业中起主导作用，因此其受到的监管也相应的更加严格，并且由于金融行业是各国最敏感的行业之一，再加上国家之间金融发展水平不一，国家之间制定的监管政策具有很大的差异性，这也就导致监管政策异质性对金融部门的影响更加敏感和重大。

(3)监管政策异质性对发达国家之间、发达国家与发展中国家的金融服务贸易均有显著的负向影响,并且对发达国家的影响比对发展中国家的影响更大。发达国家在金融发展水平上远远领先于发展中国家,金融开放程度也非常高,因此对监管政策的差异相对来说会比较敏感。

(4)监管政策异质性对金融服务贸易的进口也有显著的负向影响,并且影响不次于对出口的影响。同样,其对金融部门的进口影响程度大于保险部门。

(5)监管政策异质性对OECD国家向中国出口和进口金融服务有显著的负向影响。我国金融体系和金融服务发展远落后发达国家,因此我国对金融行业监管非常严格,在跨境金融贸易和外资准入等方面存在诸多苛刻的限制,而发达国家金融开放度非常高,其监管政策与中国存在巨大差异,这种差异可能会阻碍外国金融服务提供者进入中国。

(二)政策建议

第一,国家之间应该加强监管标准互认和监管合作。所谓监管标准互认,就是一国允许外国服务提供者在满足其本国的监管标准后能够进入到该国的出口市场,而无需再达到进口国的监管标准,由此可以减少双重监管带来的重复合规成本,提高监管效率并促进金融服务贸易发展。当今一些贸易和投资协定会在特定领域,就资格认证、合规评估等达成监管互认和监管合作。例如,在TTIP第11轮谈判过后,欧洲首席谈判代表就发表声明强调监管合作在减轻企业尤其是小企业的负担方面的重要性,他还强调,监管合作并不意味着降低消费者保护水平和监管机构的独立性,而是帮助监管机构提高效率。[①] TTP协议中也有专门的章节是关于监管合作的,其内容如下:在规划、设计、发布、实施和审查监管措施的过程中使用良好的监管实践,目的是为了加快实现本国的监管目标,并且政府之间也应该加强监管合作,从而促进这些目标的实现,促进国际贸易和投资、经济增长和就业。

第二,重点减少金融部门监管政策的异质性。我们的研究发现,监管政策的异质性对金融部门的边际影响大于对保险部门的影响,因此国家之间可以就金融部门的监管框架和具体措施达成合作,在相关的资质认证、合规标准和市场准入等方面应用更多的监管互认。并且,在金融服务贸易中,金融部门相比保险部门所占的比例更大,市场更加广阔和完善,为了促进整体金融服务贸易的发展,更应该重点减少金融部门存在的监管政策异质性。

第三,在双边或多边贸易谈判和区域贸易协定中,就金融服务的监管援引国际权威组织制定的标准。这些组织以帮助世界各国确定金融监管的最佳实践路径为目的,其在金融部门中以国际标准的形式制定的"软法",鼓励监管相互衔接和融合。例如巴塞尔银行监管委员会(BCBS)制定的《银行有效监管的核心原则》就为银行业的监管实践提供了指南,从而帮助监管者合理评估和改进他们的监管框架。国际保险监督管理协会(IAIS)则制定《保险核心原则、标准、指导和评估方法》(IAIS,2011a)为国家保险监管机构建立了全面和国际认可的监管框架。

---

① 见 http://trade.ec.europa.eu/doclib/press/index.cfm? id=1389

第四,对中国而言,虽然与发达国家相比,我国的金融发展落后,竞争力不强,金融体系不完善,但我国有着极大的发展潜力。随着金融改革的深化和开放程度的提高,我国金融服务在总体服务中占比逐渐上升,并且近些年金融服务贸易也急速上升,2016 年中国金融服务和保险服务出口的增长率分别达到了 6.4%和 17.1%。从长远来看,金融服务贸易会是我国一个重要的经济增长点。根据我们的研究结果,对于中国的金融服务贸易,可以从以下几点着手:首先,在中国目前参与的诸多双边或多边贸易谈判中,应在金融服务领域与谈判方达成更多的监管互认和监管合作。另外,与发达国家表现不同,我国金融服务贸易中保险部门增长强劲,金融部门增长相对偏弱。因此当前我国可以在保险部门逐步进行监管改革,减少或削弱一些极端的限制措施,积极学习和借鉴国外发达国家先进的监管经验,减少和贸易伙伴国之间的监管政策差异,减轻出口企业的固定市场进入成本,促进保险服务贸易的发展。最后,随着金融部门的发展,我们可以把保险部门相关成功的经验应用到金融部门的监管改革中去,从而促进我国整体金融服务贸易的发展。

参考文献:

[1]夏天然,陈宪.基于双向固定效应引力模型的服务贸易壁垒度量[J].世界经济研究.2014(10).

[2]夏天然,陈宪.国际金融服务贸易壁垒的测度——对 83 个国家和地区的比较研究[J].财贸经济.2015(9).

[3]周念利.区域贸易安排的"双边服务贸易效应"经验研究——基于扩展引力模型的面板数据分析[J].财经研究.2012,vol38(5):105-113.

[4]谢建国,谭利利.区域贸易协定对成员国的贸易影响研究[J].国际贸易问题.2014(12).

[5]林祺,林僖.削减服务贸易壁垒有助于经济增长吗?——基于国际面板数据的研究[J].国际贸易问题.2014(8).

[6]赵谨.全球服务贸易壁垒:主要手段、行业特点与国家分布——基于 OECD 服务贸易限制指数的分析[J].国际贸易.2017(2).

[7]薛伟贤,冯宗宪,郭根龙.GATS 框架下发展中国家和转轨国家的金融服务贸易自由化[J].世界经济.2000(11).

[8]H K Nordås,"Services Trade Restrictiveness Index(STRI):The Trade Effect of Regulatory Differences",OECD Trade Policy Papers,No.189,OECD Publishing,Paris,2016.

[9]Correia de Brito A and C Kauffmann and J Pelkmans,"The contribution of mutual recognition to international regulatory co-operation",OECD Regulatory Policy Working Papers,No.2,OECD Publishing,Paris,2016.

[10]Kabir M and Salim R and Al-Mawali N,"The gravity model and trade flows:Recent developments in econometric modeling and empirical evidence",Economic Analysis and Policy,2017.

[11]Benz S,"Services trade costs:Tariff equivalents of services trade restrictions u-

sing gravity estimation",OECD Trade Policy Papers,No.200,OECD Publishing,Paris,2017.

[12]Rouzet D and F Spinelli,"Services Trade Restrictiveness,Mark-Ups and Competition",OECD Trade Policy Papers,No.194,OECD Publishing,Paris,2016.

[13]Geloso Grosso and M.et al,"Services Trade Restrictiveness Index(STRI):Scoring and Weighting Methodology",OECD Trade Policy Papers,No.177,OECD Publishing,Paris,2015.

[14]Mattoo A,"Financial Services and the WTO:Liberalization Commitments of the Developing and Transition Economics",The World Economy.2000,23(3),351－386.

服务贸易影响能源和碳排放效率研究
——基于30个国家面板数据的实证分析

王 荣 黄鹤翔[①]

摘 要:本文使用非径向方向性距离函数测算了30个国家1980—2013年能源和二氧化碳排放效率的指标,并使用Tobit模型对其影响因素进行多元回归分析,主要结论是服务贸易自由化程度对能源和碳排放效率产生积极的影响,且影响的强度随时间推移而增加。更重要的是新兴服务贸易部门对效率产生积极的影响,而传统部门产生消极的影响。服务贸易发展较落后的国家在效率上存在“追赶效应”。本文研究表明要促进低碳经济全球化需要世界各国的协作,发展中国家需要扩大服务贸易开放程度,加快产业结构升级。

关键词:能源和碳排放效率;服务贸易自由化;数据包络分析法

贸易在很长一段时间内是促进中国经济发展的重要方式,也是导致中国的人均碳排放迅速增加的“罪魁祸首”(赵忠秀,2013)。由于中国长期在全球价值链低端从事出口加工贸易,这引起内涵碳排放总量在很长一段时间内呈现加速增长的趋势(孔令丞,2011)。因此促进贸易结构转型升级是解决碳排放问题的关键。服务贸易可以有效地优化外贸增长模式,使货物贸易逐渐转变为集约型的增长方式(唐宜红,2009)。在服务贸易加快发展且服务贸易结构越来越向着资本和技术密集的部门转型的背景下,服务贸易与能源和二氧化碳排放效率存在怎样的关系?鉴于目前鲜有文献论及这个话题,本文拟就这一关键性问题进行讨论,期望在弄清服务贸易对能源和二氧化碳排放效率的影响及其内在机理的基础上,为我国产业转型升级与环境保护协同推进提供有价值的理论依据和政策建议。

一、文献综述与问题的提出

(一)关于能源效率与碳排放效率的测算

关于能源效率的测算方法。国外研究中,使用DEA方法测算能源效率的文献很多,比如Wang,H.(2013a)使用非径向方向性距离函数计算了2006—2010年间中国各地区的能源效率。Yongrok Choi等(2012)基于非径向的slacks-based DEA模型,估计中国各省2001—2010年的能源效率以及可能的减排和与能源相关的二氧化碳排放的边际减排

① 作者简介:王荣,厦门大学经济学院;黄鹤翔,上海对外经贸大学国际经贸学院。

成本。Jin-Li Hu 等(2006)使用 DEA 计算中国每年各地区预计的能源投入量,然后使用全要素能源效率来算实际的能源投入量。

关于碳排放效率的评价。与能源效率类似,碳排放效率的评价大致分为单要素评价方法和全要素评价方法。Kaya 等在 1993 年首先提出碳生产效率,指一定时期内某地区 GDP 和碳排放量的比例,反映了单位碳排放能够生产的产出。也有些学者提出使用单位能源消耗和碳排放的比值来衡量碳排放效率。这些指标虽然简单,却无法衡量要素之间的替代作用。现在确定有效边界的方法主要有数据包络分析方法(DEA)以及随机前沿分析方法(SFA),在使用 DEA 方法测算碳排放效率时,虽然都会将二氧化碳纳入生产函数,但是有的将其作为投入要素而有的将其视作非意愿产出,运用方向性距离函数来测算碳排放效率。Y.H.Chung 和 R.Färe(1997)加入方向性距离函数(DDF)作为新的生产力指数的一部分,把合意的产出和不合意的产出放在同一个模型里。Ning Zhang 等(2014)使用非径向方向性距离函数测算了能源和碳排放效率,并提出了两个函数,一个是全要素方向性距离函数(total-factor directional distance function),其包含了所有导致投入和产出低效率的因素,来衡量统一的(运行方面和环境方面)化石能源发电行业的效率。另一个是能源—环境友好型方向性距离函数(energy-environmental directional distance function)衡量化石能源发电行业在能源—环境友好方面的表现。杜克锐和邹楚沅(2011),陈黎明、黄伟(2013)使用随机前沿的分析方法计算了我国 1995—2009 年各省份的碳排放效率,并对其影响因素进行了分析。雷玉桃等(2014)使用 SFA 的方法计算了中国 1996—2011 年间的碳排放效率。国外研究中,Guo,X.-D.等(2011)使用 DEA 模型分析法测算了 2005—2007 年中国各地区的碳排放效率。

(二)关于能源和碳排放效率影响因素的研究

就能源和二氧化碳排放效率的影响因素方面,Zhang Yan(2011)等对中国 1995—2009 年各区域影响与能源相关的碳排放的因素进行了实证检验,得出结论:能源强度越大,经济规模越大,碳密集型经济结构的比例越高,则碳排放越严重。Zhang Yuejun(2011)研究得出的结论是,中国的外商直接投资因为较小的规模几乎没有对碳排放产生影响。魏梅等(2010)使用数据包络分析方法来衡量中国地区 1986—2008 年的碳效率,结果表明研发投入、能源价格、公共投资、贸易开放程度、经济结构和技术效应对碳排放效率有积极的影响,验证了"污染天堂假说"。王建民等(2015)用面板数据来研究中国经济发展、能源消耗和 CO_2 排放的传导效率以及三者之间的区别。影响能源和碳排放效率的变量大多为能源结构、对外开放程度、工业结构、技术进步、城镇化水平等因素。

(三)关于服务贸易与环境之间关系的研究

就服务业对环境的影响方面,Linda Fernandez(2010)研究了北美地区的服务贸易中运输部门的贸易自由化程度,通过实证分析得出结论为:贸易开放程度高能够显著地减少对当地的空气污染。蔡宏波和曲如晓(2010)研究的是美国 2002 年与 8 个主要贸易伙伴国在服务贸易中 12 个服务业部门中产生的 6 种主要污染物的排放情况,得出的结论为:美国服务出口产生的间接污染排放总体较低,废物管理和救援服务、行政支持以及运输和仓储部门的污染密度较高，房地产服务部门其次。然而 Arik Levinson 通过计算得出服务贸易对环境的污染是很小的。李晓峰、姚传高(2015)使用 1995—2009 年的国家面板数据进行了实证分析，发现服务贸易开放程度与碳排放之间的关系为“倒 U 形”关系；并且高收入国家的服务贸易开放程度与碳排放是正相关关系，而低收入和中等收入国家的这种影响并不显著。

(四)简要的评述与问题的提出

通过以上大量对中国以及少数对其他国家的研究，可以得出一些普遍的结论：(1)数据包络分析方法是计算能源和碳排放效率比较普遍的方法。(2)经济增长对碳排放量的影响由于经济所处的阶段不同而不同，但是经济规模总体上对能源和碳排放效率的影响为正；化石能源消费量和工业比重对能源和碳排放效率产生负面影响；而贸易开放程度对能源和碳排放效率的影响不确定。(3)中国各个省和地区之间的能源和碳排放效率有明显的差异。(4)服务贸易对环境究竟是起到了改善作用还是没有显著影响，甚至是会导致较大的污染和排放，学术界并没有得出一致的结论。

目前还没有文献实证分析世界范围内服务贸易开放程度对能源和碳排放效率的影响。研究这一问题不仅可以明确服务贸易开放程度对环境和能源产生怎样的影响，还为政策的导向提供了依据。本文的目的就是实证分析世界上服务贸易量前三十的国家中，服务贸易开放程度与能源和碳排放效率的关系，进而为各国的政策制定提供参考。

(五)可能的创新点与进一步研究方向

本文的创新之处和亮点在于：第一，关于服务贸易的环境效应国内外的研究都没有得出一致的结论，本文选取了较长的时间跨度以世界上服务贸易量最大的 30 个国家为样本进行定性和定量的分析，得出的结论比较具有说服力。第二，对能源和碳排放效率影响因素的研究非常多，但是从服务贸易角度解释能源和碳排放效率的观点目前还没有见诸文献，本文的研究可为中国加快经济结构升级提供良好的政策方向。第三，测算 30 个世界主要国家的能源和碳排放效率以便更直观地比较各个国家的能源使用和碳排放的效率情况。第四，使用新提出的非径向方向性距离函数测算效率的方法克服了之前测算方法的一些缺陷。第五，使用名义上的服务贸易开放程度和实际的开放程度两个不同角度来测算服务贸易对效率的影响。第六，在整体回归的基础上，探讨了影响的时间趋势和国别差异，并且区分了服务贸易的新兴部门和传统部门进行回归分析，观察不同部门对效率影响的差异性，为中国加快经济结构升级提供良好的政策方向，使得政策建议更加明确。

由于篇幅有限，首先，在衡量服务贸易开放程度时没有使用频度指数测量法，进一步的研究中可以计算出各国的服务贸易限制指数，更加精确地从政策的角度来测算服务贸易的自由化程度。其次，在服务贸易对效率的影响机制方面，需要更加完整的理论来支持，可以通过中介效应分析法来考察服务贸易通过影响哪些变量进而影响到了能源和碳排放效率，从而细化出其中的影响机制。最后，在选取国家方面，可以扩大样本数量，高收入、中等收入和低收入国家都纳入样本中，考察服务贸易开放程度对能源和碳排放效率的影响是否会因国家经济状况而异。

二、服务贸易自由化程度测算与能源和碳排放影响因素分析的方法

(一)服务贸易自由化程度测算

受到张艳(2013)对中国服务贸易自由化测度方法的启发,本文采用三种方法比较全面地衡量了中国服务贸易的开放程度:一是市场占有率(TS),是一国服务贸易进出口总额与世界服务进出口总额的比值,数值越大,则服务贸易开放程度越高。二是服务贸易市场份额与货物贸易市场份额的比值(TS/MTS)。反映了一国服务贸易与货物贸易的相对开放程度。侧重考察服务贸易相对于货物贸易而言对效率影响的程度,从而验证贸易结构、外贸增长方式的转变对效率的影响。三是基于服务贸易政策数据计算的服务贸易限制指数(RES)。

(二)能源和碳排放影响因素分析方法

由于能源和碳排放效率指数范围在0～1之间,所以采用Tobit模型。Tobit模型也称为受限因变量模型或者样本选择模型,是由于因变量的值有一定的约束条件。Tobit模型经常与DEA方法结合使用,形成DEA-Tobit两阶段分析法,主要是在测算完某个效率值之后,接着对效率的影响因素进行实证分析。这种方法在各个研究领域也被广泛使用。

三、服务贸易影响能源和碳排放效率的理论机制

服务贸易自由化是指通过减少以致消除妨碍服务贸易开放、公平进行的法律规章,扩大服务市场的开放程度。服务贸易自由化具有正面的经济社会效应:一是竞争效应,服务贸易自由化可使本国服务业在国外企业的压力下增强竞争观念、市场观念和人才观念,促进技术进步和技术创新,提高经营管理水平,加大市场开拓的力度,使企业更重视人力资源的投资;二是经济刺激效应,服务贸易开放可以增进国内企业与国外企业的互动交流,引进良好的管理体系,学习先进的技术,这都能够有效地提高企业的效率,促进经济增长和专业水平的提高,加快新技术和新知识的消化吸收。

(一)服务贸易影响环境的理论基础

Grossman和Krueger(1991)认为环境效应有三类:规模效应、结构效应和技术效应。规模效应是指经济增长对环境质量有负面影响,这种负面影响主要来自两个方面:一是经济增长需要扩大投入,从而增加了资源的使用和能源的消耗,另一方面更多的产出也导致了更大的污染排放。技术效应指的是经济增长速度快,经济规模大势必会带来更好的环境保护技术和提高能效的技术。这主要是由于以下两个原因,一是逐渐淘汰肮脏技术,取

而代之的是清洁技术，这样能够增加资源的循环利用，增加单位能耗的经济产出；二是一个国家经济发展到一定程度会更加重视对研究与开发的投入，更加鼓励创新，这在很大程度上就是技术进步的源泉，从而能够提高能源效率，降低单位产出的投入，减少对环境的影响。结构效应是指随着收入水平的提高，投入和产出的结构与之前不同。比如农业时代向工业时代过渡时期，重工业能耗大，能源和碳排放效率显然很低。后来逐渐开始关注低碳经济和可持续发展，于是经济结构向着第三产业甚至是知识、资本密集型产业转变，密集使用的投入要素有了质的改变，从而导致相同产出的排放减少，极大地缓解了环境压力。这三种效应在经济发展的不同阶段其主导效应均不同。比如在经济起步阶段，需要大量的能源投入，但是节能降排的技术却跟不上，就会存在明显的规模效应。然而随着经济发展到一定的水平，人们开始关注环境问题，开始致力于提高能源和碳排放效率，于是增加对环保技术的投入等，就会出现技术效应。当资源密集型的经济结构发展到一定瓶颈时，会考虑经济结构的转型，产业的优化升级，这时结构效应凸显，经济向着“清洁型”发展，在促进经济发展时也不会产生过多的污染排放，能源和碳排放效率提高。这个过程也正是“环境库兹涅茨曲线”所要说明的问题。

更加细分地说，James Salzman 把服务贸易对环境的影响分为直接影响和间接影响，并把服务贸易部门分为累积性服务业（cumulative service）、烟囱服务业（smokestack service）和杠杆服务业（leverage service）。“累积性服务业”是指单个服务对环境产生的影响微乎其微，但是如果将这些服务聚集在一起就会导致较大的环境污染。“烟囱服务业”是指该服务会对环境产生比较大的直接污染，比如医院和运输等。“杠杆服务业”是通过与上下游的相关产业的密切联系从而对环境产生影响。产品效应是指服务贸易能够增加或者减少特定的中间投入品，来控制服务业对环境的影响。低碳环保技术的研发能够大大减少对环境的污染。因此，服务贸易对各个国家的环境和能源的影响究竟为正向还是负向还需要实证的检验。

对服务贸易与环境之间的关系研究也越来越成为热门话题。关于这方面的理论主要有“环境库兹涅茨曲线”“污染天堂假说”和“资源禀赋假说”。“环境库兹涅茨曲线”是在“库兹涅茨曲线”的基础上发展而来的，意在说明是人均收入与环境污染之间呈现倒 U 形的关系，起初人均收入的提高是以污染环境为代价的，主要是因为技术落后导致只能采取粗放型的增长模式，经济呈现“高增长高污染”的状态；然而随着人均收入达到相当的高度后，政府开始重视经济的可持续发展，实行节能减排。有学者研究认为，倒 U 形曲线的左半边代表发展中国家的情况，而右半边代表发达国家的情况。但是对“库兹涅茨曲线拐点”的质疑从未停过，关于理论拐点和实际拐点的差距，“库兹涅茨曲线”在发展中国和发达国家适用性的差异也都是众说纷纭。“污染天堂假说”是指现在很多发展中国家环保意识相对薄弱，环境政策相对宽松，于是发达国家利用技术和资本优势将污染较大的低端的制造业转移到这些国家去，使之成为“污染天堂”。然而“资源禀赋假说”从国际分工的角度出发，认为资本和技术要素充裕的发达国家应该生产“污染密集型”产品，而劳动力充裕的发展中国家应该生产“清洁型产品”，这种假说将污染和碳排放看作一种要素投入，也应该纳入比较优势的考虑中。赵忠秀（2013）详细阐述了这三种理论之间的关系，并证明了中国的确成为美国某些高能耗行业的“污染天堂”。

(二)服务贸易影响能源和碳排放效率的理论传导机制

使用DEA方法测算的能源和碳排放效率通俗的理解就是在投入一定的情况下尽可能地减少非期望产出,增加期望产出,或者在控制产出不变的情况下尽可能地减少投入。具体来说,如果经济增长的同时并没有带来更多的污染排放即为效率提高,或者减少能源消耗和碳排放的过程中并没有牺牲经济增长和就业水平也视为效率的提高,从这个角度来看,分析服务贸易对效率的影响机制主要是从促进经济增长与减少能源消耗和碳排放两个方面展开,并将影响途径分为国家层面、行业层面和企业层面三类。

1.国家层面的传导机制

(1)经济增长效应

服务贸易开放程度的提高能够促使经济较大幅度的增长。有研究显示服务贸易出口每增加1%的水平,能够导致该国GDP增加约1.86%。而货物贸易出口每增加1%的水平,GDP增加约1.35%(李瑞琴,2009)。由此可见,服务贸易对经济增长的刺激作用要明显大于货物贸易。与此同时,在当前服务贸易比重日益上升的情况下,经济增长的就业改善效应,消费层次与内涵提升对物价稳定的良性作用也得到体现。此外,相较于货物贸易而言,服务贸易这种对经济的拉动作用能够使得在同样的能源投入和一定的碳排放的条件下实现更大的产出,从而提高"低碳"前提下的经济效益,即降低等量经济产出所需要的能源投入和碳排放。并且人力资本具有集聚效应,服务贸易发展所累积的人力资本是制度创新、效率转变的主要推动因素。

(2)技术外溢效应

服务贸易自由化会比货物贸易带来更强的技术外溢效应。内生增长理论(the theory of endogenous growth)认为技术进步才是促进经济长期增长的关键。服务贸易可以成为技术转让的渠道,使发展中国家通过培训、咨询和其他形式获得技术等其他经验,促使一国技术效率的提高。服务贸易有四种形式(尤其是跨境交付和商业存在),比货物贸易中技术传播的途径要多。商业存在形式主要通过以下途径产生技术效应:一是通过技术、管理人员的流动来产生技术溢出效应。跨国公司将高技术人才和管理人才派往东道国,以及对东道国员工进行的培训都能够使管理经验和技术在两国之间传播。二是通过竞争和示范效应来产生技术外溢,跨国公司进入东道国会对当地的企业产生很大的竞争压力,会对当地同行业产生示范作用。三是服务业FDI产生的产业间效应,服务业跨国公司通过与上游的原材料供应商以及下游的销售市场之间的联系间接地影响东道国的技术进步。在服务贸易开放的情况下,技术能够通过这些途径提升发展中国家的技术效率,在发达国家之间也能够刺激技术进步。陈启斐(2015)的研究显示在OECD国家之间的服务贸易进口能够产生明显的技术外溢,会有效地促进全要素生产率的提高,OECD国家的进口服务贸易能够提高技术进步率,促进本国技术前沿外扩。同时可以采取清洁生产等技术来提高能效,降低广泛推广低碳技术的成本,从根本上改善能源和碳排放效率。

(3)服务外包效应

服务外包是全球价值链的延伸,生产过程的节点越多,每个节点分摊的污染成本就越低,分散程度高会使得每个节点的污染在技术上的可控性增强,从而在总体上降低能源消耗。根据要素禀赋论，一国出口的产品应该是投入较多本国充裕要素的产品，进口的产品应该是投入较多本国匮乏要素的产品。因此劳动力充裕的国家更适合从事加工贸易，相反，资本充裕的国家更适合从事服务业和生产环节中较高端的部分。在这样的理论下，国际分工迅速发展并且呈现出越来越细化的趋势，这也使得全球产业价值链不断延伸。服务外包产业(service outsourcing industry)就是在这样的背景下成长起来。服务外包是企业为了实现规模经济，提高经济效益，将生产流程中的某些环节外包给更加专业的企业，在全球内实现资源的优化配置，有效地减少企业的生产成本，更加专注于研发，从而使企业的国际竞争力更强。服务外包的内容包括信息技术外包(ITO)、业务流程外包服务(BPO)，以及知识流程外包(KPO)。服务外包传递了大量的信息技术，产业的附加值大，但同时对能源和资源的消耗非常少，对环境的影响很低，因此服务外包的迅速发展对提高能源和碳排放效率起到了很重要的作用。另外，服务外包延伸了全球价值链，承接服务外包的每个环节分摊污染，每个节点的污染较小使得该环节的污染可控程度增加，能够更好地防治污染，提高效率，从而从整体上降低了能耗和碳排放。

(4)服务贸易的“清洁性”

服务贸易部门中，通信、金融、保险、计算机和信息服务、特许权使用和许可费用等新兴服务贸易部门不会对环境造成影响，因此相较于货物贸易，服务贸易对环境的影响小得多，产生的污染也微乎其微。而传统的服务贸易部门比如旅游、运输和建筑等相对会消耗更多资源，产生较多排放，但是如前文所述，近几年传统的服务贸易部门所占的比重增长趋缓，服务贸易结构的逐渐优化更能体现服务贸易的清洁性。此外，由于服务业密集使用人力资本要素，所以其对能源的依赖程度大大降低。这都促使服务业及服务贸易提高了能源和碳排放效率。

2.行业层面的传导机制

(1)产业升级效应

生产性服务贸易可以有效地提高制造业的生产率从而实现产业结构的优化升级。因为生产性服务贸易可以成为制造业的高级要素，参与其生产过程，从而促进制造业升级。主要通过以下途径实现：第一，服务贸易开放程度的提高减少了服务贸易壁垒，降低了对国外企业进入国内的条件限制，能够使得更多的外商投资者和跨国公司进入本国。第二，服务贸易具有人力资本含量较高的特点，人力资本的累积效应能够提升产业的知识和技术含量，促进行业生产技术的革新和生产率的提高。第三，服务外包带来的技术外溢和资源的优化配置。企业将生产过程中的非核心环节外包给更加专业、成本更低的服务提供商，能够有效地降低成本，提高效率。产业结构升级能够有效地缓解环境压力。梁云等(2014)研究发现第三产业的发展能够使“环境库兹涅茨曲线”向左下方移动，意味着第三产业的发展缩短了经济增长要牺牲环境的时间，更早地进入低碳经济的发展模式，这对缓解环境压力起到了很重要的作用；同时，工业化程度的加深会使环境库兹涅茨曲线向右上方移动，恶化环境问题。

(2)产业协调效应

一国的产业结构主要取决于该国的资源条件，当某种资源在国内的成本很低时就会倾向于出口密集使用该要素生产的产品，相应的产业规模扩大，经济增长长期主要依靠单一产业的发展容易导致经济在产业比重或地域上的结构失衡。货物贸易能够使贸易双方互通有无,但是很难带来生产要素的流动,而服务贸易具有无形性的特征,生产和消费同时发生,能够使得生产要素随着贸易的过程转移,加速了劳动力、资本和技术等生产要素的流动,实现资源在产业内的优化配置。同时,由于要素的流动性加大,这些要素会向着缺少该要素的行业转移,以获得更高的要素报酬,从而平衡了产业之间的要素充裕度,也使得资源在产业间实现优化配置,促进不同产业协调发展。合理的产业层次能够保证合理的就业结构。比如要促进产业结构升级需要降低第二产业的比重,然而如果第三产业的规模不能相应地扩大就无法吸收闲置的劳动力,虽然降低了环境污染却牺牲了经济的稳定增长,无法真正提高能源和碳排放效率。

(3)环保产业日益壮大

环保产业是典型的朝阳产业,是由于近年来人们的环保意识增强,开始寻求经济的可持续发展道路,催生了对于节能降耗、污染治理以及提高资源利用效率的需求,环保产业的规模也越来越大,增长越来越迅速,甚至超过了经济的整体增长率。一方面环保产业作为新兴的服务贸易部门在整个服务贸易中所占的比重越来越高,有利于优化产业结构;另一方面环保产业具有很强的正外部性,环保产业的贸易能够促使低碳、环保技术和理念在贸易国之间传播,是最直接的提升能源效率,减少污染排放的途径,在提高资源综合利用、实现淘汰部门转型、调整产业结构方面都能发挥较大的作用。

3.企业层面的传导机制

(1)人力资源效应

服务贸易对人力资本的依赖程度远远高于物质资本。服务贸易的生产要素主要有人力资源、知识资源、资本资源、天然资源和基础设施等,其中最主要的是人力资本。一方面,人力资本对提高一国服务贸易的竞争力至关重要,学者们在使用波特的"钻石模型"分析服务贸易的竞争优势时,均将人力资本作为最主要的要素。密集使用人力资本降低了对能源和资源的依赖,使得污染更加可控。另一方面,有些服务企业依靠人力资本创造的效益要远远高于投入物质资本的企业,比如金融行业的利润率远远高于汽车制造行业。

(2)服务的中间投入品效应

制造业的中间品投入越来越依赖于服务业尤其是生产性服务业。一方面,服务业具有高附加值和高技术含量的特点,大量使用服务要素作为中间品投入能够促进生产技术的提升,服务业带来的人力资本、知识和经验的积累是制造业提高效率的内在动力。另一方面,服务业的产业关联度比较高,在制造业的整个生产过程中服务贸易均有大量的参与,比如投入制造前需要设计研发、融资、编制项目计划书等环节;在生产过程中需要仓储、物流、质检等服务;在销售阶段需要进行市场推广、广告营销、售后服务等,服务业在生产过程中的广泛参与不仅提高了新知识和新技术的渗透率,还能够提高制造业企业的经济效益。

(3)规模效应

从企业层面来说,环境污染存在规模效应,企业的经济规模越大,单个产品的平均成本就越小,即单个产品的平均能源消耗和碳排放就越少,造成的污染越少。跨国公司将生产网络遍布全球，从而实现资源的优化配置非常有利于降低环境污染强度（张少华，2009）。服务贸易开放能够产生正的外部性，通过技术溢出效应，服务外包效应等途径提高企业的生产效率，并有利于提升专业化程度，形成规模经济，大大减少生产成本。

四、服务贸易自由化对能源和碳排放效率影响的实证分析

（一）模型设定

Tobit 模型也称为受限因变量模型，是由于因变量的值有一定的约束条件。Tobit 模型与离散选择模型和通用的连续变量选择模型不同，其特点是因变量为限制变量。Tobit 模型经常与 DEA 方法结合使用，形成 DEA—Tobit 两阶段分析法，主要是在测算完某个效率值之后，接着对效率的影响因素进行实证分析。这种方法在各个研究领域也被广泛使用。

在评价过程中，数据包络分析法中投入和产出的决策单元是可以控制的，所以 DEA 方法没有将一些不可控制的因素纳入考虑，但是引起决策单元之间效率差异的原因部分来自这些不可控制的因素。因此当效率指标成为回归模型的被解释变量时，就存在效率指标小于等于 0 和大于 1 的情况，这时就需要考虑如何截取数据的问题，这时如果使用普通最小二乘法来进行回归分析，其结果是不一致且有偏的，为了避免回归结果的偏差通常就使用 Tobit 模型，其基本结构如下：

$$Z_i=\begin{cases}0 & B^T X_i+\varepsilon_i<0 \\ B^T X_i+\varepsilon_i & B^T X_i+\varepsilon_i>0\end{cases}$$

其中，Z 是效率值，X 是解释变量向量，B^T 是未知参数向量，Tobit 模型的一个重要特征是自变量 X_i 为实际观测值，而因变量 Z_i 是受限制的观测值。当 $Z_i>0$ 时，“无限制”观测值均取实际的观测值；当 $Z_i\leqslant 0$ 时，“受限”观测值均截取为 0，可以证明，用极大似然法估计出 Tobit 模型的 B^T 和 σ^2 是一致估计量（涂斌，2011）。在此基础上 Tobit 模型还引入了半参数和面板数据等形式（周华林，2012）。比如师博（2008）首先使用超效率数据包络模型计算了中国各省的能源效率，接着从市场分割的角度使用 Tobit 模型对能源效率的影响因素进行了实证分析。

基于以上 DEA—Tobit 模型分析，为了较准确地衡量服务贸易开放程度对能源和二氧化碳效率的影响，采用以下计量模型：

$$y_{it}=\beta_0+\beta_1 \mathrm{Ser}_{it}+Z_{it}+\varepsilon_{it} \tag{4}$$

其中因变量 y 表示能源和二氧化碳效率指标 UEI 和 EEPI；Ser 代表服务贸易开放程度变量；Z 代表一系列控制变量，以排除其他因素对因变量的影响；ε 是随机误差项。

（二）变量说明

受到张艳（2013）对中国服务贸易自由化测度方法的启发，本文采用三种方法比较全

面地衡量了中国服务贸易自由化的程度：

一是用进出口总额衡量的一国在全球服务贸易中的市场份额(TS),是一国服务贸易进出口总额与世界服务进出口总额的比值,数值越大则服务贸易开放程度越高。这个指标可以看作衡量服务贸易实际的开放程度。在很多文献中,这个也被用来衡量服务贸易的竞争力。数据根据世界贸易组织数据库整理得来。另一个指标是服务贸易市场份额与货物贸易市场份额的比值(TS/MTS)。反映了一国服务贸易与货物贸易的相对开放程度。侧重考察服务贸易相对于货物贸易而言对效率影响的程度,从而验证贸易结构、外贸增长方式的转变对效率的影响。

二是基于服务贸易政策数据计算的服务贸易限制指数(RES)。服务贸易限制指数是根据不同贸易部门的特点依照四种提供方式,列出限制服务贸易的政策和手段并进行分类,依照类别的重要程度赋予权重,再根据限制程度给予评分,最后结合权重计算出最后的服务贸易限制指数。本文采用由世界银行服务贸易限制数据库计算发布的数据。世界银行测算了103个国家在五个服务贸易部门(通讯、金融、交通运输、销售和专业服务)在跨境交付、商业存在和自然人流动以及总体这四个方面的政策限制情况。所衡量的政策限制主要是对国外服务和国外服务提供者的歧视性政策。本文采用总体的限制指数做回归分析。服务贸易限制指数越小,说明服务贸易自由化程度越高。

在效率指标测算的基础上,本文建立模型进一步研究服务贸易对效率的影响。根据已有的研究,能源和二氧化碳排放效率的影响因素主要有能源价格、能源强度、经济规模、产业结构、能源结构、对外开放程度、技术和FDI等(Zhang Yan等,2011;魏梅等,2010;Zhang Yuejun,2011)。因此,本文的服务贸易自由化变量和控制变量设置如下：

1.能源消费结构。高质量能源消费的增加会显著增加单位能源的产出。化石能源占总能源的比重大,会降低能源效率,增加二氧化碳排放量,所以预计能源结构与能源和二氧化碳效率指标呈负相关关系。数据采用世界银行“世界发展指标”公布的化石能源占总能源消费量的比重。

2.工业结构。第二产业相较于第一产业对能源的依赖性更大,世界各个国家的工业化水平也不尽相同,第二产业比重大会对能源和二氧化碳效率产生负面的影响。本文工业结构采用工业增加值占GDP的比重作为代理变量。数据来源于世界银行“世界发展指标”数据库。

3.城镇化水平。Du et al.(2012)指出城镇化水平对能源和二氧化碳效率的影响具有两面性,城镇化需要建设基础设施,就要耗费大量的能源进而增加碳排放量;但是在城镇化水平较高之后,服务业比重增加,能耗降低,有利于提高能源效率,减少二氧化碳排放。城镇化水平采用城镇人口占总人口的比重作为代理变量。数据来自世界银行“世界发展指标”数据库。

4.外商直接投资(FDI)。FDI反映了本国吸引外资的能力,间接反映了本国的经济情况,同时,较多的外商投资有利于本国技术进步,通过技术效应提高能源使用效率,进而减少二氧化碳排放量,所以预计FDI会产生正向的影响。本文采用FDI净值,数据来自世界银行数据库。

5.货物贸易开放程度。贸易开放程度对环境的影响是不确定的。陈黎明等(2013)的研究验证了“污染天堂”假说在中国是成立的，即贸易开放程度越大碳排放效率越低；而林伯强等(2014)研究发现中国的贸易开放程度对能源和碳排放效率产生积极的影响，有“污染转移效应”。

6.产业结构。产业结构的优化升级能够促使产业由资源能源密集型转变为资本技术密集型，产业结构变量不同于经济结构变量，后者衡量的一国工业与服务业的相对优势，反映的是产业间的对比，而前者衡量的整个国民经济中资本要素与劳动力要素的相对状况，反映的是一国的比较优势，是促进产业升级的根本力量。劳均资本越高代表产业的资本技术密集程度越大，对能源和劳动力的依赖越低，能源和碳排放的效率越高，用资本/劳动来表示。以上所有主要变量及控制变量列表如表1所示。

表1　名称、含义及数据来源

变量	含　义	数据来源
TS	一国服务贸易进出口总额占世界的比重	WTO数据库
RES	服务贸易限制指数	世界银行
NEW	新兴服务贸易部门进出口额占本国服务贸易总额的比重	WTO数据库
TRA	传统服务贸易部门进出口额占本国服务贸易总额的比重	WTO数据库
MTS	一国货物贸易进出口总额占世界的比重	WTO数据库
ES	化石能源消费比重	世界银行
IS	第二产业增加值占GDP的比重	世界银行
Urb	城镇人口数占总人口的比重	世界银行
FDI	外商直接投资净值(FDI/CPI)	世界银行
CAP	资本/劳动力	世界银行

(三)回归结果与分析

1.服务贸易自由化程度与能源和碳排放效率的相关关系

图1刻画了能源和碳排放效率指标与服务贸易自由化程度之间的相关关系，从中可以发现二者存在正相关关系，意味着服务贸易市场份额越大，自由化程度越高，能源和碳排放效率表现越好。同时发现似乎是TS值处于中间的部分时相关关系更加明显。并且TS与UEI的相关关系更加明显。为了验证二者是否存在显著的数量关系，接下来进行实证分析。

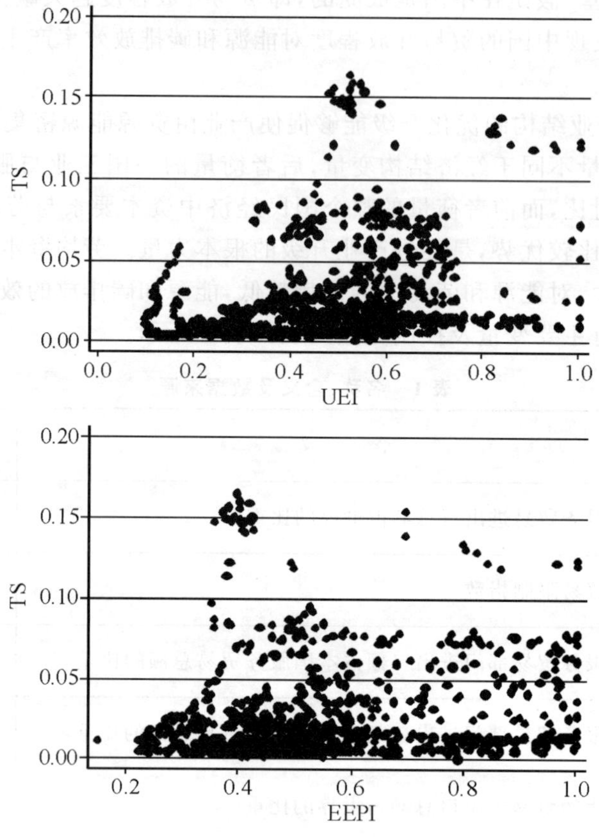

图 1 TS 和 UEI 及 EEPI 的散点图

2.总体样本回归

表 2 列出了服务贸易等因素对效率指数的回归结果,模型 1～3 因变量为 UEI,模型 4～6 因变量为 EEPI。其中,模型 1 和 6 中 TS 指标的系数为 2.015 和 1.942,在 5%的显著性水平下显著;模型 2 和模型 5 服务贸易市场份额与货物贸易市场份额之比的系数均为正,在 5%的显著性水平下显著;模型 3 和模型 6 服务贸易限制指数的系数均为负且显著。所有控制变量的回归结果均显示在表 4 中。对回归结果的详细解释如下:

服务贸易市场份额对能源和二氧化碳排放效率产生正向的影响,服务贸易市场份额与货物贸易市场份额比的系数也为正,从政策角度来看,整体的服务贸易限制指数系数为负,以上结果均显著且结论一致,意味着服务贸易自由化有助于提高能源和碳排放效率,这和预期一致。造成这种影响的原因主要有以下几点:第一,服务贸易自由化会比货物贸易带来更强的技术外溢效应。首先,跨国公司将高技术人才和管理人才派往东道国,以及对东道国员工进行的培训都能够将管理经验和技术在两国之间传播。其次,国外优秀的企业进入东道国会对本土企业产生很强的竞争和示范效应。再次,服务业跨国公司通过与上游的原材料供应商以及下游的销售市场之间的相互作用间接影响东道国的技术进步。在服务贸易开放的情况下,技术能够通过这些途径提升发展中国家的技术效率,在发达国家之间也能够刺激技术进步。第二,服务贸易对人力资本的依赖程度大于物质资本。

表 2 总体样本回归结果

变量	UEI			EEPI		
	模型 1	模型 2	模型 3	模型 4	模型 5	模型 6
TS	2.015*** (5.13)			1.942** (2.70)		
TS/MTS		0.0595*** (11.72)			0.0483*** (5.00)	
RES			−0.00467** (−2.72)			−0.00388* (−2.10)
MTS	−3.892*** (−10.05)		−1.544*** (−4.25)	−3.634*** (−5.05)		−2.123*** (−4.29)
ES	−0.00347*** (−8.67)	−0.00387*** (−10.30)	−0.00516*** (−10.07)	−0.00505*** (−7.19)	−0.00541*** (−8.10)	−0.00472*** (−6.87)
IS	−0.00562*** (−10.21)	−0.00656*** (−12.65)	−0.00596*** (−8.06)	−0.00900*** (−8.83)	−0.00983*** (−9.95)	−0.00932*** (−9.24)
Urb	0.00424*** (8.94)	0.00292*** (6.72)	0.00618*** (10.21)	0.00589*** (6.99)	0.00461*** (5.94)	0.00517*** (5.84)
FDI	0.00981*** (6.04)	0.00564*** (3.64)	0.0163*** (7.48)	0.0167*** (5.48)	0.0125*** (4.26)	0.0173*** (5.65)
CAP	0.00356*** (27.25)	0.00340*** (26.66)				
常数	0.474*** (10.49)	0.524*** (12.87)	0.763*** (10.12)	0.836*** (10.54)	0.887*** (11.94)	0.981*** (9.92)

注：括号内为标准差；*，**，*** 分别代表在 5%，1%，0.1% 的显著性水平下显著。

服务贸易各个部门中，通信服务、保险服务、金融服务、计算机和信息服务、特许权使用和许可费用等新兴服务贸易部门不会对环境造成影响，因此相较于货物贸易，服务贸易对环境的影响小得多，产生的碳排放也微乎其微。另外，人力资本密集型的服务业对能源依赖程度大大降低。这都促使服务业及服务贸易提高了能源和碳排放效率。第三，服务贸易对经济增长的拉动效应明显大于货物贸易的拉动效应。服务贸易这种对经济的拉动作用能够使得在同样的能源投入和一定的碳排放的条件下实现更大的产出，从而提高“低碳经济”前提下的经济效益。或者说能够在保证同样经济产出的前提下减少能源投入和碳排放。并且人力资本具有集聚效应，服务贸易发展所累积的人力资本是制度创新、态度转变和技术进步的动力。第四，服务外包延伸了全球价值链，承接服务外包的每个环节分摊污染，每个节点的污染较小使得该环节的污染可控程度增加，能够更好地防治污染，提高效率，从而从整体上降低了能耗和碳排放。第五，生产性服务贸易可以显著地提高工业效率从而有助于经济结构的优化。产业结构升级能够有效地缓解环境压力。第六，从企业层面来说,环境污染存在规模效应,企业的经济规模越大单个产品的平均成本就越小,即单个产品的平均能源消耗和碳排放就越少,造成的污染越少。服务贸易开放程度的提高使得超大型规模的企业越来越多从而实现能源和碳排放的规模经济。

控制变量中,货物贸易市场份额的系数在所有模型中均为负且在 1%的显著性水平下都显著。表明货物贸易市场份额对能源和碳排放效率产生消极的影响。由于货物贸易一定程度上反映了工业品的进出口,其生产制造消耗的能源较多,对环境的负面影响较大,商品消费使用过后的处置也会带来温室气体的增加。对比货物贸易与服务贸易可以明显发现,服务贸易在改善能源和碳排放效率方面的积极影响。

所有的模型中能源消费结构的系数均为负,且在 1%的显著性水平下都显著,表明化石能源消费量占总基础能源消费量的比重越大,能源和二氧化碳排放效率的表现越差,与预期相一致。化石能源相较于风能、核能等清洁能源会产生更多的污染和二氧化碳等气体。

所有的模型中工业增加值的系数均为负,且在 1%的显著性水平下都显著。表明工业比重越高,能源和碳排放效率越差,与预期一致。第二产业所占比重越大,能源消耗和污染排放越多,这从另一个方面说明服务业产值的增加会优化经济结构,对能源和二氧化碳排放效率产生积极的影响。

所有的模型中城市化水平的系数均为正,且在 1%的显著性水平下都显著。说明实际上从世界范围来看,城镇化对能源和碳排放效率产生积极的影响。城市化水平的提高间接反映了经济的发展和人们环保意识的增强,同时,城市化发展到一定程度后基础设施的建设放缓,服务业的比重提高,城市治理更规范,这些使得能源和碳排放效率提高。

FDI 净值的系数在所有模型中均为正且在 1%的显著性水平下显著,与预期一致。FDI 的溢出效应使得技术和经验的交流更加广泛,让节能和环保技术得以迅速扩散,加以应用。FDI 系数为正验证了"污染光环"假说,是指跨国公司在东道国进行投资或设立商业机构可以带来更环保和低碳的生产技术,提升其生产的清洁性。

劳均资本对 UEI 的影响为正,反映的是商品结构和产业结构越倾向于资本密集型,越有利于效率的提高。劳均资本并没有作为 EEPI 的控制变量,主要是因为 EEPI 是将资本和劳动的权重赋值为零,仅仅考察能源—环境表现,所以劳均资本对其影响不大。

五、服务贸易新兴部门与传统部门对效率影响的比较

赵书华(2009)将中国服务贸易部门依据劳动、资本和技术三个要素密集程度进行分类,传统服务业多为劳动密集型,主要是为人们的生活提供服务,依托大量的简单劳动力。本文将运输、旅游、建筑与个人、文化和娱乐服务划分为传统服务贸易部门。新兴服务贸易部门包括通讯、保险、金融、计算机及信息服务、特许使用费和许可证使用费、视听及相关服务、计算机服务和电信服务。其他类服务贸易部门没有包含在内,由于其贸易量较少,并不影响总体回归结果。由于数据的局限性,分部门数据时间为 2000—2013 年。NEW 为新兴服务贸易部门占服务贸易总额的比重,TRA 为传统服务贸易部门占服务贸

易总额的比重。回归结果如表3所示：

表3　服务贸易新兴部门与传统部门作为因变量的回归结果

变量	UEI		EEPI	
TRA	−0.742*** (−8.65)		−0.400*** (−3.33)	
NEW		0.317*** (3.62)		0.353** (2.93)
TS/MTS	0.0648*** (4.76)	0.0856*** (6.02)	0.0816*** (4.01)	0.0854*** (4.23)
ES	−0.00435*** (−4.75)	−0.00518*** (−5.63)	−0.00558*** (−4.47)	−0.00605*** (−5.03)
IS	−0.00536** (−2.83)	−0.00365 (−1.79)	−0.0119*** (−4.30)	−0.00963*** (−3.43)
Urb	0.00711*** (5.11)	0.00855*** (6.14)	0.00409* (2.19)	0.00471** (2.62)
FDI	0.00736** (3.05)	0.00665* (2.55)	0.00181 (0.48)	0.00171 (0.45)
常数	0.826*** (5.22)	0.213 (1.40)	1.219*** (5.72)	0.826*** (4.02)

注：括号内为标准差；*，**，*** 分别代表在5%，1%，0.1%的显著性水平下显著。

很明显地看出新兴服务贸易部门系数为正而传统服务贸易部门系数为负，表明服务贸易向资本密集和技术密集型的部门升级更加有助于提高能源和碳排放效率，而传统的服务贸易部门仍然会对效率产生负向的影响。首先，新兴服务贸易部门属于人力资本密集型，多为生产性服务业和专业性服务业，一方面，人力资本相对物质资本投入来说，其对环境的影响要小得多。另一方面，人力资本密集型的服务业对能源依赖程度大大降低。这都促使服务业及服务贸易提高了能源和碳排放效率。其次，新兴服务贸易部门具有高科技性和高附加值的特点，增加国家之间在这些服务贸易部门的贸易往来能够使得信息技术得到更广泛的传播，促进技术的积累和进步。此外，对于很多服务行业如金融服务、保险服务等，这些服务业的生产和消费不可分割、同时进行，也就是说在服务贸易发生的过程中，劳动力、资本和技术已经在贸易国双方流动，加速了服务业生产要素的传播速度，这就能够带来更多的技术外溢效应，更有利于产业结构的优化，以及有利于货物贸易由粗放型增长转变为集约型的增长方式。所以新兴部门对能源的消耗和对环境的污染相较于运输、建筑、旅游等传统部门少，而相对于粗放型增长的货物贸易更要小得多。

中国的新兴服务贸易部门的发展相对于发达国家落后很多，其中一个很重要的原因是国有企业的垄断和缺乏效率使得行业的竞争力明显弱于其他国家。比如说通信服务行业，国内的通信行业是完全垄断的，即使其规模庞大，但竞争力远远不及发达国家。不难发现竞争力较弱的新兴部门较为普遍的存在不同程度的垄断和对外开放性不足的特点，因此不妨可以从提高新兴服务贸易部门的开放程度入手,加大行业内的竞争,提高行业发展水平,这对于能源和碳排放效率的提高有着显著的促进作用。

六、服务贸易对能源和碳排放效率影响的国别差异

为了进一步考察国别之间的差异,将30个国家和地区以历年各国和地区新兴服务贸易部门比重的总体平均值为界分为两组,第一组为历年平均值小于总体平均值的国家和地区①,第二组为历年平均值大于总体平均值的国家和地区②,分别进行面板数据回归,剔除不显著的控制变量后,得到结果如表4所示:

表4 国家和地区分组回归结果对比

变量	UEI		EEPI	
	第一组	第二组	第一组	第二组
NEW	0.193 −0.88	0.327** −2.67	0.816** −2.95	0.473** −2.85
MTS	−3.241** (−2.79)	−2.894** (−2.94)	−3.494** (−2.72)	−0.777 (−0.67)
ES	−0.00908*** (−8.08)	−0.00288 (−1.88)	−0.0103*** (−9.13)	−0.00440* (−2.55)
IS	−0.00185 (−0.84)	−0.00991** (−3.15)	−0.00605** (−2.99)	−0.0159*** (−3.40)
Urb	0.00904*** −5.06	0.00858*** −3.35	0.000665 −0.49	0.00557* −2.28
FDI	0.0191* −2.52	0.0101** −3.06	0.0213* −2.23	0.0037 −0.72
常数	0.633*** −3.32	0.383 −1.55	1.471*** −8.71	0.863** −2.92
N	252	168	252	168

注:括号内为标准差;*,**,*** 分别代表在5%,1%,0.1%的显著性水平下显著。

由结果可见,对于统一效率指数(UEI)来说,第一组国家和地区新兴部门比重的系数并不显著,第二组国家不仅显著而且系数大于第一组国家和地区,这是由于同一效率指数涵盖了资本和劳动力因素,而新兴服务贸易部门又属于人力资本和技术密集型,因此新兴部门比重高的国家和地区其服务贸易发展对统一效率指数的提高更为显著。但是如果单

① 第一组国家和地区有:澳大利亚、奥地利、中国、丹麦、法国、希腊、香港(中国)、意大利、日本、韩国、马来西亚、挪威、波兰、葡萄牙、新加坡、西班牙、泰国和土耳其。

② 第二组国家有:巴西、加拿大、芬兰、德国、印度、爱尔兰、以色列、荷兰、瑞典、瑞士、英国和美国。

纯考虑能源—环境效率指数(EEPI),第一组国家的系数大于第二组国家。由于其剔除了资本和劳动力的因素,单纯地衡量能源投入与产出之间的效率关系,似乎能说明目前服务贸易结构欠优化的国家在效率方面存在"追赶效应",意味着在服务贸易处于起步阶段或发展阶段的国家扩大开放能够更大程度地提升能源和碳排放效率。另外,英国和荷兰属于最早开放服务市场的国家之一,迫使国内企业学习研究新技术,以应对来自国外企业的竞争,而希腊、意大利、葡萄牙和西班牙对服务市场的开放比较落后,新技术也没有像英国和荷兰推广普及得广泛和深入(李慧中,2000),可见技术因素在很大程度上影响着统一效率指数的提高。所以,对中国而言,应该努力拓宽技术吸收渠道,发达国家应尽力帮助发展中国促进技术进步,这对全球的碳排放效率提高有着重要的意义。

七、主要结论及政策建议

(一)主要结论

本文采用实证分析的方法研究服务贸易自由化程度对能源和二氧化碳排放效率产生怎样的影响。首先,根据 2013 年服务贸易出口额选出了排名前 30 的国家(剔除俄罗斯和卢森堡),并运用新提出的两个指标统一效率指数 UEI 和能源—环境效率指数 EEPI 测算了 30 个国家在 34 年间的能源和碳排放效率,主要结论如下:(1)30 个国家中大多数国家能源使用和二氧化碳排放效率表现较好(各国历年 UEI 平均值为 0.47,EEPI 为 0.33)。(2)各个国家效率表现差别较大,西欧和北欧高收入国家表现好于其他国家,亚洲发展中国家效率较大幅度地低于其他高收入国家。(3)各国整体上的效率在 1980—2013 年间有较大幅度的提高(UEI 平均增长率 45.39%,EEPI 平均增长率 61.38%),呈现稳步上升的趋势;但是仍然有土耳其、马来西亚、印度和泰国效率呈现小幅下降的态势。

接下来多元回归分析采用 Tobit 模型解释了服务贸易自由化程度对能源和二氧化碳排放效率的影响,并且分析了新兴部门与传统部门影响的差异以及影响的国别差异,主要结论如下:(1)服务贸易的自由化会对能源和碳排放效率产生积极的影响,而货物贸易在后期会对效率产生消极的影响,而中国的加工贸易及服务贸易发展不充分阻碍了效率的提高。(2)新兴服务贸易部门对效率产生积极的影响,而传统服务贸易部门不仅没有促进效率提高反而会有消极的影响,因此不仅要推进制造业和货物贸易向服务贸易的转型,更要注重服务贸易内部的结构升级,才会对效率有显著的提升。(3)服务贸易自由化程度较低的国家在能源和碳排放效率上存在"追赶效应"。意味着服务贸易较落后的国家,尤其是发展中国家扩大开放能够更大幅度地提高效率。因此发达国家应积极将发展中国家纳入全球性的贸易组织,这对全球减排有着重大的积极意义。

(二)政策建议

结合本文对能源和碳排放效率影响因素的分析,我们提出以下几点政策建议来提高能源和碳排放效率。

首先,服务贸易通过提高经济效率、技术外溢和规模效应等能够有效地促进能源和碳排放效率的提高。因此应努力扩大服务贸易开放程度,同时也应积极参与世界性的自由贸易组织。应当建立自己的大型服务企业,政府可以提供财政、税收、信贷、改革等方面的政策支持,给予发展服务贸易适当的优惠和扶持,发展强大国内服务业从而推动服务企业走出去提高本国市场份额。

其次,新兴服务贸易部门对效率产生积极的影响,而传统服务贸易部门的发展则会降低效率指标,所以应优化服务贸易内部结构,使服务贸易由劳动密集型向资本和技术密集型转变。加强政策支持推动新兴服务贸易部门的发展,比如在保证本国金融安全的基础上适当取消FDI的限制,允许资本自由流动,着重提高金融、保险、咨询等服务的竞争力。这样的产业结构优化能够大大降低对能源的依赖。

除此之外,要改善能源结构,加大力度研发新的替代能源,对使用清洁能源的企业、开展环保项目的企业给予适当的资金补助。这将对本国能源和碳排放效率的提高产生巨大的推动作用。

参考文献:

[1]Arik Levinson,2009.Pollution and International Trade in Services.NBER Working Paper,No.14936.

[2]Brantley Liddle,2012.The importance of energy quality in energy intensive manufacturing:Evidence from panel cointegration and panel FMOLS[J].Energy Economics,34(6),1819—1825.

[3]Borchert,Ingo,Batshur Gootiiz and Aaditya Mattoo,2012.Guide toThe Services Trade Restrictions Database.World Bank Policy Research Working paper.

[4]Borchert,Ingo,Batshur Gootiiz and Aaditya Mattoo,2012.Policy Barriers To International Trade in Services: New Empirical Evidence.World Bank Policy Research Working Paper,WPS6109.

[5]Guo X.-D.,Zhu L.and Fan Y.,2011.“Evaluation of potential reductions in carbon emissions in Chinese provinces based on environmental DEA[J].Energy Policy,2839,2352—2360.

[6]Hu Jin-Li and Shih-Chuan Wang,2006.Total-factor energy efficiency of regions in China[J],Energy Policy,34(17),3206—3217.

[7]Lin Boqiang and Kerui Du,2014.Energy and CO_2 emissions performance in China's regional economics:do market-oriented reforms matter?

[8]Linda Fernandez,2010.Environmental implications of trade liberalization on North American transport services:the case of the trucking sector International[J].Environmental Agreements:Politics,Law and Economics,10(2),133—145.

[9]Karel Mayrand and Marc Paquin,2007,Environmental Assessment of Services Trade Liberalisation-Literature Review[J].UNISFÉRA INTERNATIONAL CENTRE,4.

[10]Mattoo,A.,Rathindran and R.Subramanian A.,2001.Measuring Services Trade Liberalization and Its Impact on Economic Growth:An Illustration[R].World Bank, Washington DC.

[11]Rolf Färe,Shawna Grosskopf and Carl Pasurka,2007.Environmental production functions and environmental directional distance functions[J].Energy,32(7),1055－1066.

[12]Yongrok Choi,Ning Zhang and P.Zhou,2012.Efficiency and abatement costs of energy-related CO_2 emissions in China:A slacks-based efficiency measure[J].Applied Energy,98,198－208.

[13]Y.H.Chung,R.Färe and S.Grosskopf,1997.Productivity and Undesirable Outputs:A Directional Distance Function Approach[J].Journal of Environmental Management,51(3),229－240.

[14]Wang H.,Zhou P.and Zhou D.Q.,2013.Scenario-based energy efficiency and productivity in China:A non-radial directional distance function analysis[J].Energy Economics,40,795－803.

[15]Zhang N.;Zhou P.and Choi,Y.,2013.Energy efficiency,CO_2 emission performance and technology gaps in fossil fuel electricity generation in Korea:A meta-frontier non-radial directional distance function analysis[J].Energy Policy,56,653－662.

[16]Zhang Ning,Kong Fanbin and Yongrok Choi.,2014.The effect of size-control policy on unified energy and carbon efficiency for Chinese fossil fuel power plants[J]. Energy Policy,70,193－200.

[17]Zhou P.,B.W.Ang and J.Y.Han.,2010.Total factor carbon emission performance:A Malmquist index analysis[J].Energy Economics,32,194－201.

[18]Zhou P.,Ang B.W.and Wang H.,2012.Energy and CO_2 emission performance in electricity generation:A non-radial directional distance function approach[J].European Journal of Operational Research,221.625－635.

[19]Zhang Yan,Zhang Jinyun and Yang Zhifeng,2011.Regional differences in the factors that influence China's energy-related carbon emissions,and potential mitigation strategies[J].Energy Policy,39,7712－7718.

[20]Zhang Yue-Jun,2011.The impact of financial development on carbon emissions:An empirical analysis in China[J].Energy Policy,39,2197－2203.

[21]蔡宏波,曲如晓.美国服务贸易的环境效应——以出口为例[J].世界经济研究,2010 年第 3 期.

[22]陈虹,韦鑫,余骊.TTIP 对中国经济影响的前瞻性研究——基于可计算一般均衡模型的模拟分析[J].国际贸易问题,2013 年第 12 期.

[23]杜克锐,邹楚沅.我国碳排放效率地区差异,影响因素及收敛性分析——基于随机前沿模型和面板单位根的实证研究[J].浙江社会科学,2011 年第 11 期.

[24]付晓丹.生产性服务贸易对制造业升级的影响研究[J].统计与决策,2012 年第 18 期.

[25]孔令丞,谢吉青,钱菁.我国进出口贸易的内涵碳对他国的气候补偿效应[J].当代经济管理,2011年第33卷第10期.

[26]李瑞琴.服务贸易与货物贸易自由化对经济增长影响的差异性研究[J].Finance& Trade Economics,2009年第3期.

[27]李涛,傅强.中国省际碳排放效率研究[J].统计研究,2011年第28卷第7期.

[28]林伯强.低碳经济全球化和中国的战略应对[J].金融发展评论,2010年第11期.

[29]马涛.垂直分工下中国对外贸易中的内涵 CO_2 及其结构研究[J].世界经济,2012年第10期.

[30]师博,沈坤荣.市场分割下的中国全要素能源效率:基于超效率DEA方法的经验分析[J].世界经济,2008年第9期.

[31]唐海燕,张会清.产品内国际分工与发展中国家的价值链提升[J].经济研究,2009年第9期.

[32]涂斌.基于DEA-Tobit模型的文化事业财政支出效率的评价[J].统计与决策,2011年第12期.

[33]王海鹏.对外贸易与我国碳排放关系的研究[J].国际贸易问题,2010年第7期.

[34]王文举,向其凤.国际贸易中的隐含碳排放核算及责任分配[J].中国工业经济,2011年第10期(总283期).

[35]江洋,王义桅.TTIP的经济与战略效应[J].国际问题研究,2014年第6期.

[36]魏梅,曹明福,江金荣.生产中碳排放效率长期决定及其收敛性分析[J].数量经济技术经济研究,2010年第9期.

[37]张艳,唐宜红,周默涵.服务贸易自由化是否提高了制造业企业生产效率[J].世界经济,2013年第11期.

[38]张友国.经济发展方式变化对中国碳排放强度的影响[J].经济研究,2010年第4期.

[39]赵忠秀,王苒,闫云凤.贸易隐含碳与污染天堂假说——环境库兹涅茨曲线成因的再解释[J].国际贸易问题,2013年第7期.

[40]周华林,李雪松.Tobit模型估计方法与应用[J].经济学动态,2012年第5期.

[41]周念利.缔结"区域贸易安排"能否有效促进发展中经济体的服务出口[J].世界经济,2012年第11期.

Arnold,J.M.,Javorcik,B,S.and Mattoo,A.The Productivity Effects of Services Liberalization:Evidence from the Czech Republic[J],Journal of International Economics,2011a,85(1),PP.136-146.

Arnold,J.M.,Javorcik,B,S.and Mattoo,A.Services Reform and Manufacturing Performance:Evidence from India[J],CEPR discussion papers,2011b.

Arnold,J.M.,Mattoo,A.and Narciso,G.Services Inputs and Firm Productivity in Sub-Saharan Africa:Evidence from Firm-Level Data[J],Journal of African Economics,2008,17(4),PP.578—599.

Kuznets,S.Economic Growth and Income Inequality[J],American Economic Renew,1955,49,PP.1-28.

韩智勇,魏一鸣,范英.中国能源强度与经济结构变化特征研究[J].数理统计与管理,2004 年 11 月,23 卷 1 期.

史丹.中国能源效率的地区差异与节能潜力分析[J].中国工业经济,2006 年第 10 期.

魏楚,沈满洪.能源效率及其影响因素:基于 DEA 的实证分析[J].管理世界,2007 年第 8 期.

唐玲,杨正林.能源效率与工业经济转型——基于中国 1998—2007 年行业数据的实证分析[J].数量经济技术研究,2009 年第 10 期.

雷玉桃,杨娟.基于 SFA 方法的碳排放效率区域差异化与协调机制研究[J].经济理论与经济管理,2014 年第 7 期.

陈黎明,黄伟.基于随机前沿的我国省域碳排放效率研究[J].统计与决策,2013 年第 9 期.

魏新强,张宝生.统一评价体系下的能源效率 DEA 方法[J].工业技术经济,2013 年第 6 期.

王建民,杨文培,杨力.中国省际经济增长—能源消费—碳排放的传导效率研究[J].统计与决策 2015 年第 2 期.

李晓峰,姚传高.服务贸易开放度与碳排放——基于 1995—2009 年跨国面板数据的实证分析[J].国际商务研究,2015 年 1 月.

陈启斐,刘志彪.进口服务贸易、技术溢出与全要素生产率——基于 47 个国家双边服务贸易数据的实证分析[J].世界经济研究,2015 年第 5 期.

方慧.服务贸易技术溢出的实证研究——基于中国 1991—2006 年数据[J].世界经济研究,2009 年第 3 期.

梁云,郑亚琴.产业升级对环境库兹涅茨曲线的影响——基于中国省际面板数据的实证研究[J].经济问题探索,2014 年第 6 期.

发达国家生产性服务业发展经验及对我国的启示

蔡宏波 袁雪 韩金镕[①]

摘 要:在“服务型经济”的大背景和趋势下,发达国家先后完成了以服务业为国民经济发展主要产业的转型。服务业的发展中,与三次产业有紧密关联的、能促进产业调整升级的生产性服务业受到了各国的广泛重视,其在服务业内部和国民经济中所占比重稳步增长。发达国家生产性服务业的起步较早,以通信、金融、物流、专业服务等为主的生产性服务业已成为国民经济中的支柱产业。近年来,我国推动生产性服务业向高技术、专业知识聚集的中、高端服务业发展,不断提高我国产业的综合竞争力。

关键词:发达国家;中国;生产性服务业

一、引言

改革开放以来,我国服务业发展迅速,服务业在国民经济中的地位日益提高,作用逐渐增强,如今服务业已经成为国民经济的第一大产业,对国民经济增长的贡献率进一步提高。此外,服务业就业比重持续增长,正逐渐成为吸纳就业的主力。随着供给侧结构性改革进一步深化,服务业保持了稳定快速增长,在经济发展中的主体地位进一步增强。2017年,服务业增加值达到了427 032亿元,占GDP比重为51.6%,已连续五年在三次产业中领跑。服务业对国民经济增长的贡献率[②]已经达到58.8%,比上年提高0.6个百分点。而服务业的发展促进了更加充分和更高质量的就业。2017年前三季度,全国规模以上服务业企业从业人数同比增长5.2%,占全部规模以上企业新增就业人数的91.8%。在服务业的强劲带动下,2017年全年城镇就业目标提前两个月超额完成。

按照我国传统的服务业分类方法,服务业分为生活性服务业和生产性服务业。根据2017年国家统计局发布的《生活性服务业统计分类(试行)》,生活性服务业是满足居民最终消费需求的服务活动。生产性服务业则是为进一步生产提供的中间投入,而非直接向

---

① 作者简介:蔡宏波、袁雪、韩金镕,北京师范大学经济与工商管理学院,通讯作者:韩金镕,电子邮箱:hanjinrong1221@163.com。

基金项目:国家自然科学基金项目(71773007,71403024)、北京市社科基金项目(17YJB020)、国家社科基金重大项目(16ZDA026)、北京师范大学学科交叉建设项目。

② 贡献率指三次产业增加值增量与GDP增量之比。

个体消费者提供的，其产出与三次产业都有很强的关联。作为三次产业的“中间产业”，生产性服务业对产业结构优化升级有显著的促进作用，因而在“服务型经济”的大背景和趋势下，生产性服务业的发展越来越受到各国的重视。众多发达国家生产性服务业发展起步较早，以信息、金融、专业服务等为主的生产性服务业成为国民经济中的支柱产业，不仅改变了以往的服务业生产和经营方式，也促进了产业结构的优化和调整。

生产性服务业对于发展中国家的经济推动作用较小，但在过去的20年间，生产性服务业在发展中国家发展迅猛。我国《服务业发展“十二五”规划》提出要“加快发展生产性服务业。推动生产性服务业向中、高端发展，深化产业融合，细化专业分工，增强服务功能，提高创新能力，不断提高我国产业综合竞争力。”如今，发展生产性服务业已经被提升至全球产业竞争的战略制高点的地位。

二、文献综述

国外对于生产性服务业有丰富的研究，主要集中在生产性服务业产业关联、在经济发展中的地位、增长的影响因素分析等。本文关注发达国家生产性服务业的发展进程及促进产业增长的原因。

在对生产性服务业产业关联的研究中，Zysman(1987)认为制造业是服务业的重要需求部门，所以服务业的存在要以制造业为基础。Park和Chan(1989)指出服务业和制造业部门是相互作用、相互依赖、共同发展的互补关系。Goe(1990)认为对生产性服务业需求最大的是其他服务业而不是制造业。Shugan(1994)提出生产性服务业和制造业是协同发展、互为基础和推进动力的关系。Naresh等(2003)分析了英国金融业的产业集聚现象，发现其金融业高度集聚分布。伦敦地区集聚了64%的金融业，产业呈中心辐射模式集聚。Knudsen(2002)对德国服务业的改革进程进行了研究，认为其服务业能够在1990年代后迅速发展并赶上英美的重要原因在于其强大的制造业基础对生产性服务业产生了巨大需求。

国内对生产性服务业的研究起步较晚，我国的研究较早主要是基于国外学者的研究，在1997年党的十五大报告中第一次出现“生产性服务业”之后，国内研究才开始丰富起来。杨玲(2009)通过对美国生产性服务业和制造业的相关性分析得出中国生产性服务业需要同制造业部门相互融合、共同发展的结论。杨玉英(2010)分析了影响我国生产性服务业发展的因素及生产性服务业与经济增长的关联，估算出我国生产性服务业的就业能力及增长速度，并通过分析发达国家的成功经验，提出发展生产性服务业的对策。袁志刚等(2014)运用全球投入产出模型及结构分解剖析我国生产性服务业发展的主要动因，进而考察全球化对于中国生产性服务业发展的影响，得出国外技术变动和国内及国外最终需求变动都有力拉动了中国生产性服务业发展。

我国对于发达国家生产性服务业的发展经验也有较多研究，如程大中(2008)使用投入—产出法对中国及OECD的13个国家的生产性服务业发展水平、产业结构等进行了比较研究，发现我国生产性服务业对于其他部门的拉动作用不大，发展受体制机制和政策规制的约束;沈建明(2008)较为详实地分析了英国生产性服务业的发展进程;王晓红等(2013)通过对众多发达国家的发展经验研究,发现生产性服务业与制造业融合发展是推动产业结构升级的主要因素。在推动我国生产性服务业发展的相关研究中,来有为和陈红娜(2008)认为扩大开放可以提高我国服务业的发展质量和国际竞争力。

三、发达国家生产性服务业发展进程

(一)世界生产性服务业

1.分析标准

以往研究对生产性服务业的分类存在争议,不过在统计中的行业细分有所区别,但行业内涵是相似的。本文将综合2015年国家统计局发布的《生产性服务业分类》①、联合国国际标准行业分类ISIC Rev.4、美国商务部的行业分类等行业分类方法,将生产性服务业的外延界定为运输储存业、信息通信服务业、金融保险服务业、商业服务业和房地产及租赁等五个行业。其中,运输储存业是劳动力密集型行业,以货物运输(包括水上、铁路、航空、管道等运输)、仓储、邮政和快递为主;信息通信服务业是知识密集型行业,包括信息传输、信息技术服务、软件开发、电子商务支持服务等;金融保险服务业为生产活动提供商业银行等融资服务,以及为生产活动提供财产保险等;商业服务业即为商业活动提供支持性的服务业,如会计、营销、企业管理、咨询、法律服务等;房地产及租赁包括房地产业及实物、融资租赁服务等。

在分析世界生产性服务业的发展情况时,"世界"这一概念界定为WIOD数据库中统计的国家,即欧盟成员国(包括英国)和其他主要国家②。本文分析所用的投入产出表分别来自WIOD 2013年发布的1995—1999年投入产出表和2016年发布的2000—2014年投入产出表。由于两个年份发布的投入产出表的行业分类标准不同,在行业门类编号上有所差异,其对照如表1。

表1 行业对照表

行业分类方法	运输储存业	信息通信服务业	金融保险服务业	商业服务业	房地产及租赁
2013 ISIC Rev.4	H	J	K	M	L
2016 ISIC Rev.3	60~64类	72	J	73~74类	70~71类

① 2015年国家统计局发布《生产性服务业分类》,将生产性服务业分为生产活动提供的研发设计与其他技术服务、货物运输仓储和邮政快递服务、信息服务、金融服务、节能与环保服务、生产性租赁服务、商务服务、人力资源管理与培训服务、批发经纪代理服务、生产性支持服务。

② 2013年的统计数据中,世界投入产出表包含27个欧盟成员国和13个其他主要国家;2016年的统计数据中,世界投入产出表包含28欧盟成员国和15个其他主要国家。

2.发展情况

二战后,发达国家的服务业持续快速发展,1970 年代以来主要的发达国家经济增长支柱逐渐由制造业转向服务业,其中生产性服务业起到了至关重要的作用。发达国家生产性服务业大体在 1970 年代到 80 年代末起步并快速发展,其原因可以归于制造业发展陷入瓶颈,对于 GDP 增长的贡献率不断降低。由于原材料价格上涨、劳动力成本上升、环境污染等不利因素的出现,发达国家将一些企业的低端生产制造部门转移到劳动力成本较低的发展中国家,并将自身的经济发展重点转移到服务业。在这一时期,众多制造业企业一方面提高自身的科技创新能力,尤其是在信息与通信科技领域,并不断地将这些创新应用在制造业中,以提高生产效率,降低成本;另一方面将竞争重点从产品制造转向客户服务,以提高制造业的获利能力。所以制造业对于服务性中间投入的需求显著增加,生产性服务业迎来了迅猛增长。1980 年代以后,全球产业结构呈现向"服务经济"转型的趋势,服务业尤其是生产性服务业已取代制造业成为发达国家经济增长的主要动力。随着信息革命和经济全球化的趋势加强,以高技术、资本知识密集为主要特点的金融、信息技术、商业服务等生产性服务业成为发达国家国民经济发展中最活跃、增长最快的行业。

由表 2 可知,从 1995 年至 2014 年,世界总产出增长了约 1.9 倍,服务业产出增加了约 1.75 倍,生产性服务业产出增加了约 1.77 倍,这说明生产性服务业的同期增长已超过服务业。生产性服务业占服务业的比重稳定在 45.59%左右,从生产性服务业增加值对服务业的贡献来看,20 年间生产性服务业稳定贡献约 44.57%的服务业增加值,这说明传统服务业的生产和经营方式被改变,生产性服务业成为推动全球经济增长的重要力量。

表 2 世界生产性服务业产出

单位:亿美元

年份	世界总产出	服务业产出	生产性服务业产出	服务业增加值	生产性服务业增加值
1995	551 823.085	295 329.369	133 398.888	187 745.045	85 789.363
1996	565 563.891	303 882.280	138 687.928	192 367.807	88 375.368
1997	565 985.503	305 997.140	141 502.136	193 144.086	89 593.266
1998	560 606.884	311 183.680	145 802.226	194 760.723	91 100.915
1999	583 063.958	327 192.856	154 687.916	203 239.030	95 648.364
2000	622 297.533	349 072.716	156 992.111	214 162.706	92 932.056
2001	616 049.602	350 645.759	158 101.083	216 165.119	94 224.360
2002	636 859.812	366 475.778	165 310.179	226 532.851	98 967.636
2003	719 770.326	411 654.485	186 019.522	253 245.111	110 708.513
2004	820 768.340	461 585.463	209 649.901	281 920.458	123 626.516
2005	906 636.283	500 050.961	229 426.479	303 310.131	133 685.321
2006	995 359.491	539 292.110	247 889.908	325 471.540	143 586.579
2007	1 137 190.385	605 897.938	279 232.097	364 905.659	162 324.955
2008	1 269 348.177	662 684.260	301 818.556	397 909.695	174 982.051
2009	1 173 695.408	636 172.393	288 489.298	386 997.694	170 563.627

续表

年份	世界总产出	服务业产出	生产性服务业产出	服务业增加值	生产性服务业增加值
2010	1 302 558.853	682 320.088	308 072.913	413 642.510	182 070.597
2011	1 472 749.867	745 566.291	337 217.700	451 956.707	198 649.968
2012	1 511 399.187	764 730.889	344 567.329	461 570.352	203 552.748
2013	1 565 827.910	787 729.101	356 241.202	473 931.577	209 442.190
2014	1 609 971.980	812 277.136	368 892.879	486 806.388	216 097.812

数据来源:根据 WIOD 世界投入产出表计算所得。

由表 3 和图 1 可以看到各行业的产出增长变化,由于 2008 年全球性金融危机,2009 年生产性服务业各行业产出均面临较大幅度的下跌,运输储存业受到的影响最大,跌幅达到 9.89%,可能原因是运输储存业受企业活动影响较大,当企业业经营生产受经济环境影响时,对于运输、储存的需求就会降低;房地产及租赁业受到的影响相对较小,产出基本不变,其原因可能为房屋租赁等签订的合同期限一般较长,金融危机对当年的影响较小。从表中数据可看出,2012 年之后金融保险服务业成为增长速度最快的行业,其次为商业服务业,表明市场对于专业性服务业的需求逐渐增加。从变化趋势上可以看出,随着生产性服务业的快速发展,其功能也不断完善并实现转型,由相对低技术的运输储存业转向专业技术、战略导向为主。

表 3 2000—2014 年各生产性服务业产出

单位:亿美元

年份	运输储存	信息通信服务	金融保险服务	商业服务	房地产及租赁
2000	28 955.617	28 174.371	33 878.060	27 853.061	38 131.002
2001	28 791.022	28 801.061	33 633.518	28 364.390	38 511.093
2002	29 923.519	29 859.472	35 102.059	29 547.593	40 877.536
2003	34 315.843	32 891.590	39 083.338	33 600.558	46 128.194
2004	39 463.425	36 499.848	43 545.440	38 317.857	51 823.332
2005	43 896.858	39 289.605	47 342.236	42 545.118	56 352.662
2006	48 255.000	41 455.627	52 390.147	46 019.917	59 766.173
2007	55 384.345	45 828.220	60 302.996	51 972.747	65 743.789
2008	62 099.738	49 944.307	62 294.438	57 440.694	70 039.379
2009	55 956.151	48 058.267	59 782.352	54 652.276	70 040.252
2010	62 258.757	50 728.512	63 060.885	57 915.389	74 109.370
2011	69 521.721	55 060.160	67 981.615	63 908.457	80 745.747
2012	71 007.597	55 884.094	69 351.334	66 171.063	82 153.240
2013	73 171.530	57 167.301	72 670.018	68 679.907	84 552.445
2014	75 567.545	58 709.872	76 256.041	71 738.780	86 620.642

数据来源:同表 2。

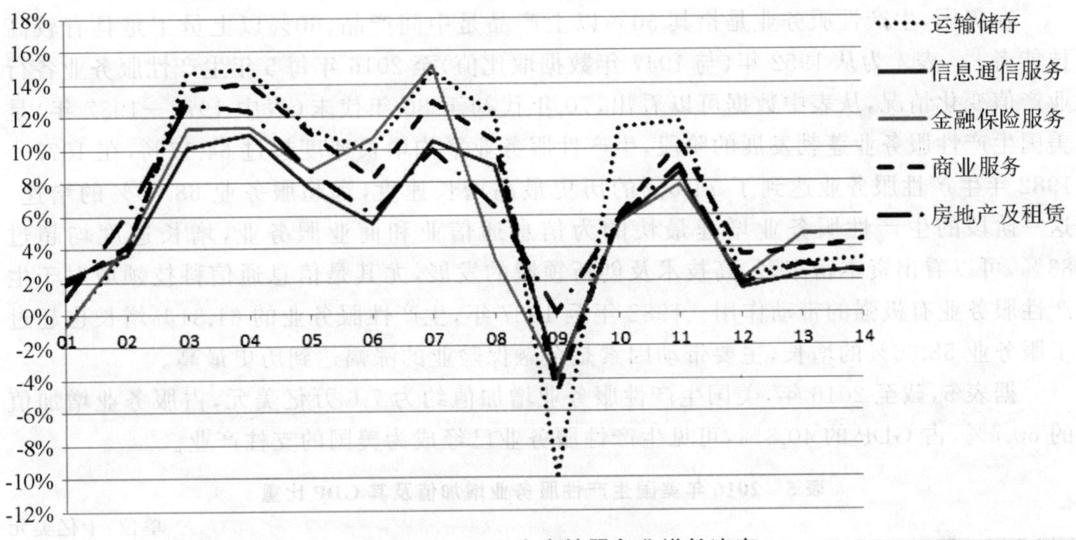

图 1 2001—2014 生产性服务业增长速度

数据来源：由表 3 计算得出。

(二)美国

1.发展情况

1950 年，美国服务业就业人数达到总就业人数的 54%，成为第一个转向"服务型经济"的国家，作为当今服务业最发达的国家，其生产性服务业的发展经验十分丰富。美国服务贸易处于大幅的贸易顺差状态，其出口的服务主要为金融服务、咨询服务、专利技术等。

表 4 美国 1952—2016 年生产性服务业产值增长情况

年份	运输储存业	信息通信业	金融保险业	商业服务业	房地产及租赁	生产性服务业产出	服务业总产出
1952	41.22%	50.10%	54.25%	51.25%	63.34%	52.25%	43.30%
1957	10.07%	41.73%	57.75%	47.56%	41.12%	36.83%	34.32%
1962	16.65%	34.26%	44.10%	40.39%	31.84%	32.78%	31.58%
1967	38.61%	53.50%	48.93%	49.28%	39.92%	44.77%	44.99%
1972	51.48%	62.44%	62.42%	49.61%	56.24%	55.49%	51.47%
1977	66.74%	74.23%	67.26%	61.45%	63.06%	65.27%	70.09%
1982	49.86%	83.21%	72.26%	86.01%	77.78%	74.60%	68.35%
1987	31.53%	44.24%	89.96%	68.46%	59.75%	61.31%	58.66%
1992	32.61%	39.29%	27.23%	38.55%	42.42%	36.73%	39.05%
1997	31.68%	63.80%	52.19%	63.85%	20.37%	44.08%	40.98%
2002	17.81%	42.12%	42.63%	37.33%	38.35%	37.24%	33.55%
2007	47.69%	16.35%	41.01%	36.56%	39.06%	36.56%	35.17%
2012	12.41%	14.64%	—4.32%	7.86%	12.92%	7.73%	11.20%
2016	9.67%	17.55%	21.63%	22.23%	16.73%	18.72%	18.43%

数据来源：根据美国经济分析局 2016 年行业增加值数据归类计算。

在美国,生产性服务业是指其 50%以上产品是中间产品,60%以上员工是具有较高技能者[①]。表 4 为从 1952 年(与 1947 年数据取比值)至 2016 年每 5 年生产性服务业各行业产值变化情况,从表中数据可以看出,70 年代初至 80 年代末(表中 1972—1987 年)是美国生产性服务业蓬勃发展的阶段,生产性服务业平均增长速度超过 64.17%,在 1977—1982 年生产性服务业达到了 74.6%的历史最高增长速度,远超服务业 68.35%的增速。这一阶段的生产性服务业增速最快的为信息通信业和商业服务业,增长速度均超过 83%,可以看出资本密集型、高技术及创新领域的发展,尤其是信息通信科技领域对于生产性服务业有极强的带动作用。1982 年至 1987 年,生产性服务业的 61.31%增长也超过了服务业 58.66%的增长,主要带动因素是金融保险业的涨幅达到历史最高。

据表 5,截至 2016 年,美国生产性服务业增加值约为 7.6 万亿美元,占服务业增加值的 60.7%,占 GDP 的 40.8%,可见生产性服务业已经成为美国的支柱产业。

表 5 2016 年美国生产性服务业增加值及其 GDP 比重

单位:十亿美元

行业	增加值	占 GDP 比重
运输储存业	562.5	3.0%
信息通信业	904.0	4.9%
金融保险业	1 404.9	7.5%
房地产及租赁	2 478.8	13.3%
商业服务业	2 251.7	12.1%
生产性服务业	7 601.9	40.8%
服务业	12 523.9	67.3%

数据来源:由美国经济分析局 2016 年行业增加值数据归类计算。

2.成功经验

如表 6 所示,美国传统的劳动密集型生产性服务业,如运输储存业,占生产性服务业比重逐渐减小,现今传统生产性服务业在美国服务业比重仅占 10%左右。1990 年代以后,以信息技术的研发和应用为主要内容的改造席卷了美国的金融业、营销、咨询等生产性服务业,这些行业的发展,离不开科技创新的支持。2016 年美国的商业服务业和信息通信业占 GDP 比重达到 17%,占服务业的比重超过 23.6%,研究与开发(R&D)方面的投入对于这两个行业有很强的促进作用,美国对于 R&D 的投入一直位列世界第一。含有中高端科技的生产性服务业的蓬勃发展,大部分归功于它在信息科技、软件开发、电子等方面的领先。根据美国国家科学基金会的数据,在生产性服务业领域,2015 年美国在信息服务业的 R&D 投入达到了 655.13 亿美元,占总 R&D 投入的 13.2%。其中,近 2/3

① 根据美国经济分析局的分类标准,生产性服务业包括以下行业:出版业(包括软件);电影和录音产品;广播和电信;信息和数据服务,包括联邦储备银行、信贷中介和相关活动的服务;证券、商品契约和投资服务;保险公司相关服务;租赁服务以及出租者提供的无形资产;法律服务;电脑系统设计与相关服务;各种专业的科技服务;公司与企业管理等。

的部分是软件开发投入。商业服务业的R&D投入达到了53.67亿美元。其中,42.27%是科研服务投入,37%是电脑系统设计及相关服务业。值得注意的是,信息服务业的R&D投入绝大部分是来自企业,而在其他商业服务业中56.7%的投入来自企业,23.5%来自美国境内其他企业,5.3%来自境外企业。从以上数据可以看出,在信息技术、软件开发这个高技术领域美国企业一直不遗余力地投入资金,不断地追求创新以增强产品的竞争力。

表6 美国运输储存业发展概况

年份	运输储存业	生产性服务业产出	比重
1947	233.90	851.97	27.45%
1952	330.31	1 297.11	25.47%
1957	363.57	1 774.89	20.48%
1962	424.11	2 356.74	18.00%
1967	587.88	3 411.82	17.23%
1972	890.50	5 304.97	16.79%
1977	1 484.84	8 767.50	16.94%
1982	2 225.23	15 307.70	14.54%
1987	2 926.79	24 692.49	11.85%
1992	3 881.28	33 761.84	11.50%
1997	5 110.87	48 644.17	10.51%
2002	6 021.21	66 760.85	9.02%
2007	8 892.43	91 166.91	9.75%
2012	9 996.13	98 218.67	10.18%
2016	10 962.68	116 600.73	9.40%

数据来源:由美国经济分析局数据整理。

(三)英国

1.发展情况

英国作为昔日的工业革命发源地,在第二次工业革命后,经济增长长期依靠制造业带动。随着1929年美国经济危机的爆发及逐渐蔓延至全球,欧洲国家也受到了巨大的冲击,导致英国的传统工业部门如煤炭、纺织等产品出口锐减,政府被迫进行产业结构调整,加大对技术含量较高的新兴产业的投入,但发展并不尽如人意。二战后直到1970年代,英国的经济发展相较其他的发达国家相对缓慢,并且出现了"滞胀",即经济增长基本上停滞不前,且存在严重的通货膨胀和高失业率。但在1960年代到70年代末,服务业却实现了一定的增长,一方面原因是1973年的第一次石油危机对于英国的工业生产造成了巨大的打击,资源短缺的压力迫使英国的发展重心从高污染、高消耗的制造业向资源消耗小、产品附加值高的服务业转移;另一方面原因是1960年代后期,大规模的工商业企业被合并重组,大量工业企业的员工转到运输、商业服务、金融等生产性服务业。1979年撒切尔夫人执政后,采取一系列政策措施鼓励高科技产业发展。

在英国的产业结构转型中,生产性服务业的快速增长起到了至关重要的作用。由表7可知,1984年英国服务业总产出为2 479.076亿英镑,其中生产性服务业占约38.68%。在生产性服务业中,金融保险业占比最高①。由表8可知,2014年英国服务业总产出比30年前增加了约8倍,而生产性服务业产出增加了10倍,其增长速度高于服务业,生产性服务业占服务业比重达到了48.08%。

表7　1984年英国生产性服务业产出

单位:亿英镑

行　业	产　出
运输业	266.465
信息及通信	71.33
金融保险	303.43
其他商业服务业	317.6
商业服务,雇佣,房地产交易等	317.60

数据来源:英国国家统计局。

表8　2014年英国生产性服务业产出

单位:亿英镑

行　业	产　出
服务业	22 473.02
生产性服务业	10 804.79
运输业	1 534.22
信息及通信	1 656.73
金融保险	2 386.06
商业服务业	2 229.71
房地产及租赁	2 998.07

数据来源:同表7。

2.成功经验

英国的生产性服务业发展主要得利于产业集聚和服务外包。根据2016年发布的全球金融中心指数排行榜,伦敦排名全球第一。伦敦的金融城是通过产业集聚来实现增强竞争力的典型例子,金融城容纳了全球数百家知名的银行和证券交易中心,全球约35%

① 由于商业服务业和房地产租赁被合并到一起,无法准确区分其中各产业的比例。

的外汇交易和70%国际债券交易在这里完成。此外,金融城也是全球最大的OTC金融衍生产品交易市场,占全世界几乎50%的份额。沈建明(2008)在赴英国考察时了解到“英国生产性服务业加快发展的根本途径是服务外包。生产性服务业的产生和发展,主要是建立在成本优势基础上的专业化分工的深化,以及企业外包活动的发展。”通过服务外包,英国的制造业企业将部分生产性活动外部化,交由更专业的组织来生产,从而提高了生产效率,也降低了生产成本。以英国联合利华公司为例,1999年联合利华进行企业的集中化,14个独立的合资企业被并入由联合利华控股的4个公司,从而降低20%的运营成本。联合利华决定专注于核心产品,如家庭及个人护理用品、食品饮料和冰淇淋,退出了如运输业、渔业等非主营业务。2002年,联合利华将其在中国的食品零售的营销转包给了第三方公司,联合利华仅负责营销决策的制定,从而减少了在营销方面的投入,可以将节省的资源投入到核心产品的研发中,进而增加产品竞争力。

(四)德国

1.发展情况

作为制造业强国,德国服务业的发展也在世界占有一席之地。基于其强大的制造业优势,德国发展生产性服务业注重与制造业的融合。尤其是工业4.0战略之后,智能化、数字化和服务化的制造业发展方向对于生产性服务业的发展有很强的推动作用。德国制造业长期以来一直是德国经济的重心,1990年代以前德国的服务业发展水平远不及同期的英美两国,但是进入1990年代后,德国的服务业经历了快速的发展,由于当制造业发展到一定程度时,出于对成本和资源的优化配置的考虑,企业不再将会计、营销、咨询等商业服务大包大揽,而是将生产性服务业外包出去,因而生产性服务业开始从制造业内部剥离出来。德国坚实的制造业基础带动了生产性服务业快速的发展,一方面原因是东西德合并,市场得到了扩展,改革措施有助于生产性服务业的发展;另一方面原因是在欧盟成立后德国对电信、保险和邮政等进行了自由化改革。

21世纪以来,德国服务业贡献了GDP总量的70%,与其他发达国家,如英美等国的比重大致相同。从2000年至2014年生产性服务业占总产出比重保持在27.72%左右,年平均增速在服务业总产出所占比重保持在49%左右。

2.成功经验

德国生产性服务业一大突出特点是有众多的行业协会,如德国工商总会保持着与政府及国际组织的联系,以重要经济和法律政策表态的方式参与并影响德国经济政策的制定。此外,还为德国中小型企业开拓世界市场提供统一服务,包括联系安排与当地政经界的接触,为企业提供市场分析、销售与法律咨询等。与生产性服务行业相关的行业协会还有德国联邦采购与物流协会,德国信息经济、通信与新媒体协会等众多协会组织。

德国政府对于生产性服务业也提供了很多支持,一方面针对服务行业制定了相关法律,《电信法》《银行法》《保险法》《多媒体法》等行业性法律法规为服务业发展提供公平、规范的法律环境。另一方面为服务业企业提供财政支持,以促进企业国际化和促进研发及革新。为帮助企业开拓国际市场,德国联邦经济部自2010年起为知识密集型中小企业的“国际化”出台促进措施。政府为中小企业与科研机构推出中小企业创新核心项目,所提供的资金用于开展合作科研创新项目,使得内容不受技术领域限制。他们还为从事专业服务的中小企业提供融资政策,包括信贷援助和贷款担保。

德国的另一大优势是商业服务业中提供专业服务的企业历史悠久、经验丰富,在国际市场上有很强的竞争力和很高的国际认可度,如创建于1967年的罗兰·贝格国际管理咨询公司是全球最大的战略管理咨询公司之一,全球五大市场调研公司之一的GFK集团成立于1934年。

四、我国生产性服务业发展进程及存在的问题

(一)我国生产性服务业发展进程

由表9可知,1995—2014年这20年间我国经济增长迅猛,服务业尤其是生产性服务业起到了举足轻重的作用。生产性服务业的产值增长了约19.56倍,而同期服务业的产出增长了约15.54倍,由此可看出,我国生产性服务业产出的增长速度快,远超同期服务业的产出增长,生产性服务业在引领中国经济发展方面发挥了重要作用。

从生产性服务业的产值占总产出的比重来看,1995年占11.13%,到2014年增长到12.95%,说明生产性服务业在我国三次产业的参与度逐渐增加,在国民经济中发挥越来越重要的作用。此外,生产性服务业占服务业总产出的比重逐渐增加,从1995年占45.56%,增长至2014年占57.3%。由图2可知,生产性服务业增加值占GDP比重总体在不断增长,我国的生产性服务业对于GDP的贡献逐渐加大。

表9 1995—2014年中国生产性服务业变化情况

单位:亿美元

年份	国民产出	服务业产出	生产性服务业产出	服务业增加值	生产性服务业增加值
1995	18 888.180	4 614.957	2 102.674	2 392.421	1 201.493
1996	22 293.662	5 427.432	2 467.146	2 805.680	1 399.756
1997	24 807.549	6 335.598	2 842.509	3 255.580	1 598.531
1998	26 479.162	7 158.258	3 228.784	3 693.814	1 805.294
1999	28 143.869	7 895.632	3 576.354	4 091.912	1 984.935
2000	32 530.157	7 304.252	3 723.558	3 690.905	2 184.118
2001	35 211.779	8 210.658	4 318.666	4 257.892	2 472.274
2002	38 122.119	9 082.528	4 952.751	4 820.987	2 765.117
2003	44 556.477	10 359.931	5 702.078	5 416.861	3 136.504
2004	54 377.701	12 298.422	7 012.912	6 295.527	3 748.875
2005	67 070.466	15 820.432	9 156.936	7 439.326	4 381.400

续表

年份	国民产出	服务业产出	生产性服务业产出	服务业增加值	生产性服务业增加值
2006	81 775.875	18 298.131	10 500.323	9 033.831	5 421.699
2007	106 543.723	22 886.393	13 166.048	11 888.280	7 353.884
2008	136 899.584	29 233.188	16 482.767	15 139.547	9 168.433
2009	150 369.599	33 277.930	18 773.742	17 427.419	10 611.194
2010	180 537.145	38 827.400	22 278.695	20 363.188	12 614.535
2011	226 089.227	47 768.247	27 462.634	25 039.725	15 563.809
2012	255 932.344	55 343.032	31 686.203	28 923.661	17 923.123
2013	292 326.425	63 771.769	36 667.480	33 456.983	20 827.717
2014	317 451.024	71 755.085	41 119.134	37 564.308	23 275.615

数据来源：由 WIOD 投入产出表归纳收集。

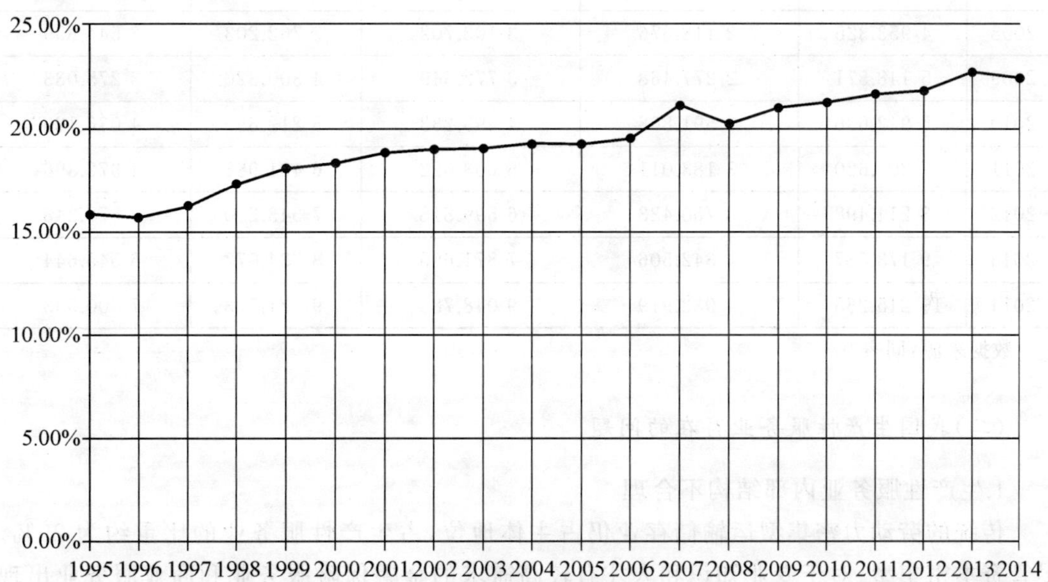

图 2 生产性服务业增加值占 GDP 比重(%)

数据来源：同表 9。

从表 10 可看出，就我国生产性服务业的分布情况来看，传统的劳动密集型运输储存业仍是我国产值最高的生产性服务业，但近年来资金、技术和专业知识含量较高的金融保险服务业和商业服务业发展迅速，产值逐渐逼近运输储存业，高技术的信息通信服务业相较来说发展滞后。由图 3 可知，我国生产性服务业虽然起步较晚，但发展速度惊人。运输储存业虽然相对来说产值最高，但增长速度的波动也较小。金融保险服务业、信息通信服务业与商业服务业的增长速度波动极大，信息通信业和商业服务业增长则呈现同步变化，

2002至2005年间增速超过其他行业。金融保险服务业的波峰出现较晚,在2007年增速达到51%。2007年之后,中国的生产性服务业增速放缓但仍保持最低5%左右,且由于金融危机的影响,基本所有的行业在2009年都出现了增速的波谷。

表10　中国生产性服务行业产出

单位:亿美元

年份	运输储存业	信息通信服务业	金融保险服务业	商业服务业	房地产及租赁
2000	1 433.715	380.128	663.539	510.044	736.131
2001	1 630.154	478.803	760.440	642.442	806.827
2002	1 813.064	591.343	871.619	793.445	883.280
2003	1 953.846	758.556	938.142	1 061.433	990.102
2004	2 345.193	1 032.430	1 009.062	1 508.052	1 118.176
2005	2 932.315	1 473.874	1 208.664	2 249.683	1 292.399
2006	3 323.617	1 552.137	1 557.938	2 478.492	1 588.139
2007	4 036.842	1 720.656	2 352.914	2 877.921	2 177.716
2008	4 953.326	2 118.676	3 103.702	3 762.203	2 544.859
2009	5 148.571	2 277.468	3 772.349	4 300.320	3 275.033
2010	5 942.636	2 591.808	4 495.233	5 212.899	4 036.120
2011	7 301.620	3 183.011	5 603.622	6 401.985	4 972.396
2012	8 214.498	3 750.423	6 599.818	7 543.220	5 578.243
2013	9 173.587	4 342.506	7 871.665	8 734.077	6 545.644
2014	10 215.265	4 932.919	9 048.785	9 921.573	7 000.593

数据来源:同表9。

(二)我国生产性服务业存在的问题

1.生产性服务业内部结构不合理

传统的劳动力密集型运输储存业仍占主体地位,占生产性服务业的比重约为25%。尽管资本密集型、对于专业知识和人才有较高需求的金融保险服务业和商业服务业出现增长,与发达国家的差距正在逐渐缩小,但是作为需要高技术、高投入的高端生产性服务业——信息通信服务业,在我国生产性服务业中所占比重仅为12%,仍有较大的增长空间。随着生产性服务业的发展,高端服务业将会成为生产性服务业的核心,因为现今信息化的社会,信息通信业的发展可以与其他的生产性服务业深入合作,如云存储在办公中的应用、第三方平台与银行合作的网上支付、智能物流等,将会极大地带动其他生产性服务业的发展。

2.法律体系不够完善

由于我国对于生产性服务业这一概念提出较晚,对于生产性服务业的重视也是近些年才开始的,所以关于生产性服务业的针对性立法比较欠缺。对于生产性服务业来说,知

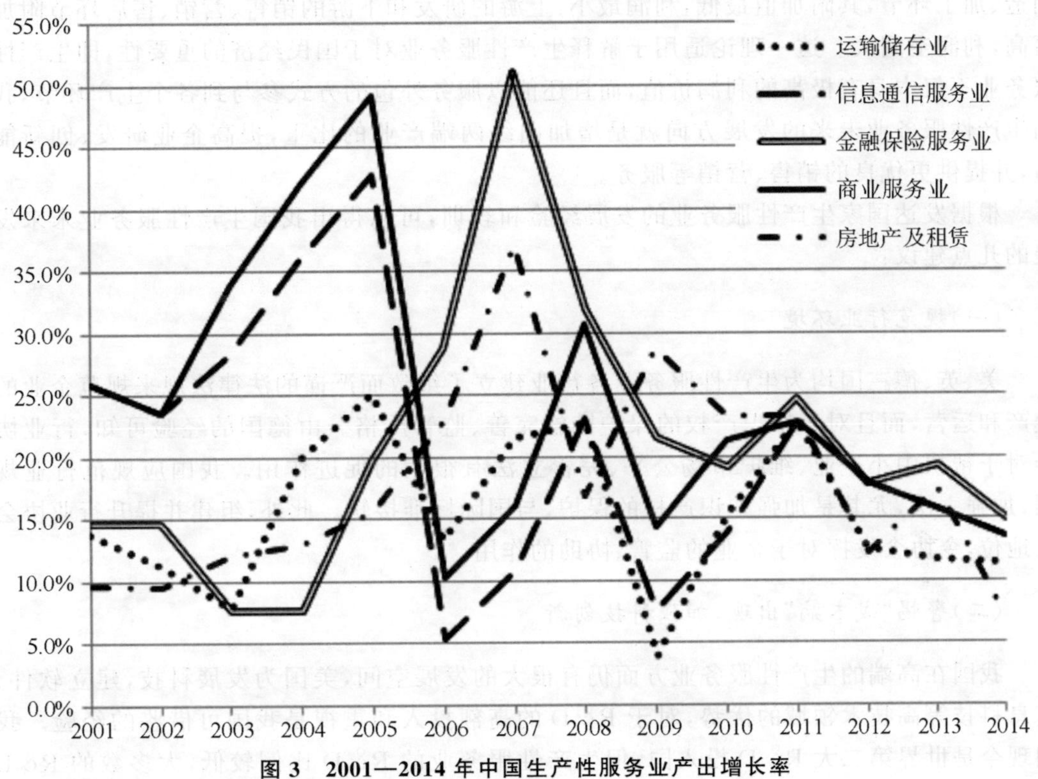

图 3 2001—2014 年中国生产性服务业产出增长率

数据来源：由表 10 计算得出。

识产权的保护尤为重要，长久以来，我国的“山寨”和“盗版”现象一直被诟病，企业缺乏知识产权保护的意识，相关法律的制定和监管也不够健全。

3.开放程度较小

我国众多生产性服务业部门，如金融、保险、银行、铁路运输、邮政等受到极高的管制和限制经营，且由于体制限制，我国的资本市场没有完全的开放，国有经济还是占据主导的地位，外资进入比较困难，我国的生产性服务业发展受到了一定的抑制。

4.地区分布不均

我国的城市经济发展水平差距很大，沿海城市积聚资本、人才和知识的能力远超内陆及西北地区，而生产性服务业大多需要较高技术、大量资本投入、专业知识和专业人才，显然我国生产性服务业的空间分布十分不均，珠三角、长三角及北京等经济发达的区域有更好的产业发展的环境，并且随着产业的发展可以吸引更多的资本、人才等流入，长此以往，城市间的生产性服务业水平差距会不断加大。

五、启示及建议

根据施振荣先生提出的“微笑曲线理论”，在曲线的低端，即处于整个生产过程中游的制造、加工环节，其附加值最低，利润最小；上游的研发和下游的销售、营销、售后环节附加值高，利润空间大。这一理论适用于解释生产性服务业对于国民经济的重要性，即生产性服务业不仅本身有极高的利润价值，而且还能以服务外包的方式参与到各个生产环节，我国生产性服务业未来的发展方向就是增加曲线两端产业的比重，提高企业研发、创新能力，并提供更优良的销售、营销等服务。

根据发达国家生产性服务业的发展经验和教训，可以得出我国生产性服务业未来发展的几点建议：

(一)规范行业环境

美、英、德三国均为生产性服务业各行业建立了细致而严谨的法律法规来规范企业的生产和运营，而且对于知识产权的保护措施完善、监管严格。由德国的经验可知，行业协会对于帮扶中小企业、维护市场公平、完善立法有很大的促进作用。我国应规范行业规则，加强立法，尤其是加强知识产权的保护，与国际标准接轨。此外，组建并提升行业协会的地位，令协会发挥对于企业的监管、协助的作用。

(二)警惕“成本病”出现，加强科技创新

我国在高端的生产性服务业方面仍有很大的发展空间，美国为发展科技，建立软件、信息科技等高技术领域的优势，对于R&D的高额投入和重视是我国可借鉴的经验。我国现今是世界第二大R&D投入国，但生产性服务业的R&D比例较低，大多数的R&D投入集中在制造业部门。日本出现“成本病”的原因之一就是服务业的生产率较低，自身的创新能力不足以支撑在制造业中占据重要地位的生产性服务业的发展。

在信息化社会的今天，信息科技在生产、生活、商业中的应用不断扩大，信息通信业对于生产性服务业、制造业等行业均有很强的带动作用，并且能够提高全要素生产率，所以未来生产性服务业会是智能化、高技术化的，我国应更重视并鼓励科技创新。

(三)加强服务外包

服务外包是降低企业生产成本，优化资源配置，提高生产效率的有效方法之一，企业可以将生产下游的销售、营销、物流运输等部分外包出去，企业自身专注于研发，提高产品质量，增强产品的竞争力。

(四)因地制宜的发展

无论是美国华尔街还是英国伦敦的金融城都通过产业集聚成为世界上重要的金融中心。因为产业集聚可以不断地吸引资金、人才和技术，对生产性服务业有着正向的激励作用，从而进一步促进其发展。我国可以利用北京、上海等大城市对于资金和人才的吸引力，建立商业服务中心、金融中心、信息服务中心等加强大城市的生产性服务业的发展优势。

对于中西部的城市，由于高等教育、社会环境等差距，若要进一步发展该地区的生产性服务业，可以有选择地强化信息通信业，进而可以促进其他生产性服务业的发展。此

外，还可以因地制宜地承接国内其他地区或者国外的服务外包，形成特色的产业集群。

（五）适当放松管制

英国曾利用开放市场、打破垄断等措施为提供生产性服务的企业营造良好的经济环境。德国采取一系列的政策放松对于金融、通信、物流等方面的管制，而且德国着重帮扶知识密集型的中小企业。

由于体制不同，我国不能一味地照搬发达国家的经验，应适当进行“政企分开”，对于金融保险、信息服务、商业服务等需要高技术及专业人才的部门提供优惠政策。近日在博鳌亚洲论坛上，中国人民银行行长易纲表示“人民银行和各金融监管部门正抓紧落实，按照党中央、国务院的部署，大幅度放开金融业对外开放，提升国际竞争力。”这些金融领域的开放将对我国的生产性服务业产生极大的促进作用，从而带动国民经济进入新的增长阶段。

参考文献：

[1]程大中.中国生产性服务业的水平、结构及影响——基于投入—产出法的国际比较研究[J].经济研究，2008(1)：76－88.

[2]来有为.中国生产性服务业发展的新特征和新机遇[R].中国服务贸易发展报，2010：26－30.

[3]朱胜勇.发达国家生产性服务业发展的影响因素——基于 OECD 国家生产性服务业的分析[J].城市问题，2009(7)：90－96.

[4]沈建明，刘晓清.英国生产性服务业考察报告[R].政策瞭望，2008(6)：12－16.

[5]陈凯.英国生产性服务业发展现状分析[J]世界经济研究，2006(1)：79－83.

[6]赵弘.全球生产性服务业发展特点、趋势及经验借鉴[J].福建论坛·人文社会科学版，2009(9)：22－25.

[7]冯晓玲，张建.美国生产性服务业影响因素的技术层面分析——基于 VAR 模型的实证检验[J].国际经贸探索，2013(10)：24－37.

[8]但斌，贾利华.国外生产性服务业的发展经验及对我国的启示[J].生产力研究，2008(16)：87－88.

[9]焦红丽，姜丕军.发达国家生产性服务业发展经验及对北京的启示[J].生产力研究，2010(10)：186－188.

[10]刘须奎，李树英，张静.发达国家发展生产性服务业的政策措施及对我国的启示[J].中国市场，2011(28)：171－173.

[11]甄峰，顾朝林，朱传耿.西方生产性服务业研究述评[J].南京大学学报(哲学·人文科学·社会科学)，2001(3)：31－38.

[12]许亚平.国内外关于生产性服务业研究的理论综述[J].产业与科技论坛，2013(12)：25－26.

[13]刘曙华沈玉芳.国内外生产性服务业发展现状与趋势分析[J].创新，2010(6)：64－68.

[14]俞晓晶.德国生产性服务业发展模式及其影响因素研究[J].上海经济,2017(2):17－24.

[15]杨玲.美国生产性服务业的变迁及启示——基于1997、2002、2007年投入产出表的实证分析[J].经济与管理研究,2009(9):88－95.

[16]田正.日本服务业的发展与困境——基于生产性服务业的实证检验[J].日本学刊,2017(3):109－128.

《服务贸易评论》第 1～10 辑总目录(2009—2018)

服务贸易理论

货物贸易、对外直接投资和生产者服务
——基于 H-O 理论的模型解读 …………………………… 周 燕 [总第 1 辑]
服务外包提供:企业资源基础论视角 ……………………………… 杨 扬 [总第 1 辑]
服务贸易的总量与结构特征及其关系:证据和启示 ………………… 周 燕 [总第 1 辑]
“引力模型”在国际服务贸易中的应用……………………………… 鲁启舟 [总第 1 辑]
基于 H-O 模型的服务贸易提供方式研究 ………………… 黄建忠 杨 扬 [总第 1 辑]
服务贸易跨境交付提供模式与商业存在提供模式的互补性研究
——基于美国双边服务贸易出口数据的考察………………………… 黄 宁 [总第 1 辑]
服务贸易的货物贸易条件效应研究
——基于伯格斯模型的分析与扩展……………………………… 张 慧 [总第 3 辑]

服务业开放与发展

服务业开放与服务竞争政策:基于服务业引资与反竞争行为的
研究………………………………………………… 黄建忠 刘 莉 [总第 1 辑]
中国服务业发展水平的国际比较
——基于 31 国模型的投入产出分析 ………………… 庄惠明 陈 洁 [总第 1 辑]
中国服务业发展的结构、产业关联和动因 ………………… 黄建忠 庄惠明 [总第 2 辑]
促进竞争的制度建设与服务业成长……………………………………… 刘 莉 [总第 2 辑]
我国东部地区服务业增长特征分析:对鲍莫尔“成本病”的检验 …… 邱小欢 [总第 2 辑]
我国服务业发展的瓶颈:一个产业关联角度的研究 ………………… 李虹静 [总第 3 辑]
制造业集聚和服务业集聚的对比研究………………………… 占 芬 李 凌 [总第 5 辑]
北京“职住分离”现象的发展水平及其影响因素研究
——以北京 CBD 地区为例 ………………………… 蔡宏波 满 超 [总第 6 辑]

行业垄断、集聚经济与服务业工资:来自299个四位码服务
行业的实证检验…………………………………… 蔡宏波　杨　康 [总第7辑]
外资进入、服务业集聚与企业工资差距
——基于调节机制和微观企业数据的实证
研究……………………………………… 李宏兵　蔡宏波　徐慧慧 [总第7辑]
服务业集聚对工人工资的影响研究
——来自2008年第二次全国经济普查的实证分析 … 蔡宏波　满　超 [总第7辑]
城市市场潜能与服务业集聚
——基于全国第二次经济普查数据的实证分析…………………… 胡绪千 [总第7辑]
我国服务业在全球产业支撑体系中的地位及其影响
因素…………………………………………… 姚　星　蒲　岳　吴　钢 [总第8辑]
契约环境与服务业集聚
——基于中国服务业企业数据的分析……………………… 刘　杨　蔡宏波 [总第8辑]
中国服务业低集聚之谜:基于城市规模视角的考量 ……… 王燕武　吴华坤 [总第8辑]
服务业发展、加工贸易与企业出口行为
——基于"产业空心化"背景的实证研究……………… 铁　瑛　何欢浪 [总第9辑]
中国服务业劳动力需求弹性悖论:理论模型与经验证据 …………… 张志明 [总第9辑]
中国经济高速增长与服务业结构滞后并存之谜
——基于地方经济增长目标约束视角的解释 ……… 余泳泽　潘　岩 [总第10辑]
负面清单、嵌入深度与制造业服务化…………… 杨志远　刘洪愧　张三宝 [总第10辑]

生产性服务

生产者服务进口对中国就业效应的实证研究………………… 蒙英华　黄　宁 [总第1辑]
中美服务贸易与制造业效率
——基于行业面板数据的考察……………………………… 蒙英华　黄　宁 [总第2辑]
生产性服务实现产品价值增值的经济学分析与测度……………………… 邱小欢 [总第3辑]
生产性服务业发展的微观机制及超越:价值链演进的视角 ………… 刘　莉 [总第4辑]
推进生产性服务业发展的几点思考……………………………………… 邱小欢 [总第4辑]
中国生产者服务贸易逆差与机电产品出口互动关系
研究………………………………………………… 侯振楠　黄建忠 [总第4辑]
中国制造业服务投入系数变动趋势研究……………………… 郑剑山　庄惠明 [总第4辑]
生产者服务进口对工业企业全要素生产率的影响分析………………… 熊凤琴 [总第5辑]
识别生产者服务业发展对制造业增长的因果效应………… 申广军　邹静娴 [总第9辑]
生产者服务贸易与全球价值链的"区块化"………………… 吴　逸　黄建忠 [总第9辑]
进口的生产者服务投入对我国制造业出口竞争力的影响……………… 熊凤琴 [总第9辑]

生产性服务效率、中间投入变化与中国制造企业
生产率 …………………………………………………… 蒙英华 钟丽容 [总第10辑]
发达国家生产性服务业发展经验及对我国的
启示 ………………………………………… 蔡宏波 袁 雪 韩金镕 [总第10辑]

服务业FDI

服务业外商直接投资与中国服务业技术效率增进
——基于随机前沿模型的省际数据分析……………………………… 黄 宁 [总第2辑]
FDI不同产业流向对服务贸易动态影响研究
——基于我国MFDI与SFDI时间序列的考察 ………………………… 邱小欢 [总第2辑]
生产者服务业FDI与制造业技术进步:以中国福建省
为例……………………………………………………… 郑小梅 周 燕 [总第2辑]
技术扩散与服务业发展:基于服务溢出效应的研究 ………………… 吕朝凤 [总第2辑]
服务业FDI的效应研究:基于技术外溢与竞争排斥视角 …………… 庄惠明 [总第5辑]
中国服务业FDI效应研究
——基于技术溢出与竞争排斥视角……………………… 黄建忠 郑剑山 [总第6辑]
中国服务业吸引FDI的影响因素研究
——基于省际面板数据的实证检验………… 黄建忠 庄惠明 郑剑山 [总第6辑]
我国对外直接投资的行业内和行业间地理集聚效应研究…………… 张 慧 [总第6辑]
外商直接投资与服务业工资差距
——基于中国城镇个人与行业匹配数据的实证
分析…………………………………………………… 蔡宏波 刘杜若 [总第6辑]
服务业双向投资与创新竞争力……………………………………… 李宏兵 [总第8辑]
中国跨国公司集聚与服务贸易发展………………………………… 张 慧 [总第8辑]
对外直接投资如何影响了我国城镇居民收入差距………… 江小敏 李宏兵 [总第9辑]
我国服务业进口贸易、FDI对就业的影响效应
——部门结构的实证检验………………………………… 程 健 王春艳 [总第9辑]

服务贸易壁垒

服务业内、外导向型管制政策与服务贸易自由化
——基于OECD国家的实证分析 …………………… 蒙英华 黄建忠 [总第1辑]
福音还是诅咒?
——经济自由化和管制政策在服务贸易中的两难…… 蒙英华 蔡宏波 [总第1辑]
中国服务贸易壁垒财务指标及其实证研究…………………………… 陈贺菁 [总第1辑]

中国国际服务贸易摩擦研究:现状、特点与成因…………… 黄建忠 吴 超 [总第4辑]
内向型管制壁垒与服务贸易自由化……………………………………… 刘 莉 [总第5辑]
内向型管制的壁垒效应与服务贸易自由化………………… 刘 莉 黄建忠 [总第6辑]
服务贸易自由化与国内管制:GATS缺陷及其他路径进展 ………… 谢 慧 [总第6辑]
服务贸易保护的度量
——STRI ………………………………………………… 周 密 王拓 [总第8辑]
中国亟须积极参与甚至主导国际服务贸易规则
制定………………………………………………… 周念利 姚 远 吕云龙 [总第8辑]
知识产权调查引致的贸易壁垒:一个统计分析 ……………………… 代中强 [总第8辑]
边境内的服务贸易限制措施是否阻碍了服务出口?
——基于OECD-STRI数据库的经验分析 ………… 齐俊妍 高 明 [总第10辑]
市场规制、文化距离对中国服务贸易出口的影响研究
——基于扩展引力模型的分析 …………… 孙玉红 牟逸飞 王一鸣 [总第10辑]

服务贸易自由化与竞争力

我国服务贸易比较优势的测量与验证
——基于要素禀赋论的分析……………………………………… 邱小欢 [总第1辑]
我国服务贸易竞争力影响因素的再思考
——基于主成分因子分析法构建因变量的新视角…… 叶茂升 肖 德 [总第2辑]
闽台服务外包的动因、效应与发展对策 …………………… 陈贺菁 詹海辉 [总第2辑]
CEPA框架下内地与香港服务贸易开放评析:
2004—2009 ………………………………………… 蔡宏波 杨 晗 [总第2辑]
区域服务贸易自由化:NAFTA和CAFTA的比较 ………………… 王潇锐 [总第2辑]
两岸服务贸易自由化评估及福建对台服务合作…………… 黄建忠 袁 姗 [总第3辑]
《中国—东盟自贸区服务贸易协议》的评估分析
——基于"五级分类频度指标"的考察………………… 蒙英华 黄建忠 [总第3辑]
中国服务业发展与服务贸易竞争力提升协同性的实证
研究…………………………………………………… 庄惠明 黄建忠 [总第3辑]
加入GPA对双边服务贸易的影响
——基于美国经验的引力模型研究………………… 陈贺菁 王 茜 [总第3辑]
基于投入产出表的中国外包水平再计算………………… 蔡宏波 陈汝佳 [总第3辑]
"金砖五国"服务贸易国际竞争力的比较分析……………………… 刘 俏 [总第3辑]
大陆和台湾的服务贸易竞争力比较………………… 蔡宏波 桑素卉 祝亚玲 [总第4辑]
区域服务贸易协定的收敛研究
——对"绊脚石"与"垫脚石"问题的一个观察………… 黄建忠 占 芬 [总第5辑]

区域服务贸易协定的多样性、创新性及"GATS+"特征
分析…………………………………………………… 占 芬 黄建忠 [总第5辑]
区域服务贸易协定中的"GATS-"条款研究 ………… 占 芬 黄建忠 [总第5辑]
《中国—东盟服务贸易协议》第二批具体承诺表研究……… 蒙英华 林艺宇 [总第5辑]
增加值贸易视角下的中国服务贸易竞争力研究……………………… 曹 毅 [总第5辑]
中国—东盟服务贸易自由化的贸易效应研究……………………… 高荔闽 [总第5辑]
发展中国家基础设施与服务贸易动态比较优势关系的
实证研究……………………………………………… 黄建忠 包 婷 [总第6辑]
中国与东盟服务贸易竞争力的比较研究…………………………… 汪 艳 [总第6辑]
中欧服务贸易竞争力比较研究……………………… 孙秀丽 隋广军 [总第7辑]
中国、印度和美国服务贸易竞争优势比较研究 ………… 刘伟丽 邓文瑛 [总第7辑]
区域服务贸易自由化与制造业生产率:理论与经验证据 … 谢 慧 黄建忠 [总第7辑]
"中国服务"国际竞争力评估…………………………………… 殷 凤 [总第8辑]
中国自由贸易试验区(港)服务贸易开放风险研究 ……… 黄建忠 蒙英华 [总第10辑]
生产区域化还是生产全球化? ……………………… 郑 颖 蒋 瑛 [总第10辑]

部门服务贸易

中国人寿保险产业竞争力分析……………………………… 黄建忠 谢介人 [总第1辑]
金融服务贸易、金融发展与经济增长
——基于跨国数据的经验研究………………………………… 孔令强 [总第1辑]
我国分省市体育服务贸易竞争力研究
——基于因子分析法的综合评价…………………… 龚晓华 黄毅强 [总第1辑]
我国体育服务产业的波及特征和增加值构成分析
——基于1997、2002、2005年投入产出表的分析 …… 龚晓华 蒋 琼 [总第2辑]
金融服务的产业内贸易及其影响因素分析………………………… 钟惠芸 [总第2辑]
中国文化贸易的决定因素
——基于分类文化产品的面板数据考察……………… 蒙英华 黄 宁 [总第3辑]
来华留学生现状、问题及影响因素分析 ……………… 江 铨 曲如晓 [总第3辑]
中国文化贸易的决定因素
——基于分类文化产品的面板数据考察……………… 蒙英华 黄 宁 [总第4辑]
文化货物贸易与文化服务贸易决定因素差异的实证
研究………………………………………………… 蒙英华 李艳丽 [总第4辑]
广东省城市旅游服务贸易竞争力评价……………… 刘楚骞 龚晓华 [总第5辑]
来京留学生规模的影响因素分析及其对策
研究…………………………………… 蔡宏波 张湘君 韩余凌 [总第5辑]

针对来京留学生的抽样调查与分析 …………………… 蔡宏波 Xinzhu Zhao [总第6辑]
中国城市文化产业服务贸易竞争力分析…………………… 申明浩 张天华 [总第7辑]
上海自贸试验区的负面清单管理模式对文化产业集聚和
竞争力的影响研究………………………………………… 张小溪 蒋淑伊 [总第7辑]
生产率高的高校是否存在更多的教育出口?
——基于中国"211"高校的经验证据 ……… 唐宜红 俞 峰 林发勤 [总第8辑]
中韩自贸区框架下地方旅游业发展的对策思路研究
——以威海市与仁川自由经济区地方合作为例…………………… 赵 玲 [总第8辑]
TISA框架下数字贸易谈判的焦点争议及发展趋向
研判………………………………………………………… 周念利 王 涛 [总第9辑]
企业资源演化与航运企业海外子公司控制权配置
——海丰集运胡志明公司的案例研究 …… 周 英 陈吕梅 黑学双 [总第10辑]
监管政策异质性对金融服务贸易的影响研究 …………… 赵 玲 李雪峰 [总第10辑]

服务贸易发展

服务贸易发展与财税政策支持体系的构建…………………………… 陈贺菁 [总第1辑]
服务贸易能平缓经济冲击吗?
——基于美国经济波动跨国传导的研究………………… 唐海燕 蒙英华 [总第2辑]
美国服务贸易的环境效应:以出口为例 …………………… 蔡宏波 曲如晓 [总第2辑]
跨境服务贸易的抗危机性初探………………………………………… 刘 莉 [总第3辑]
国际金融危机对我国服务贸易的影响………………………… 黄建忠 郑智昕 [总第4辑]
人民币汇率变动对我国服务贸易影响的实证研究………… 黄建忠 万博敏 [总第4辑]
中国服务贸易出口的技术水平与结构变迁研究
——基于出口技术复杂度视角…………………………………… 侯振楠 [总第6辑]
知识产权保护、经济发展与服务贸易出口技术复杂度 …… 代中强 梁俊伟 [总第6辑]
后金融危机时代中外服务贸易发展:现状与趋势 ………… 黄建忠 刘 莉 [总第7辑]
基于增加值视角的中国服务贸易发展……………………………… 刘 莉 [总第7辑]
技术复杂度、国外需求与服务贸易出口 ………………………… 王佃凯 [总第8辑]
货物贸易与服务贸易的协调发展
——一个基于国际经验的实证分析………………………… 张 艳 张丹阳 [总第8辑]
中国国际服务贸易的地区结构分析………………………………… 马凌远 [总第8辑]
上海服务外包创新发展的机遇及对策……………………………… 景瑞琴 [总第8辑]
服务价值链嵌入是否影响了服务出口复杂度:理论及经验 ………… 戴 翔 [总第9辑]
"一带一路"下中欧服务贸易推进研究
——基于贸易引力模型的实证分析………………………… 张 军 佃 杰 [总第9辑]

中国服务贸易逆差趋势是独特的吗?
——基于全球价值链分工视角…………………………… 黄　宁　王伟斌 [总第9辑]
服务贸易影响能源和碳排放效率研究:基于30个国家面板
数据的实证分析 ……………………………………… 王　荣　黄鹤翔 [总第10辑]

研究报告

"高铁"正式开通对思明区服务经济的影响分析
——基于厦门对上海、杭州、福州动车的问卷
调查……………………………………………… 思明区发展和改革局 [总第2辑]
鹭江街道经济发展调研报告 ………………………………………………… [总第5辑]
中国城市服务业竞争力排名研究
报告2015 …………………… 广东外语外贸大学国际服务经济研究院 [总第9辑]